VISÃO PARA ÁFRICA
Da Pobreza à Prosperidade

Sam Miezi

Sem coragem, Nenhuma glória. Nos libertará da escravidão mental

VIA AFRICA 1998

VIAFRICA 2020

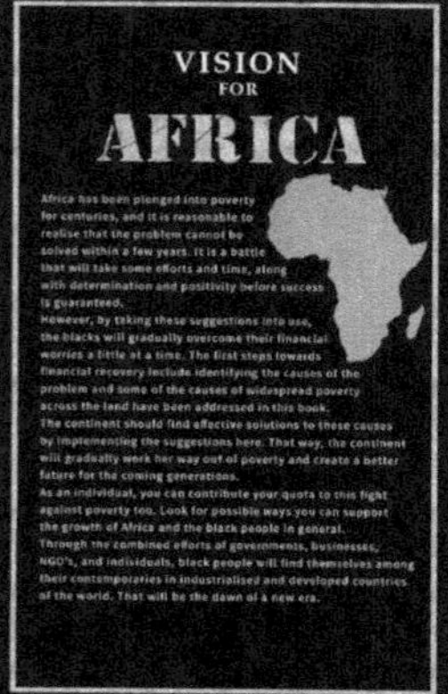

22 ANOS EM FORMAÇÃO

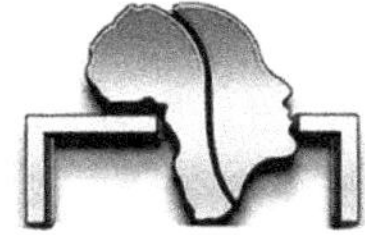

CONTENTS

Contents 3

PART UM 8

CAPÍTULO UM 9

Afríca Antiga: Era Uma Vez Um Grande Continente 9

Geografia E História Dos Habitantes Originais Da África 11

A Terra De Alkebulan. 12

O Povo Bantu 13

O Caminho Do Maupin Goon: O Primeiro Reino Bantu 15

O Oriente Médio E A África Oriental? 15

Israel E Palestina No Continente Africano? 16

A Civilização Da África Antiga 19

O Osso De Ishango 20

Matemática. 21

Astronomia. 21

Metalurgia E Ferramentas 22

Arquitetura E Engenharia 23

Medicina 23

Navegação 24

Ainda Mais Detalhes Sobre Nossa Antiga Civilização 25

Os Grandes Reinos Africanos 26

Carthage (Present Day Tunisia) 26

Reino Do Benin 27

O Império Mali 28

A África Antiga E A Bíblia 29

História Africana E Contos Bíblicos Contemporâneos 30

Vamos Mergulhar Em Mais História. 30

Estes São Os Espirituais Afro-Eméticos Originais: 31

"42 Declarações De Inocência" 32

"Dez Mandamentos" 34
Quem Escreveu A Bíblia? 36
Quem É Hórus? 38
O Que Jesus, Hórus E Muitos Outros Deuses Tinham Em Comum?
. . . . 40
A Economia Da África Antiga E Da África De Hoje 41
CAPÍTULO DOIS 43
A Pátria: África 43
Breve História Da África 45
CAPÍTULO TRÊS 47
África Em Pormenor - Representação Geografica 47
Esboço Físico-Geográfico 49
O Território Da África Como Parte Do Mundo Inclui As Ilhas: . . . 50
Alívio 53
Minerais 53
Águas Do Interior 54
Clima 54
CAPÍTULO QUATRO 56
Período Pós-Guerra Em Angola: Um Caso Especial Da "Doença
Holandesa" 56
O Que Aconteceu Com Os Cinco Grandes Em África? 65
A África Do Sul Perdeu A Sua Aura Como Líder Continental Devido
A Alguns Fatores 66
Regimes Impopulares Têm Acesso Restrito A Redes Sociais E À
Internet. 71
CAPÍTULO CINCO 77
Integração Política Em África 77
A Organização Da Unidade Africana 81
Os Principais Objetivos Prosseguidos Pelaoau. 82
Que Avaliação Podemos Fazer Da Oua? 84
A União Africana 85
Os Objetivos E O Âmbito Da União Africana 86
O Âmbito Da Nova Integração Política 88
A Impotência Das Forças Africanas No Darfur. 91
CAPÍTULO SEIS. 94
Integração Da Económica Em África 94
A Integração Económica Da Independencia Nos Anos 2000 95
Iniciativas De Integração Económica Da Independência Na Déca-
da De 1980 95

Capital Económico Da Nigéria...98
CAPÍTULO SETE...108
África De Recursos Naturais...108
Campos Agrícolas...109
Países Ricos, Mas Povos Pobres: Existe Uma Maldição De Recursos?...110
Recuros Naturais De África: O Objeto De Todos Os Desejos...112
Diferentes Minerais Nas Margens De Lagos E Mares (África)...112
Recursos Minéros Nos Centros Económicos, Geoestratégico E Simbólicos...114
Minas De Diamante Em Kimberley, África Do Sul...115
China E África: Que Relação?...117
"A China Dá A África O Que Precisa"...118
Escalas Diferentes...119
Comércio Com Países Africanos...119
O Negócio De Armas...121
Exploração De Recursos...122
Algumas Ong Acusaram Pequim De Exportar Mão De Obra Forçada Para África...123
Consegue A África Afirmar-Se Na Cena Geopolítica?...127
O Diamante Preto...129
CAPÍTULO OITO...131
África Para Venda...131
Uma Estremadura Para Os Índios Na Etiópia...136
Mais De 20 Mil Voluntários Realojados?...137
"Legal E Pacífico."...138
PART DOIS...139
CAPÍTULO NOVE...140
O Contexto Histórico Da Pobreza...140
Impacto Da Religião...144
Cultura Da Pobreza: As Raízes...144
Cultura Da Pobreza: O Mito...146
CAPÍTULO DES...148
As Causas Da Pobreza Entre Os Africanos...148
A Cultura...148
Baixa Produtividade...150
Infraestruturas Pobres E Governação...152
Falha No Negócio...154
Falta De Competências E Tecnologia...159

Insalubridade Ou Doenças 160

Desastre 161

Falta De Acesso A Recursos 162

Governos Corruptos 162

Falta De Educação E Conhecimento 165

Desemprego 166

Desvalorização Das Moedas Locais 167

Relegião 171

As Políticas Do Banco Mundial E Do FMI 177

CAPÍTULO ONZE 179

Porque É Que Os Africanos Na Diaspora Correm O Risco De Serem Pobres? 179

CAPÍTULO DOZE 182

Os Efeitos Da Pobreza Entre Os Africanos 182

CAPÍTULO TREZE 190

Pobreza Entre Os Africanos: A Saída 190

Pequenas E Medias Empresas (Pme) 192

Democracia Da Educação 195

Participação Política 199

Poder Dos Media 201

Abolindo A Guerra 207

Corrupção: 210

Empréstimos Para Empresas Iniciantes Devem Estar Disponíveis 212

Eliminação De Crenças Supersticiosas 217

Promoção Do Estado De Direito 219

Remuneração Adequada Para Os Trabalhadores 223

Parte Três 231

CHAPITRE CATORZE 232

Como O Empreendedorismo Gerará Crescimento Económico Sustentável Na Era De Integração Da África 232

O Estado Atual Da Economia Africana 233

Empreendedorismo. A Chave? 235

Criando Um Ambiente Adequado Para O Empreendedorismo . 236

Integração Regional Para Impulsionar O Comércio E Empreendedorismo Na África 237

O Acordo Afcfta E Os Seus Benefícios 238

De Que Forma O Afcfta Beneficiaria Jovens Empresários? 238

CAPÍTULO QUINZE 240

Empreendedorismo 240
O Que Significa Ser Um Empreendedor? 241
Quem É O Empresário? 241
TORNAR-SE UM EMPREENDEDOR: O Significado Do Empreende-
dorismo 242
Como Se Tornar Um Empreendedor: Palavra Para Os Especialistas
. . . . 243
A Importância Do Empreendedorismo 244
Porquê Tornar-Se Empreendedor 246
Exemplos De Empreendedores 248
Dicas Para Empresas Novas De Empreendeedorismo Juvenil . 249
Citações Para O Empreendedorismo 250
Ideias Para O Empreendedorismo 252
Proprietário De Uma Loja De Ecommerce 252
Como Ser Um Empreendeor De Sucesso 253
CAPÍTULO DEZESSEIS 254
Passos A Tomar Afim De Ter Sucesso Como Um Empreendedor
. . . . 254
Quais São As Melhores Dicas Para Que Se Quer Tornar Empreen-
dedor? 255
"O Preço É O Que Se Paga; Valor É O Que Se Consegue." 258
LUTAR CONTRA OS PROBLEMAS AFRICANOS UTILIZANDOO EM-
PREENDEDORISMO   258
O Foco No Conhecimento Especializado E No Conhecimento Geral
. . . . 267
Promoção Do Empreendedor 268
10 Empresas Africanas A Considerar 269
Necessidade De Reflexão Sobre O Empreendedorismo 274
Conclusão 279
Sobre A Viafrica: 286
About The Autor: 288

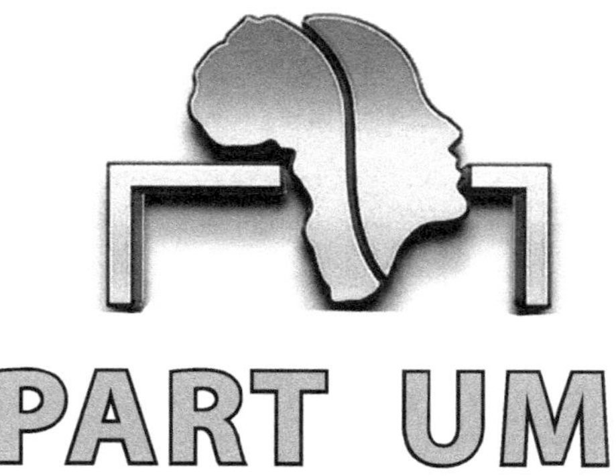

PART UM

VIA AFRICA 1998

VIAFRICA 2020

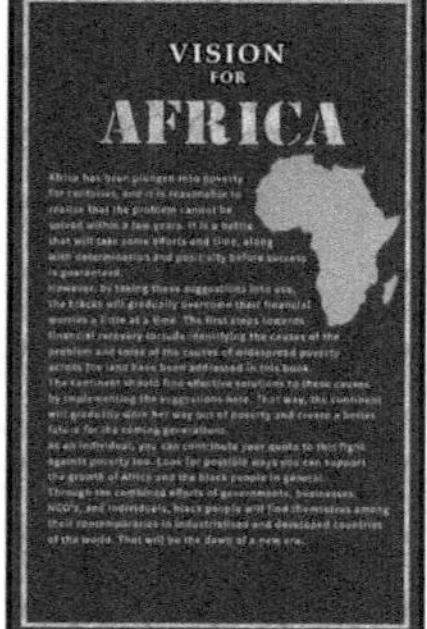

22 YEARS IN THE MAKING

CAPÍTULO UM

AFRÍCA ANTIGA: Era Uma Vez Um Grande Continente

Nós tínhamos um enorme exército, desenvolvemos nossas artes marciais e criamos a primeira civilização (tecnologia, escrita, até mesmo práticas religiosas). Pode-se dizer que a África tinha um dos poderes políticos mais organizados.

Mas tudo isso é história. Pior ainda, essa história mal é falada.

A boa maioria dos relatos históricos da África são eurocêntricos. Vemos os europeus sendo retratados como os grandes, enquanto os africanos (nossos ancestrais) são retratados como aqueles destinados a servir os brancos em quase todos os relatos. Ouvimos as histórias de traição e irresponsabilidade.

Era só isso que havia?

Qual é a verdadeira história e o registro correto de nossa grandeza passada? Suponha que devemos ser sempre conhecidos por quem somos (ou fomos). Nesse caso, a África deve contar seus próprios andares para mudar a narrativa eurocêntrica, desafiando os relatos negativos brancos da África e o retrato negativo do povo negro no continente africano. As pessoas de cor negra são excluídas das narrativas históricas e da economia mundial, do comércio internacional, dos bancos e das finanças. Quando se trata de precificar os recursos dos continente Africano, os respectivos países não estão presentes na mesa de discussão.

Pior ainda, os países africanos se vêem de maneira negativa em comparação com seus homólogos ocidentais.

Nossas "supostas" moedas são avaliadas e desvalorizadas livremente por seus proprietários originais - o Ocidente.

Nós quase não temos nenhuma palavra a dizer em assuntos relativos a nossos assuntos geopolíticos e decisões do mundo - aumentando assim a inferioridade artificial que temos em relação aos brancos.

Nossa história é abafada verbalmente, raramente se fala dela, e até mesmo nossa herança cultural está dando lugar à civilização ocidental. Afinal de contas, é tudo o que nosso sistema educacional ensina.

Contudo, era uma vez a África grandiosa, robusta e venerada que nossos antepassados lutaram contra um imperador romano em uma batalha que durou mais de 17 anos.

O que aconteceu com este continente? O que mudou?

Nas páginas seguintes, veremos a África antiga, e entenderemos nossas raízes da maneira como devem ser ditas. Vamos explorar o que pode ser melhor descrito como nossos "dias de glória".

GEOGRAFIA E HISTÓRIA DOS HABITANTES ORIGINAIS DA ÁFRICA

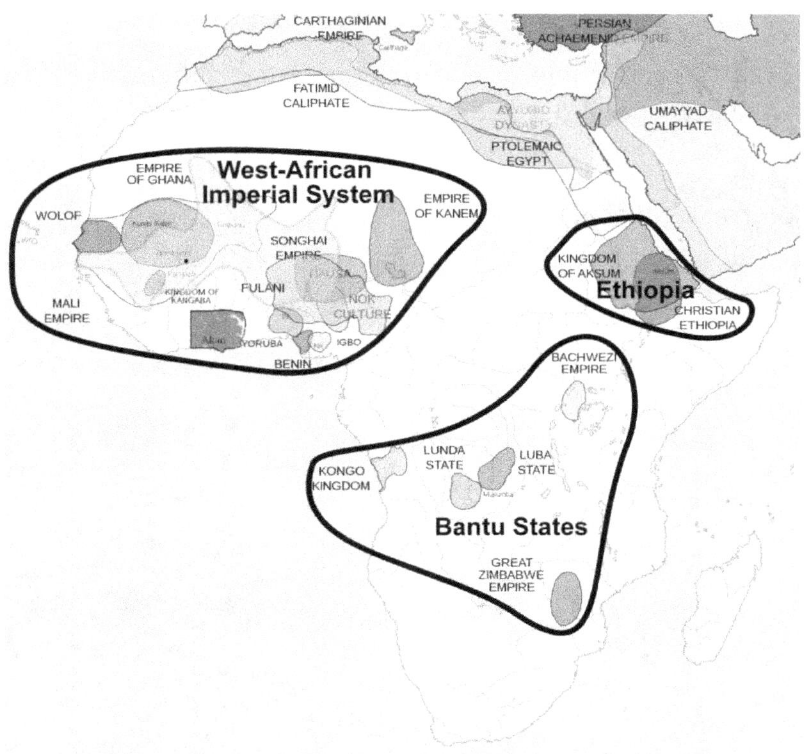

A África é o lar da história mais antiga da humanidade. É às vezes chamada de continente-mãe, sendo o continente habitado mais antigo do mundo.

Dentro dos solos do continente, vimos as primeiras descobertas arqueológicas que vão desde obras artísticas até sinais de antigas civilizações, muitas das quais caíram após longos períodos.

O continente é delimitado pelo Mar Mediterrâneo, o Mar Vermelho, o Oceano Índico e o Atlântico. Alguns relatos falam da possibilidade da África ser o Jardim bíblico do Éden, delimitado por quatro rios.

Ao longo da história, muitas nações tentaram conquistar e colonizar países africanos. Os franceses, os europeus, até mesmo os portugueses (que entraram na parte sul do continente já no século XV), todos tinham seus planos separados para saquear o continente.

Muitos conseguiram e, com o tempo, transformaram de tal forma o rosto da África que esquecemos nossa história.

A Terra de Alkebulan

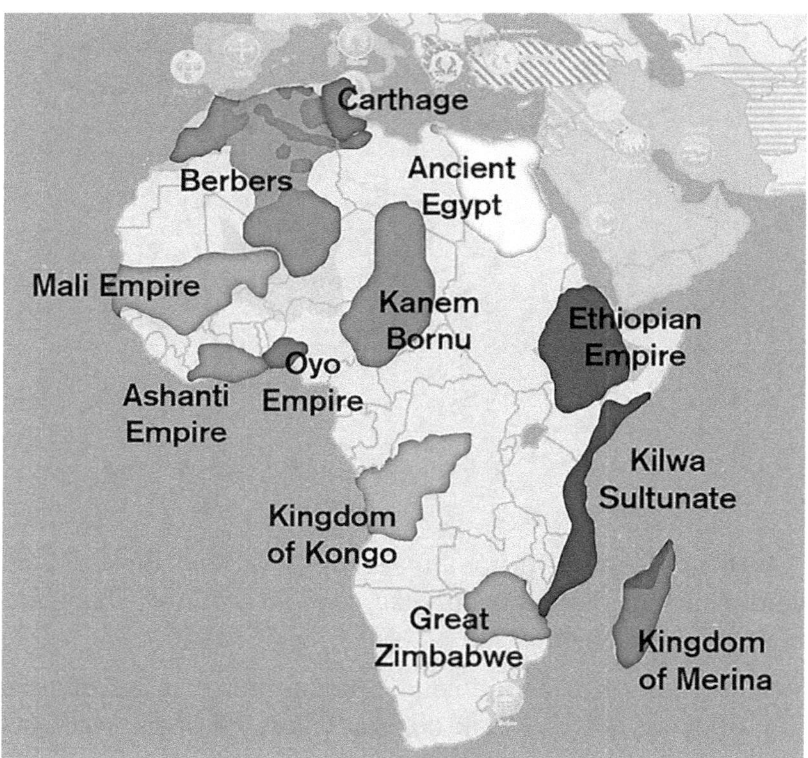

Era uma vez uma terra chamada Alkebulan, e essa terra é a África de hoje. Muitas nações na África usavam esta palavra, incluindo os etíopes, núbios, mouros e numidianos.

Entretanto, Alkebulan não era o único nome usado para o continente. Houve muitos outros utilizados ao longo da história pelas pessoas que viviam em diferentes partes dele. No entanto,

Alkebulan é o mais comum.

Então, como nos tornamos africanos (ao invés de "Alkebulanos")?

O nome África foi dado a este continente pelos antigos romanos e gregos.

A história diz que o nome veio de Publius Cornelius Scipio Africanus, que derrotou Hannibal Barca na batalha de Zama.

Hannibal Barca é considerado como um dos maiores estrategistas gerais africanos de todos os tempos.

Na Segunda Guerra Púnica, o grande general cartaginês Hannibal invadiu a Itália e obteve grandes vitórias no Lago Trasimene e Cannae antes de sua eventual derrota nas mãos do Scipio Africanus de Roma em 202 a.C., que deixou Roma no controle do Mediterrâneo ocidental e de grande parte da Espanha.

Quando os romanos finalmente capturaram Cartago, a Tunísia moderna, eles chamaram a terra de África, e Scipio mudou seu nome para Publius Cornelius Scipio Africanus.

O POVO BANTU

O povo bantu foi o primeiro a espalhar a luz da civilização pelas regiões da África do primeiro século.

Estes povoadores falavam variações da língua banto e são

considerados os precursores das tecnologias e habilidades que marcariam o desenvolvimento da África.

O povo bantu se destacou por suas proezas na Agricultura. Eles criaram sistemas agrícolas e ferramentas de ferro que melhoraram o rendimento agrícola geral. Mais além disso, são as armas de ferro que aumentaram a eficácia de seus militares.

A Migração Bantu teve um enorme impacto sobre as práticas econômicas, culturais e políticas da África. Os migrantes bantu introduziram muitas novas habilidades nas comunidades com as quais interagiam, incluindo a agricultura e a indústria sofisticadas. Estas habilidades incluíam o cultivo de plantações e ferramentas de forjamento e armas de metal.

A História da Migração de Pessoas que Falavam a Língua Bantu

A expansão Bantu é uma série significativa de migrações do grupo de língua original Proto-Bantu.

Esta migração gradual começou a partir de suas origens registradas (sul da África Ocidental na atual área de Cross Rivers, no sudeste da Nigéria). Ela se espalhou por toda a parte central, oriental e sul do continente.

Da história registrada, a migração foi o produto de uma derrota, quando o Império Romano derrotou as tribos que habitavam a Nigéria atual.

No processo de migração, os colonos de língua Proto-Bantu deslocaram ou absorveram grupos de caçadores-coletores e pastores pré-existentes que eles encontraram.

O Caminho do Maupin Goon: o primeiro Reino Bantu

Com o conhecimento vem o avanço, e o povo Bantu avançou. Eles desenvolveram o primeiro Reino Africano - Maupin Goon Way.

Esse Reino lançou as bases para o Reino do Zimbábue, e muitos outros a seguir.

Esta é uma parte de nossa história que não é contada com muita freqüência.

O Oriente Médio e a África Oriental?

A evidência de que as pessoas da África Oriental e do Oriente Médio estiveram em contato a partir de cerca de 200 a.C. vem de vários registros escritos.

Um certo Iambulus, enquanto estava no sul da Arábia, foi capturado e transportado para o Chifre da África, onde foi forçado a navegar para o sul seguindo a costa da África oriental até as ilhas do Equador, onde viveu por sete anos.

De lá, ele viajou para o noroeste da Índia.

Há outro relato de um homem, Eudoxus. A caminho do Mar Mediterrâneo vindo da Índia, ele relatou que os ventos das monções o haviam levado à África Oriental, onde ele descobriu que se podia velejar pela África.

Estes dois relatórios confirmam que as visitas do Oriente Médio à África Oriental existiam antes da mudança para a.C. /d.C.

Além disso, deve-se notar que nos antigos séculos a.C., os greco-romanos acreditavam que a canela, uma das mercadorias mais apreciadas no mundo mediterrâneo, bem como a cássia, eram originárias do interior da África Oriental.

Também se especulou que a Arábia obteve algumas de suas especiarias do leste da África.

Isso explica porque Iambulus foi obrigado a navegar para a África Oriental: para encontrar a fonte das especiarias que ele procurava.

Israel e Palestina no continente africano?

O fato é que tanto Israel e Palestina quanto o Líbano tinham relações com o nordeste da África.

Existe também uma probabilidade de que Israel e a Palestina tenham vivido no continente africano. A placa tectônica continental africana vai até a placa da Anatólia, que é o peru. Isto é amplamente conhecido na comunidade geográfica e científica. É mesmo conhecida em Israel, pois foi marcada na região da fronteira do deserto de Negev.

É por razões religiosas e geopolíticas que Israel não é reconhecido publicamente como estando na região nordeste do continente africano.

Esta tentativa de desligar Israel e Palestina da África também se justifica com a presença do Canal de Suez, que é água artificial que não divide um continente.

O Canal do Suez é uma hidrovia artificial ao nível do mar no Egito, ligando o Mar Mediterrâneo ao Mar Vermelho.

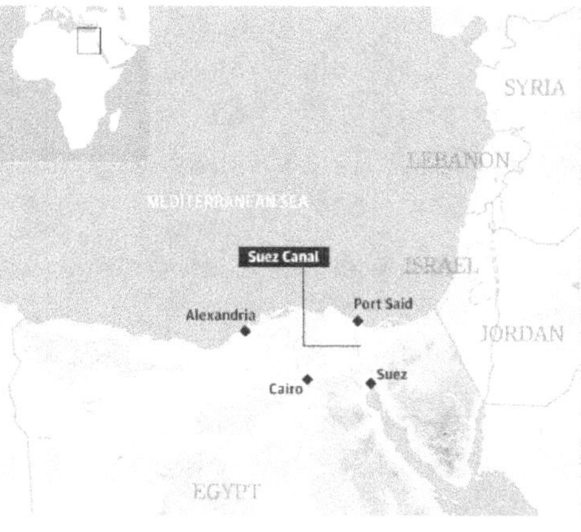

O Canal do Suez é uma hidrovia de origem humana que liga o Mar Mediterrâneo ao Oceano Índico através do Mar Vermelho. Ele permite uma rota mais direta para a navegação entre a Europa e a Ásia, permitindo efetivamente a passagem do Atlântico Norte para o Oceano Índico sem circunavegar o continente africano. A via navegável é vital para o comércio internacional e, como resultado, tem estado no centro do conflito desde sua abertura em 1869.

A religião também tem trabalhado muito para retratar o racismo em todo o mundo com os estórias da maldição de Ham (na verdade colocada sobre o filho de Ham, Canaã), imposta pelo patriarca Noé.

O objetivo original do andar pode ter sido justificar a sujeição do povo cananeu aos israelitas. Em séculos posteriores, a narrativa foi interpretada por alguns cristãos, muçulmanos e judeus como uma explicação para a pele negra, bem como uma justificativa para a escravidão.

Da mesma forma, o movimento dos Santos dos Últimos Dias usou a maldição de Ham para impedir a ordenação de homens negros a seu sacerdócio.

Essa narrativa não tem fundamento na mente de nenhum homem ou mulher inteligente, mas infelizmente serviu como base do racismo e genocídio na antiga África, primeiro pelos árabes no comércio de escravos do século 10, depois pelos europeus no século 15.

A África ainda sofre hoje em dia como resultado de um andar criado meramente para fins religiosos.

Os antigos reinos da África Ocidental, que ocupavam o cinturão de florestas costeiras dos Camarões à Guiné, tinham relações comerciais com outros africanos que remontavam à pré-história.

No entanto, em 1500 a.C., esses antigos reinos não somente negociavam ao longo da Costa do Marfim, mas com os fenícios e outros povos. Eles expandiram seu comércio para as Américas, onde as evidências de uma antiga presença africana são esmagadoras.

Os reinos, que vieram a ser conhecidos por árabes e europeus durante a Idade Média, já estavam bem estabelecidos quando as tribos celtas ainda habitavam grande parte da Europa Ocidental.

No século 5 a.C., os fenícios já dirigiam navios comerciais para vários reinos da África Ocidental. Durante esse período, o ferro estava em uso há cerca de mil anos, e a arte terracota estava sendo produzida em um nível excepcional de artesanato. A pedra também estava sendo esculpida com perfeição naturalista, e mais tarde, o bronze estava sendo usado para fazer várias ferramentas e instrumentos, bem como obras de arte lindamente naturalistas.

A Civilização da África Antiga

A África tem a história humana mais extensa da Antiguidade (uma que é meramente falada). A arqueologia revela o rico passado de culturas complexas no berço da humanidade.

Ela possui o mais antigo registro de realizações tecnológicas humanas: ferramentas de pedra na África Oriental e ferramentas de produção de ferramentas em toda a África Subsaariana.

A história da ciência e da tecnologia na África desde então tem recebido relativamente pouca atenção em comparação com outras regiões do mundo, com uma grande maioria das origens da ciência, concentrando-se nos gregos, romanos e outros brancos - apesar dos notáveis desenvolvimentos africanos em matemática, metalurgia, arquitetura e outros campos.

Embora exista uma notável história tecnológica do Antigo Egito, existiram invenções mais complexas ao longo dos períodos do Antigo Sub-Saara. Um desses desenvolvimentos é o osso Ishango, também chamado de berço da Matemática Antiga.

O Osso de Ishango

O Osso de Ishango é a primeira evidência de uma calculadora no mundo. Alguns dizem que o osso de Ishango é a mais antiga tabela de números primos.

Com o nome do local onde foi encontrado, na República Democrática do Congo (RDC), o Osso de Ishango é chamado de ferramenta óssea para fazer cálculos.

Datado há 22000 anos atrás, na era Paleolítica Superior, o osso de Ishango é um osso marrom escuro que por acaso é a fíbula de um babuíno, com um pedaço afiado de quartzo afixado em uma extremidade para gravação. É o mais antigo atestado da prática da aritmética na história da humanidade.

Em uma das extremidades do Osso de Ishango está o quartzo para escrita, e o osso tem uma série de entalhes esculpidos em grupos (mostrado abaixo). Primeiro, pensou-se que estes entalhes eram algum tipo de marcas de registro encontradas para registrar contagens em todo o mundo.

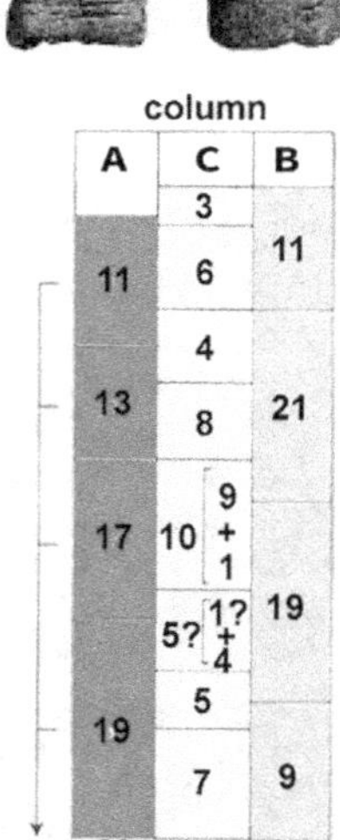

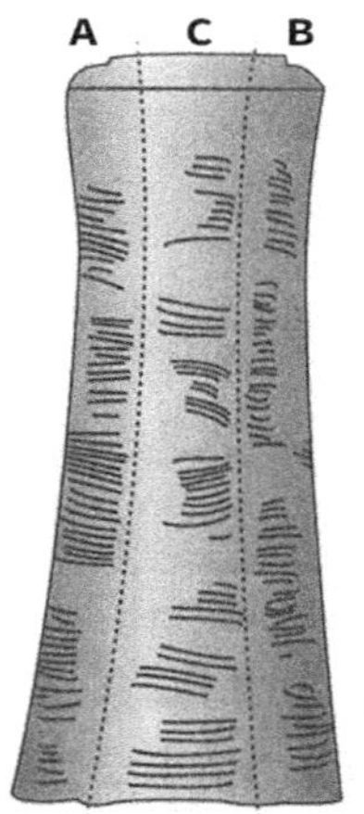

column		
A	C	B
	3	
11	6	11
	4	
13	8	21
17	10	9 + 1
	5?	1? + 4
	5	19
19		
	7	9
sum 60	48	60

Entretanto, o osso Ishango parece ser muito mais do que uma simples numeração.

As marcações nas linhas (a) e (b) somam cada uma a 60. A linha (b) contém os números primos entre 10 e 20. A linha (a) é bastante consistente com um sistema de numeração baseado em 10, já que os entalhes são agrupados como 20 + 1, 20 - 1, 10 + 1, e 10 - 1. Finalmente, a linha (c) parece ilustrar o método de duplicação (multiplicação por 2) usado mais recentemente na multiplicação egípcia.

Estudos recentes com microscópios ilustram mais marcações, e agora se entende que o osso também é um contador de fase lunar.

No entanto, o Osso Ishango é apenas uma das Criações africanas.

Aqui está um relato detalhado e revelador por Sydella Blatch - professora assistente de biologia na Universidade Stevenson.

Matemática

Certamente, apenas alguns de nós sabemos que muitos conceitos modernos do ensino médio em matemática foram desenvolvidos primeiramente na África, assim como foi o primeiro método de contagem. Há mais de 35.000 anos, os egípcios escreviam livros didáticos sobre matemática que incluíam divisão e multiplicação de frações e fórmulas geométricas no cálculo da área e do volume das formas. Distâncias e ângulos foram calculados, equações algébricas foram resolvidas e previsões matemáticas foram feitas sobre o tamanho das enchentes do Nilo. Os antigos egípcios consideravam um círculo de 360 graus e estimavam ∏ em 3.16.

Há oito mil anos, o povo do atual Zaire desenvolveu seu sistema de numeração, assim como o povo iorubá na Nigéria. O sistema Yoruba era baseado em unidades de 20 (ao invés de 10) e exigia uma quantidade impressionante de subtração para identificar números diferentes. Os estudiosos elogiaram este sistema, pois ele precisava de um raciocínio muito abstrato.

Astronomia

Várias culturas africanas antigas fizeram descobertas na astronomia. Muitas delas são fundamentos com os quais ainda contamos, e algumas eram tão avançadas que seu modo de invenção ainda não pode ser compreendido. Os egípcios traçaram o movimento do sol e das constelações e os ciclos da lua. Eles dividiram o ano em 12 partes e desenvolveram um sistema de calendário de um ano contendo 365 ¼ dias. Os relógios foram feitos com água em movimento, e foram usados relógios semelhantes aos relógios de sol.

Uma estrutura conhecida como o Stonehenge africano no Quênia atual (construído por volta de 300 a.C.) era um calendário notavelmente preciso. O povo Dogon de Mali acumulava uma riqueza de observações astronômicas detalhadas.

Muitas de suas descobertas eram tão avançadas que alguns estudiosos modernos creditam suas descobertas aos estrangeiros espaciais ou viajantes europeus desconhecidos, mesmo que a cultura Dogon esteja impregnada de tradição cerimonial centrada em vários eventos espaciais. Outra tentativa dos europeus de esconder a inteligência dos antigos africanos,

O Dogon conhecia os anéis de Saturno, as luas de Júpiter, a estrutura espiral da Via Láctea e a órbita do sistema estelar Sirius. Centenas de anos atrás, eles traçaram órbitas neste sistema com precisão até o ano de 1990. Eles sabiam que este sistema continha uma estrela primária e uma estrela secundária (agora chamada Sirius B) de imensa densidade e não visível a olho nu.

Metalurgia e Ferramentas

Muitos avanços na metalurgia e na fabricação de ferramentas foram feitos em toda a África antiga. Estes incluem motores a vapor, cinzéis e serras metálicas, ferramentas e armas de cobre e ferro, pregos, cola, aço carbono e armas e arte de bronze.

Os avanços na Tanzânia, Ruanda e Uganda entre 1.500 e 2.000 anos atrás superaram os europeus de então e foram surpreendentes para os europeus quando tomaram conhecimento deles. Os fornos da antiga Tanzânia podiam atingir 1.800°C - 200 a 400°C mais quentes do que os romanos.

Arquitetura e Engenharia

Várias sociedades africanas do passado criaram ambientes sofisticados e construídos. Naturalmente, existem os feitos de engenharia dos egípcios: os obeliscos espantosamente levantados e as mais de 80 pirâmides. A maior das pirâmides cobre 13 acres e é feita de 2,25 milhões de blocos de pedra.

Mais tarde, no século 12 e muito mais ao sul, havia centenas de grandes cidades no Zimbábue e em Moçambique. Ali, enormes complexos de pedra eram os centros das cidades. Um deles incluía uma parede de granito curva de 250 metros de comprimento e 15.000 toneladas. As cidades apresentavam vastos castelos com numerosas salas para tarefas específicas, tais como ferragens. No século XIII, o império de Mali ostentava cidades impressionantes, incluindo Timbuktu, com grandes palácios, mesquitas e universidades.

Medicina

Vários povos antigos em toda a África empregavam muitos tratamentos que usamos hoje. Antes da invasão européia da África, a medicina no que hoje é Egito, Nigéria e África do Sul, para citar apenas alguns lugares, era mais

avançada do que a medicina na Europa. Algumas destas práticas eram o uso de plantas com ácido salicílico para dor (como na aspirina), caulim para diarréia (como no Kaopectate), e extratos que foram confirmados no século 20 para matar bactérias Gram-positivas.

Outras plantas tinham propriedades anticancerígenas, causavam aborto e tratavam a malária - e estas são tão eficazes quanto muitos tratamentos ocidentais modernos. Além disso, os africanos descobriram ouabaína, capsicum, fisostigmina e reserpina. Os procedimentos médicos realizados na antiga África antes de serem entregues na Europa incluem vacinação, autópsia, tração de membros e fixação óssea quebrada, remoção de balas, cirurgia cerebral, enxerto de pele, preenchimento de cavidades dentárias, instalação de dentes falsos, o que agora é conhecido como cesariana, anestesia e cauterização de tecidos.

Além disso, as culturas africanas realizaram cirurgias sob condições anti-sépticas, universalmente, quando este conceito só estava surgindo na Europa.

Navegação

A maioria de nós aprendemos que os europeus foram os primeiros a velejar para as Américas. Entretanto, as evidências sugerem que os antigos africanos navegaram para a América do Sul e Ásia centenas de anos antes dos europeus. Milhares de milhas de vias fluviais através da África eram rotas comerciais. Muitas sociedades antigas na África construíram uma variedade de barcos, incluindo pequenas embarcações baseadas em canaviais, veleiros e estruturas mais grandiosas com muitas cabines e até mesmo instalações para cozinhar. O Mali e Songhai construíram barcos de 100 pés de comprimento e 13 pés de largura que podiam transportar até 80 toneladas.

As correntes no Oceano Atlântico fluem desta parte da África Ocidental para a América do Sul. Evidências genéticas de plantas e descrições e arte de sociedades que habitam a América do Sul sugerem que pequenos números de africanos ocidentais navegaram para a costa leste da América do Sul e lá permaneceram.

Os cientistas contemporâneos reconstruíram esses navios antigos e suas artes de pesca e completaram a viagem transatlântica com sucesso. Na mesma época em que navegavam para a América do Sul, no século XIII, esses povos antigos também navegaram para a China e de volta, carregando elefantes como carga.

Ainda mais detalhes sobre nossa Antiga Civilização

Nos tempos antigos, o Oráculo de Amon em Siwah eram os mais celebrados, e Heliópolis, Memphis e Tebas eram representantes do melhor da civilização e da cultura egípcias. Tebas, uma bela cidade no Nilo, tinha os Grandes Templos, e como o órgão governante do Sistema Mistério Egípcio, constituía a única Grande Loja no mundo antigo.

A arquitetura dos templos de Tebas é ainda hoje uma maravilha, descrita como "o mais extraordinário grupo de ruínas arquitetônicas apresentadas em qualquer parte do mundo, conhecido como os Templos da antiga cidade de Tebas". Em tempos posteriores, isto se tornou uma cerimônia de aspersão com água benta antes de entrar no templo".

É fácil apreciar onde as igrejas e pousadas modernas copiaram suas tradições, identidade e decorações internas".

Uma placa de ferro feita milhares de anos antes da Idade do Ferro foi encontrada na pirâmide de Gizeh construída em 2560 AC. Os antigos egípcios chamavam suas pirâmides de pré-Neter, ou seja, a Casa da Natureza, que se compara com a natureza ou casa da energia em latim.

OS GRANDES REINOS AFRICANOS

Carthage (present day Tunisia)

Reino de Cartago é lembrado por sua intensa rivalidade contra a Roma antiga nas Guerras Púnicas. A cidade começou como um povoado fenício no século VIII a.C.

No entanto, Cartago cresceu de apenas um assentamento para um império que estava absorto no comércio de itens como têxteis, ouro, cobre e prata.

A influência de Cartago acabou se estendendo do norte da África até a Espanha e partes do Mediterrâneo.

A partir de 264 a.C., as antigas superpotências se enfrentaram nas três guerras púnicas sangrentas que duraram até 146 a.C. com a destruição quase total de Cartago. Hoje, quase tudo o que resta do outrora poderoso império é uma série de ruínas na cidade de Tunis.

Reino do Benin

O Império Benin era um dos estados mais antigos e altamente desenvolvidos da África Ocidental, datando do século XI. Uma das características proeminentes do reino do Benin eram os Muros do Benin.

As muralhas da Cidade de Benin e seu Reino circundante eram uma maravilha feita pelo homem, descrita como "a maior terraplanagem do mundo antes da era mecânica".

As Muralhas de Benin, uma das antigas maravilhas arquitetônicas da África, foram destruídas pelos britânicos em 1897 durante o que ficou conhecido como a Expedição Punitiva. Este ato chocante destruiu mais de mil anos de história do Benin e algumas das primeiras provas de civilizações africanas ricas.

A espantosa cidade era uma série de terraplenagem composta de bancos e valas, chamada "Iya" na língua Edo, em torno da atual Cidade de Benin, Nigéria. Eles consistem de 15 quilômetros da cidade de Iya e uma estimativa de 16.000 quilômetros na área rural de Benin. As muralhas permaneceram por mais de 400 anos, protegendo os habitantes do Reino e as tradições e a civilização do povo Edo.

O Império Mali

Segundo registros históricos, a história do Império de Mali começou no século XIII, quando um rei chamado Sundiata Keita liderou uma revolta contra o Rei de Sosso.

O império de Mali cresceu através do comércio para se tornar um dos impérios mais temidos de seu tempo. Também é digno de nota que Mansa Musa foi um rei do império. Ele é visto como o homem mais rico da Idade Média, com uma riqueza estimada em mais de 400 bilhões de dólares em dinheiro atual.

De acordo com os registros atuais, ele derramou tanto ouro durante a visita que fez com que seu valor descesse nos mercados egípcios por vários anos.

Também é atribuído a ele o estabelecimento de um centro revolucionário de aprendizado em Timbuktu.

Já uma sede de excelência intelectual, a renovação de Timbuktu por Mansa Musa incluiu a construção de madrassas (instituições educacionais), bibliotecas, arquivos e mesquitas. Timbuktu possuía centenas de milhares de textos e se tornou uma das cidades mais proeminentes da África Ocidental.

Outros reinos africanos como o: Império Songhai, o Reino de Kush, o Reino de Punt, o Reino de Aksum, o Reino do Kongo e o Grande Zimbábue também foram influentes para a civilização da África..

A África Antiga e a Bíblia

The Lemba, a Bantu-speaking people of southern Africa, has a tradition of being led out of Judea by a man named Buba. They practise circumcision, kept one day a week holy, and avoided pork meat as the Jewish religion admonishes.

The remarkable thing about the Lemba tradition is that it may be exactly right.

A team of geneticists has found that many Lemba men carry in their male chromosome a set of DNA sequences distinctive of the cohanim – the Jewish priests believed to be Aaron's descendants. The genetic signature of priests – a hereditary caste different from rabbis but with specific ritual roles – is particularly common among Lemba men who belong to the senior of their 12 groups in the Buba clan.

The discovery of the Lemba's Jewish ancestry has come about by intertwining unusual strands of enquiry. Some geneticists in the United States, Israel, and England wondered what truth there might be to the Jewish tradition that priests are the descendants of Aaron, the elder brother of Moses.

HISTÓRIA AFRICANA E CONTOS BÍBLICOS CONTEMPORÂNEOS

Você já se perguntou qual é a origem dos dez mandamentos? A fonte dos Dez Mandamentos eurocristãos que Moisés supostamente deveria ter recebido de Deus no Monte Sinai?

Vamos mergulhar em mais história.

Moisés provavelmente era um homem negro. Pelos registros, Ele sem dúvida nasceu no antigo Kemet (Egito) durante o reinado de Faraó Harembab (1340-1320 a.C.), onde passou a maior parte de sua vida e se casou com uma mulher etíope chamada Zipporah. Eles tiveram dois filhos, Gershon e Eliezer.

Segundo o Dr. Ben-Jochannan, Moisés, que nasceu da tribo de Levi. Ele foi milagrosamente salvo por sua irmã Miriam enquanto flutuava pelo rio Nilo em uma cesta de junco.

O fato é que, como Sumo Sacerdote durante o reinado do Faraó Akhenaton (XXV Dinastia, 1370-1352 a.C.), Moisés não só estava familiarizado e conhecedor das "42 Confissões Negativas", mas também das dez categorias de pecados que existiam no antigo Kemet (Egito).

Ele também estava familiarizado com o conceito espiritual do monoteísmo que o faraó Akhneton havia introduzido ao povo. Depois, quando ele chegou ao leste do Egito (Monte Sinai). Moisés orou a Amun-Ra, o Deus Sol do Egito Antigo.

Foi sem esforço para Moisés estabelecer uma nova religião para seu povo devido à sua educação e treinamento espiritual no Kemet ocidental (Egito). Moisés então desmoronou as "42 Confissões Negativas" nos "Dez Mandamentos", Ele continuou a abraçar o conceito de Monoteísmo.

Moisés usou o conceito de fogo para receber os "Dez Mandamentos" porque, no antigo Kemet (Egito), a força espiritual de Deus era representada pelo fogo. Em outras palavras, a religião dos seguidores de Moisés hoje é de origem africana, incluindo o cristianismo, que provém do judaísmo.

Estes são os espirituais afro-eméticos originais:

"42 Declarações de Inocência"

"42 Admoestações de Ma'at"

"42 Confissões Negativas"

1. Eu não cometi iniqüidade.
2. Eu não roubei com violência.
3. Eu não roubei.
4. Eu não cometi nenhum assassinato. Eu não fiz dano.
5. Eu não defraudei ofertas.
6. Eu não diminuí minhas obrigações.
7. Não saqueei o Netcher.
8. Não disse mentiras.
9. Não roubei comida.
10. Eu não causei dor.
11. Não me comprometi a fornicar.
12. Não causei derramamento de lágrimas.
13. Não tratei de maneira enganosa.
14. Não transgredi.
15. Não agi de forma enganosa.
16. Não desperdicei a terra cultivada.
17. Não tenho sido um espião.
18. Não coloquei meus lábios em movimento (contra qualquer homem).
19. Não tenho sido irado e irado a não ser por uma causa justa.
20. Eu não contaminei a esposa de nenhum homem.
21. Eu não contaminei a esposa de nenhum homem. (repetido duas vezes)
22. Eu não me poluí.
23. Eu não causei terror.
24. Eu não transgredi. (repetido duas vezes)
25. Eu não me queimei de raiva.
26. Eu não parei meus ouvidos contra as palavras de Direito e Verdade (Ma'at)
27. Eu não trabalhei o luto.

28.   Eu não agi com insolência.

29.   Não agi com insolência. 29.

30.   Não julguei precipitadamente.

31.   Não tenho sido um espião. (repetido duas vezes)

32.   Eu não multipliquei demais as palavras.

33.   Eu não fiz nem mal nem mal.

34.   Eu nunca amaldiçoei o Rei.

35.   Nunca fiz maldade alguma.

36.   Não tenho falado com desdém.

37.   Eu nunca amaldiçoei o Netcher.

38.   Eu não roubei.

39.   Eu não defraudei as ofertas do Netcher.

40.   Não saqueei as ofertas dos mortos abençoados.

41.   Não limpei a comida da criança; nem pequei contra os Netcher de minha cidade natal.

42.   Não abati com má intenção o gado dos Netcher.

Estas "Confissões Negativas" representam o PRIMEIRO código moral de ética inventado com o qual se vive por 24-7-365. Os africanos criaram estes códigos morais na era a.C. Eles foram desenvolvidos antes que houvesse a Bíblia Cristã Santa ou um Alcorão Islâmico.

Os antigos africanos levaram cinqüenta (50) gerações ou 1.200 anos para desenvolver estes códigos morais e espirituais.

Havia "42 Confissões Negativas" porque havia 42 "Nomes" ou Distritos no antigo Kemet naquela época.

Naquela época, também existiam dez (10) categorias de pecados. Assim, os grupos de pecados que Moisés, o africano, utilizava para formular os chamados "Dez Mandamentos", já existiam. As dez categorias de pecados no antigo Kemet (Egito) são as seguintes:

1.   "Pecados gerais contra as pessoas".

2.   "Crimes contra uma pessoa".

3.   "Crimes contra os Deuses".

4.   "Crimes contra o Rei".

5.   "Crimes contra os mortos".

6.   "Crimes contra animais".

7.   "Crimes contra a propriedade".

8.   "Fraude

9.   "Falta de moral e de caráter" (I)

10.   "Falta de moral e de caráter" (II)

Como tal, não foi preciso um gênio na ciência dos foguetes ou no cálculo avançado para que os 42 se desmoronassem em dez, e foi isso que o antigo sumo sacerdote egípcio Moisés fez. Nada mais; nada menos.

Estes são os Derivados religiosos eurocristãos:

"Dez Mandamentos"

1.   Eu sou o Senhor teu Deus. Tu não terás outros deuses diante de mim. (41)

2.   Não farás para ti nenhuma imagem esculpida

3.   Não tomarás o nome do Senhor eles Deus em vão (7, 37, 41).

4.   Lembre-se do dia de sábado para mantê-lo santo.

5.   Honra a teu pai e a tua mãe. (1, 12, 28)

6.   Não matarás. (4)

7.   Você não cometerá adultério. (11, 20, 21)

8.   Não roubarás. (2, 3, 5, 6, 7, 9, 39, 40)

9.   Não dirás falso testemunho contra o teu próximo. (8, 13, 18, 29)

10.   Não cobiçarás a casa ou a esposa do teu próximo. (13, 20, 21, 29, 33)

Sua derivação da antiga Kemética original "42 Confissões Negativas" é mostrada no final de cada um.

Em outras palavras, os Dez Mandamentos eurocristãos modernos não vieram ou não foram recebidos de Deus acima; eles são de origem afro-hemética.

Neste sentido, deve-se entender claramente que existe uma grande diferença entre a espiritualidade africana original e a religião euro-cristã derivada.

Espiritualidade é definida como a conexão direta, relacionamento e interação com o universo, cosmo, natureza, e essa força espiritual de Deus, Amun-Ra, "o doador/criador da vida". Ele é a força de Deus espiritual cujo aniversário foi celebrado em 25 de dezembro nos tempos antigos cerca de 4.100 anos antes do aniversário de Jesus "o Cristo".

E é por isso que Moisés teve que mudar as "42 Confissões Negativas", que representavam um modo de vida cotidiano e de ser em "Mandamentos" como um meio de poder, força e controle da vida cotidiana de seu povo.

Deve-se afirmar categoricamente que na era a.C., a África era conhecida como "a terra do povo espiritual". No entanto, como resultado da supremacia européia, a África e os africanos foram transformados globalmente em um "povo religioso" na era A.D., em detrimento de sua impotência e perderam sua espiritualidade original.

TODOS os Deuses eram Negros; agora na era D.C., TODOS os Deuses são Brancos. Isto representa a supremacia do controle do poder religioso europeu em seu zênite.

Como tal, neste novo milênio do século XXI, os africanos do continente e da diáspora devem recuperar, reconquistar, relocalizar, recuperar, reconectar, reorientar e reencenar sua espiritualidade original, a arma mais potente em seu arsenal para sobreviver e se fortalecer.

MENINO HORUS	**BLACK MADANA & CHILD**	**MENINO JESUS**

ORIGINAL	*DEPOIS*	*AGORA*

Quem Escreveu a Bíblia?

Segundo a escritora e pesquisadora ganense Nana Banchie Darkwah, "os africanos negros do antigo Egito escreveram a Bíblia Sagrada, e a Igreja Católica está escondendo e suprimindo esta verdade".

Em seu livro intitulado "Os Africanos que escreveram a Bíblia - Os segredos antigos da África e do Cristianismo nunca contaram, o autor afirma enfaticamente que "a pior mentira e pecado da igreja foi a transformação premeditada das identidades raciais e étnicas de Jesus Cristo, de sua mãe e de todo o povo da Bíblia do povo negro para o povo branco, para satisfazer os sentimentos racistas europeus emergentes contra o povo negro".

Antes de tudo, para que você compreenda a verdade da afirmação acima e a aceite como um fato, você deve dissipar a noção errônea e as mentiras que a Europa cristã, particularmente a Igreja Católica Romana, fabricou ao pintar os antigos egípcios como pagãos e demônios.

Hoje, os descendentes destes antigos egípcios estão vivendo em toda a África Subsaariana, particularmente nas nações de Gana, Nigéria e Costa do Marfim". A primeira "Bíblia", ou "Pergaminho" em registro produzido pelo homem, em relação ao pagamento de honra e respeito divino a um "Criador de toda a Humanidade" foi a do povo africano do Vale do Nilo no Antigo Kemet (Egito) e nas regiões dos Grandes Lagos da África Central, Oriental e Norte.

Outra História Bíblica Semelhante: O Esterco de Horus Africano e Jesus, o Cristo

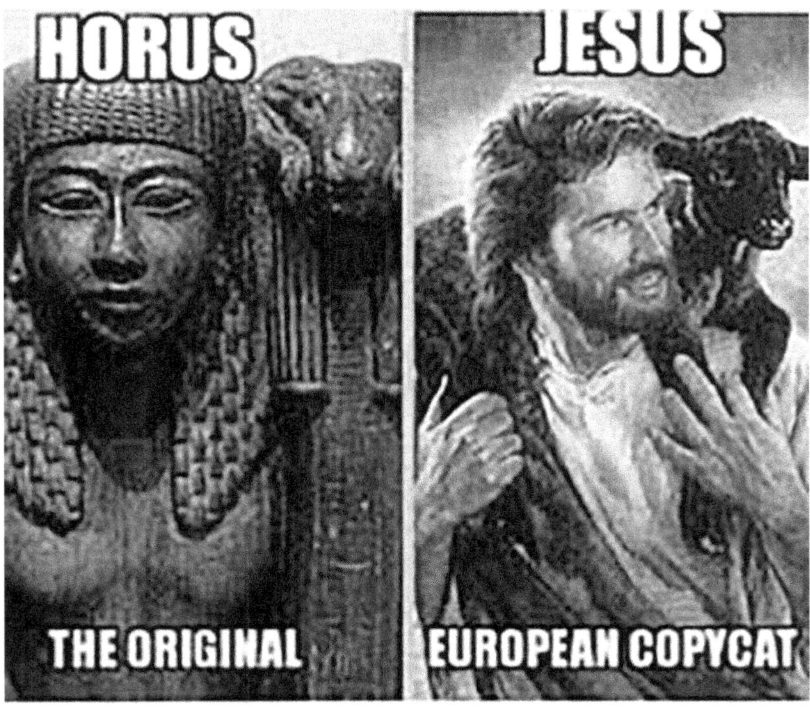

A história de Jesus Cristo foi emprestada de mitologias anteriores. Nos últimos anos, tem sido afirmado que Jesus está baseado no deus egípcio, Horus.

Quem é Hórus?

Hórus é uma das mais antigas divindades registradas na antiga religião egípcia. Muitas vezes retratado como um falcão ou um homem com uma cabeça de falcão, Hórus era considerado o deus do sol e da guerra. Inicialmente, ele apareceu como um deus local, mas com o tempo os antigos egípcios acreditavam que o faraó reinante era uma manifestação de Hórus.

Escrito em 1280 a.C., o Livro dos Mortos descreve um deus, Hórus. Os livros são coleções de feitiços egípcios antigos que se acreditava que ajudavam o falecido em sua jornada para a vida após a morte.

Hórus é o filho do deus Osíris, foi descrito como tendo nascido de uma mãe virgem.

Acreditava-se que a mãe de Hórus era a deusa Ísis. Seu marido, o deus Osíris, foi morto por seu inimigo Seth, o deus do deserto, e mais tarde desmembrado.

Isis conseguiu recuperar todas as partes do corpo de Osíris, exceto seu falo, que foi jogado no Nilo e comido por peixes-gato. Ísis usou seus poderes de deusa para ressuscitar Osíris e moldar temporariamente um falo dourado. Ela foi então impregnada, e Horus foi concebido.

O rosto moderno de Jesus Cristo foi modelado a partir de Cesare Borgia, um filho do Papa Alexandre VI de Roma.

A figura de Cesare Borgia foi usada como modelo para o longo cabelo loiro, de olhos azuis, com aspecto de Cristo, que os cristãos veneram durante séculos.

A partir de 1490, foi durante o período renascentista após o contato com a África que a Idade das Trevas na Europa chegou ao fim, e as pinturas começaram a circular retratando Maria e Jesus com pele branca, olhos azuis e longos cabelos loiros.Muitas das pinturas posteriores de "Jesus Cristo" foram baseadas em Cesare Borgia, que por sua vez influenciaram a maioria dos retratos de Cristo criados desse ponto em diante.

O que Jesus, Hórus e muitos outros deuses tinham em comum?

HORUS

NASCE EM 25 DE DEZEMBRO
NASCIDO DE UMA VIRGIM
UMA ESTRELA NO ORIENTE
ADORNADA POR 3 REIS
PROFESSOR AOS 12 ANOS
BAPTIZADOS/
MINISTÉRIO AOS 30 ANOS
12 DISCÍPULOS
REALIZADOS MILAGRES
CRUCIFICADO
MORTO POR 3 DIAS
RESSUSCITOU

KRISHNA

NASCE EM 25 DE DEZ.
NASCIDO DE UMA VIRGIM
UMA ESTRELA NO ORIENTE
REALIZOU MILAGRES
CRUCIFICADO
MORTO POR 3 DIAS
RESSUSCITOU

ATTIS

NASCE EM 25 DE DEZEMBRO
NASCIDO DE UMA VIRGIM
CRUCIFICADO
MORTO POR 3 DIAS
RESSUSCITOU

MITHRA

NASCE EM 25 DE DEZ.
NASCIDO DE UMA VIRGIM
12 DISCIPULOS
REALIZOU MILAGRES
MORTO POR 3 DIAS
RESSUSCITOU

DIONYSUS

NASCE EM 25 DE DEZEMBRO
NASCIDO DE UMA VIRGIM
REALIZOU MILAGRES
DE ÁGUA PARA VINHO
"REI DOS REIS"
CRUCIFICADO
MORTO POR 3 DIAS
RESSUSCITOU

JESUS

NASCE EM 25 DE DEZ.
NASCIDO DE UMA VIRGIM
UMA ESTRELA NO ORIENTE
ADORNADA POR 3 REIS
PROFESSOR AOS 12 ANOS
BAPTIZADOS/
MINISTÉRIO AOS 30 ANOS
12 DISCÍPULOS
REALIZOU MILAGRES
CRUCIFICADO
MORTO POR 3 DIAS
RESSUSCITOU

A Economia da África Antiga e da África de Hoje

Olhando para o antigo Reino indígena africano e o seu avanço no passado, o Reino Africano era poderoso, não estava subdesenvolvido, mas se desfez devido ao caos e às lutas internas - uma teoria interessante que ouvimos e vimos retomada por muitos arqueólogos e historiadores que estudam especificamente o passado econômico da África.

Entretanto, o subdesenvolvimento da África é mais devido ao comércio de escravos do que a qualquer outro fator.

O esforço constante para aceitar cada vez mais escravos causou instabilidade em muitas regiões e reinos indígenas. Isso fez com que eles não conseguissem montar nenhuma forma de estado estável e centralizado.

Hoje em dia, a colonização da África mudou de forma. Embora ninguém mais seja transportado à força em grandes navios, a mineração de nossos recursos naturais sem limites por países ocidentais e até mesmo orientais não dá à África nenhum espaço para seu crescimento.

Estamos sendo colonizados debaixo dos nossos narizes, mas não fazemos nada para mudar nossa narrativa.

Não é mais chamado de Comércio de Escravos, mas de ECONÔMICO, ou mais engarrafado como comércio e relações internacionais, onde nossos países são explorados para ganhos marginais.

Você já se perguntou como o Ocidente é tão rico, de onde vem seu dinheiro? E por que a África, um continente rico em diversos recursos naturais, não tem bancos essenciais e significativos em todo o mundo?

É porque o ouro, os diamantes, a terra, etc. da África são trocados por papel e tinta, chamados de moedas, que perdem valor com o tempo.

Se tudo continuar neste padrão, arruinaremos a África até o chão.

Atualmente, os africanos sofrem com o genocídio econômico e a injustiça de quase todas as outras raças do mundo.

Órgãos como a Organização Mundial do Comércio, FMI (Fundo Monetário Internacional), e o Banco Mundial não ajudam o continente africano na realidade. Todos eles existem para seus ganhos - e para os benefícios do país a que pertencem

na verdade.

A construção social e a narrativa africana negativa é a nova forma de colonialismo, tudo impedindo a África de criar instituições reais e uma forma válida de governo que atenda às suas necessidades culturais.

Como nos tornamos uma raça inferior? Como caiu a poderosa terra de Alkebulan? Acredito que não devemos meramente glorificar nosso passado. A África já governou o mundo antes, em inteligência, espiritualidade e tecnologia.

A África ainda pode se erguer novamente.

CAPÍTULO DOIS

A PÁTRIA: ÁFRICA

A abundância de de minerais, tanto tradicionais como aqueles que precisam de novas tecnologias, são uma fonte essencial de riqueza que reverteu para alguns. As potências estrangeiras posicionam-se para assegurar o abastecimento, mas uma África unida deve impor as suas regras para acabar com a pobreza nas suas sociedades.

A riqueza da África encontra-se no seu solo. Com efeito, o continente tem 24 % das terras aráveis do mundo, mas apenas gera 9 % da produção agrícola. A distribuição de terras férteis é desigual, com grandes áreas desertas na região do Sahel, e áreas húmidas e altamente produtivas em torno das bacias hidrográficas e ao longo dos principais rios.

Apesar de todos os recursos naturais que tem em abundância, o continente africano continua a ser o mais pobre do planeta, apesar de existirem diferenças significativas entre países. Na verdade, a África impressiona com os seus contrastes marcantes.

O paradoxo reside no facto de que, embora o continente seja uma potência energética devido aos seus recursos, em termos de consumo de eletricidade, é um pigmia. A população africana equivale a cerca de 17 % da população mundial, mas apenas consome 4 % da energia produzida.

Acima de tudo, devido à sua riqueza mineral, a África foi saqueada há muito tempo. Jogando no campo das potências coloniais até meados do século XX, a África está agora mais do que nunca no centro de batalhas amargas de controlo e influência entre forças tradicionais que veem as suas influências diminuir e os países emergentes que aspiram a uma aproximação. Esta guerra estratégica representa um desafio considerável nas relações entre a África e as potências internacionais. Há mais problemas no continente africano do que a sua área. Com efeito, as matérias-primas só têm um valor estratégico quando são transformadas em bens de consumo. Agora, aqueles que controlam o poder hoje são os que dominam os canais industriais, e não na África. Assim, os países

africanos esperam mudar a situação afirmando-se para influenciar as negociações.

África continua a ser uma zona central no jogo mundial de poder de consumir países. No entanto, as estratégias variam. Os países ocidentais, aparentemente menos intervencionistas, usam a arma do comércio internacional e do investimento direto estrangeiro para aceder e proteger as suas necessidades.

Por outro lado, a influência dos Estados é mais acentuada em países de consumo como a China, a Índia ou a Coreia do Sul, onde os governos não hesitam em intervir diretamente. Fazem-no quer através do financiamento de projetos de desenvolvimento condicionados ou ligados ao fornecimento de matérias-primas. Ou investindo diretamente em unidades de produção. A crescente dependência de certos minerais está a conduzi-los a redobrar a sua astúcia e os seus esforços para manter boas relações com a África. Usam diplomacia discreta nos bastidores para garantir um desenvolvimento suave dos contratos.

A África confiou tanto tempo nos políticos. Ainda não conseguem resolver o problema relacionado com o terrorismo económico da a China, a Europa e os EUA, que invadiram deliberadamente o mercado africano, protegendo os seus próprios de invasão. Subsidiam os seus agricultores enquanto destroem o mercado africano com produtos baratos, deixados aos agricultores africanos que não se conseguem defender.

BREVE HISTÓRIA DA ÁFRICA

A história da África começa com o aparecimento dos hominídeos, humanos arcaicos, e - pelo menos há 200.000 anos - humanos anatomicamente modernos (do Homo Sapiens), na África Oriental, e continua ininterrupto até ao presente como um mosaico de diversos e politicamente em desenvolvimento de estados-nação. A primeira história escrita conhecida teve origem em Kush, e depois no Antigo Egito, no Sahel, no Magrebe e no Corno de África.

Após a desertificação no Saara, a história africana do aço do norte entrelaça-se com o Médio Oriente e o Sul da Europa. Ao mesmo tempo, a expansão do Bantu afastou-se dos Camarões modernos (África Ocidental) na maioria dos países do continente subsariano de ondas entre aproximadamente 1000 a.C. E 0 a.D. cria uma comunidade linguística em grande parte das partes centrais e meridionais do continente.

Na Idade Média, o Islão espalhou-se para oeste da Arábia para o Egito, atravessando o Magrebe e o Sahel. Desde meados do século VII, o tráfico de escravos árabes tem visto árabes muçulmanos escravizando africanos. Após as tréguas entre o Califado de Rashidun e Mukurra após a segunda batalha de Dongol em 652 d.C., foram transportados juntamente com os asiáticos e europeus, através do Mar Vermelho, do Oceano Índico e do Deserto do Saara.

No final do século XV, os europeus aderiram ao tráfico de escravos (cerca de 850 anos depois). Isto inclui o comércio triangular, com os portugueses inicialmente a adquirir escravos através do comércio e mais tarde à força como parte do comércio de escravos do Atlântico. Transportavam escravizados ocidentais, centrais e sul-africanos no exterior. Posteriormente, a colonização europeia de África está a desenvolver-se rapidamente de cerca de 10 % (1870) para mais de 90 % (1914) na luta por África (1881-1914).

Colonização: Como o Ocidente lutou pela África (1885 - 1914)

A luta pela África, também chamada de Partição da África ou Conquista da África, foi a invasão, ocupação, divisão e colonização do território africano por potências européias durante um curto período conhecido pelos historiadores como o Novo Imperialismo e o racismo, que ainda está presente até hoje.

A África que temos hoje é o resultado dessa luta. Um continente que luta para se organizar e se unir, com um alto nível de desequilíbrio político e baixos avanços tecnológicos.

No entanto, a luta pela independência em muitas partes do continente, bem como enfraqueceu a Europa após a Segunda Guerra Mundial (1939 - 1945), a descolonização passou pelo continente, culminando em África em 1960.

A história pré-colonial de África foi uma tarefa difícil de estudar, principalmente devido à quase extrema falta de documentação e arquiteturas que os continentes da Europa e da Ásia são tão ricamente densos.

CAPÍTULO TRÊS

ÁFRICA EM PORMENOR - Representação Geografica

África é o segundo maior continente depois da Eurásia e o terceiro depois da Ásia e América, arrastado pelo Mar Mediterrâneo a partir do norte, o Mar Vermelho a partir do nordeste, o Oceano Atlântico do Oeste e o Oceano Índico a partir do leste e sul. A África também é chamada de parte do mundo, composta por áfrica continental e ilhas adjacentes.

A área da África é de 29,2 milhões de km², com ilhas de cerca de 30,3 milhões de km², cobrindo assim 6 % da superfície da Terra e 20,4 % da superfície terrestre.

O continente africano atravessa o equador e várias zonas climáticas; é o único continente que se estende desde a zona climática subtropical norte até à subtropical sul.

O ponto mais setentrional da África é o Cabo Blanco, e o mais a sul é o Cabo Igolny. A distância entre estes pontos é de cerca de 8000 km. O ponto mais ocidental da África é o Cabo Almadi, e o mais oriental é o Cabo Ras Hafoon. Estão separados por cerca de 7500 km. A parte sul da África na direção latitudinal é menos extensa: a sua largura é de cerca de 3100 km. A África, como parte do mundo, também inclui um grande número de ilhas no Atlântico e no Oceano Índico. As ilhas africanas mais remotas do continente são a Ascensão e Santa Helena (no Oceano Atlântico), e a ilha Rodriguez no arquipélago das Ilhas Mascarene (no Oceano Índico).

A África está ligada à Ásia pelo Istmo do Suez, no qual se situa o Canal do Suez. O Estreito de Gibraltar separa a África da Europa. A menor distância entre estes continentes é de 14 km.

ESBOÇO FÍSICO-GEOGRÁFICO

O continente africano é compacto em forma, e a sua superfície é dissecada em pequena medida. A altura média acima do nível do mar é de 750 m. Por este parâmetro, a África está em segundo lugar entre os continentes (depois da Ásia). O ponto mais alto de África tem uma altura de 5895 metros (vulcão Kilimanjaro).

A costa do continente africano é de 30.500 km. As praias são na sua maioria simples, com um pequeno número de baías, convenientes para o estacionamento de navios. A maior baía é guineense. Os recifes de coral estendem-se ao longo da costa em latitudes tropicais, e os pântanos de manguezais estão localizados nas bocas dos rios.

O TERRITÓRIO DA ÁFRICA COMO PARTE DO MUNDO INCLUI AS ILHAS:

No Leste: Madagáscar, Comores, Mascarene, Amiranti, Seychelles, Aldabra, Mafia, Zanzibar, Socotra;

No Oeste: Madeira, Canária, Cabo Verde, Annobon, São Tomé, Príncipe, Bioco, Ascensão, Santa Helena, Tristão da Cunha. A área total das ilhas é de 1,1 milhões de km^2.

Com base nas características do relevo, distinguem-se a Baixa África (a parte noroeste do continente) e a Alta África (a parte sudeste do continente). A Baixa África cobre 2/3 do continente.

Alturas inferiores a 1000 metros caracterizam-no. A Alta África, pelo contrário, é predominantemente caracterizada por alturas pelo contrário, é predominantemente caracterizada por alturas superiores a 1000 metros. A fronteira condicional entre eles passa entre Benguela (Angola) e Massawa (Etiópia).

As formas terrestres predominantes são planícies pisadas, planaltos, planaltos e montanhas, onde estão localizados picos remanescentes e cones vulcânicos. As formas de relevo são distribuídas ao longo da superfície do continente da seguinte forma: planaltos e planícies são encontrados principalmente no interior da região, em depressões tectónicas (como o Chade e o Nilo Branco, Congo, Kalahari), e colinas e cumes estão localizados perto da costa do continente.

O resto da África pertence à antiga plataforma pré-cambriiana, chamada africana. Na parte oriental do continente encontra-se o Vale do Rift da África Oriental, que se estende na direção meridional por mais de 6000 km. As profundas depressões deste vale estão cheias de água e formam grandes lagos. Linhas de avaria, vulcões extintos e ativos estão localizados, incluindo os picos mais altos de África - Kilimanjaro (5895 m) e Quénia (5199 m).

África é o continente mais quente do planeta. Esta é a localização geográfica do continente: todo o território da África está na zona tropical. Ao mesmo tempo, as zonas climáticas de África são incrivelmente diversas: dos desertos às florestas tropicais húmidas. O principal fator determinante desta diversidade é a quantidade de precipitação e o período de precipitação

As águas interiores da África são muito longas e vastas. O rio mais profundo de África e todo o hemisfério oriental é o rio Congo; o mais longo é o Nilo. O maior lago de Victoria (localizado em terceiro lugar depois do Mar Cáspio e do Lago Superior). O lago mais profundo é Tanganyika (o segundo mais profundo depois do Lago Baikal). A natureza pisada do relevo de África leva à formação de muitos rápidos e cachoeiras (o maior - Victoria). Existe um grande potencial para o desenvolvimento da energia hídrica. Além disso, um terço do continente é ocupado por desertos, cursos de água (camurças) em que são temporários ou sazonais. Ao mesmo tempo, nestas zonas (por exemplo, no Saara argelino e líbio), existem geralmente reservas de água subterrâneas nas bacias artesianas.

A África caracteriza-se por uma rica diversidade do mundo das plantas. Na zona equatorial (bacia do Congo, costa do Golfo da Guiné), as florestas tropicais húmidas estão espalhadas. Nas planícies do Sudão e no sul e leste da África, são substituídas por savanas e florestas. Desertos abafados concentram-se principalmente no norte da África: do Oceano Atlântico ao Mar Vermelho estende-se a maior selva do mundo - o Saara, com as suas planícies rochosas e argilosas e planaltos. O Deserto do Namibe está localizado no Sudoeste da África que se estende ao longo da costa do oceano desde o rio Kunene até ao rio Orange. Florestas e arbustos caducos, bem como florestas mistas, crescem apenas na zona subtropical: no Norte - nas Montanhas do Atlas, no sul e sudeste - no Cabo e (parcialmente) nas Montanhas do Dragão.

A fauna é extremamente diversificada: embora muitas das espécies encontradas no norte de África também estejam distribuídas no sul da Europa, o panorama está a mudar para sul do Saara: a maioria dos animais pertence à fauna antiga da região etíope.

O impacto humano sobre a natureza em África é bastante substancial. Os fatores mais importantes que impedem a manutenção do equilíbrio ecológico são os sistemas de cultivo de cortes e queimaduras, o pastoreio de bovinos descontrolados e o extermínio em massa dos animais selvagens.

ALÍVIO

Na maior parte do tempo - plana, no Noroeste estão as Montanhas Atlas, no Saara - as montanhas de Akhaggar e Tibesti. No Leste encontra-se as Terras Altas da Etiópia, ao sul do planalto da África Oriental, onde se situa o Vulcão Kilimanjaro (5895 m) - o ponto mais alto do continente. No sul estão as Montanhas do Cabo e do Dragão. A pontuação mais baixa (157 metros abaixo dos oceanos) está localizada no Djibuti, este Salt LakeAssal. A gruta mais profunda é Anu Ifflis, situada no norte da Argélia, nas montanhas Tell Atlas.

MINERAIS

África é mais conhecida pelos seus depósitos gordos de diamantes (África do Sul, Zimbabué) e ouro (África do Sul, Gana, Mali, República do Congo). Vastos campos petrolíferos estão na Nigéria e na Argélia. As bauxites são extraídas na Guiné e no Gana. Os recursos dos fósforos, bem como os minérios de manganês, ferro e chumbo-zinco, concentram-se na zona da costa norte da África.

ÁGUAS DO INTERIOR

África tem um dos rios mais longos do mundo - o Nilo (6852 km), que flui de sul para norte. Outros grandes rios são o Níger no Oeste Ocidental, o Congo na África Central, e o Rio Zambeze, onde está localizada a Victoria Falls. Limpopo e Laranja no sul.

O maior lago de Victoria (profundidade média de 40m, o mais maciço 80m). Outros grandes lagos são Nyasa e Tanganyika, localizados em falhas litosféricas. Um dos maiores lagos de sal é o Lago Chade, localizado no território do mesmo estado.

CLIMA

África é o continente mais quente do planeta. A razão para isso está na localização geográfica do continente: todo o território de África está em zonas climáticas quentes, e a linha de equador atravessa a região. É em África que o lugar mais quente da Terra é Dallol, e a temperatura mais alta da Terra foi registada (em Trípoli, +58,4 °C).

A África Central e as regiões costeiras do Golfo da Guiné pertencem à faixa equatorial, onde há fortes chuvas ao longo do ano, e não há alterações de estações. As correias subequatoriais estão localizadas a norte e a sul da faixa equatorial. Aqui, no verão, as massas equatoriais húmidas de ar dominam (a estação chuvosa), e no inverno - o ar seco dos ventos do comércio tropical (estação seca). A norte e a sul das zonas subequatoriais encontram-se as zonas tropicais norte e sul. Caracterizam-se por altas temperaturas e um pouco de precipitação, o que leva à formação de desertos.

No Norte encontra-se o maior deserto do Saara na Terra, no Sul - o deserto de Kalahari, a sudoeste do deserto do Namibe. As extremidades norte e sul do continente estão incluídas nas zonas subtropicais correspondentes.

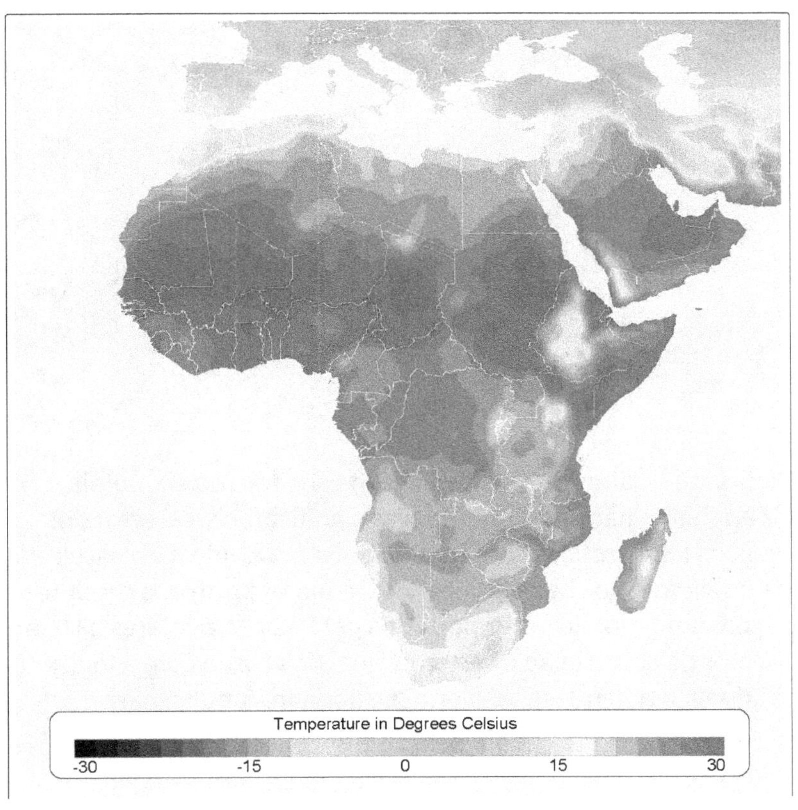

CAPÍTULO QUATRO

PERÍODO PÓS-GUERRA EM ANGOLA: UM CASO ESPECIAL DA "DOENÇA HOLANDESA"

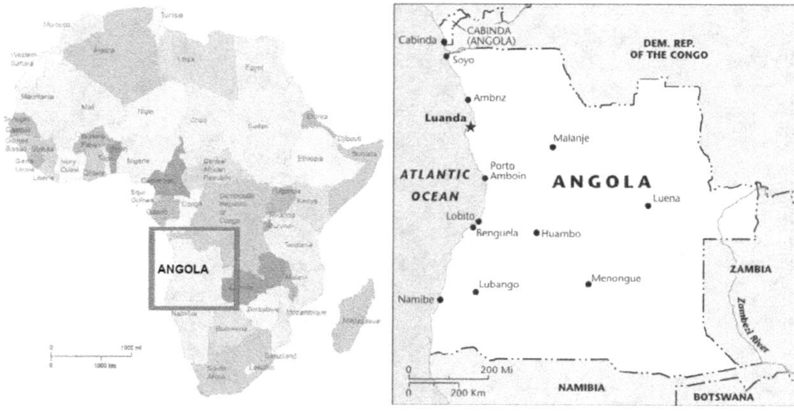

Durante 15 anos de vida pacífica, a estrutura da economia angolana não sofreu mudanças significativas: o sector dos recursos hipertróficos continua a dominar. Devido à escassez e à má qualidade dos bens domésticos, a maior parte dos produtos de consumo tem de ser importados para os petrodólares. Mesmo o sector da construção e serviços, que, de acordo com a lógica da "doença holandesa", deveria ter sido um impulso para o desenvolvimento da economia petrolífera, foi maioritariamente importado da China.

As infraestruturas destruídas, a agricultura fraca e a falta de mão de obra qualificada, um dos sistemas de saúde mais baixos do mundo, é um problema da Angola pós-guerra. Os credores típicos do desenvolvimento da recuperação, como o Fundo Monetário Internacional, não estavam numa boa relação com o governo autoritário de José Eduardo dos Santos, o líder do Movimento Popular de Libertação de Angola, MPLA - Partido Trabalhista, é um partido político que governa a Angola desde a independência do país de

Portugal em 1975. Por conseguinte, logo após a guerra, em 2002, era impossível obter um empréstimo de instituições internacionais. O Governo angolano tentou apelar diretamente aos líderes do Japão e da Coreia do Sul, mas foi recusado com motivação semelhante: é necessário melhorar as relações com o FMI.

A solução veio, no entanto, do Leste Asiático, e o crescente potencial petrolífero de Angola desempenhou aqui um papel importante. Em 2004, o Governo chinês encontrou fundos para financiar uma recuperação em larga escala, que concordou em emprestar a Angola a segurança dos contratos petrolíferos.

Na próxima década, a produção de petróleo duplicou. No ano em que a Guerra Civil terminou, Angola produziu 800 mil barris de petróleo por dia (para comparação: em 1990 - 470 mil). Em 2008, já produziu cerca de 2 milhões de barris de 15. Em 2015, Angola começou a produzir petróleo mais do que qualquer outro país no continente africano, à frente da Nigéria (1,77 contra 1,75 milhões de barris/day). No entanto, o pico de produção já foi ultrapassado. No final de 2015, Angola, com 12,7 mil milhões de barris, encotrava-se no 16º lugar em termos de reservas de petróleo comprovadas (quase as mesmas que a Argélia e o Brasil).

O aumento da produção e dos preços dos hidrocarbonetos foi acompanhado pelo aumento das receitas de exportação do petróleo. Em 2012, atingiu um pico de 69,4 mil milhões de dólares, após uma queda dos preços do petróleo, começaram a diminuir rapidamente: em 2015, as exportações de petróleo ascenderam a uns modestos 31,2 mil milhões de dólares.

Durante todo este tempo, Angola tem sido e, continua a ser, um mutuário de bancos chineses. A regra geral das relações de crédito entre os dois países era a emissão de empréstimos a baixas taxas de juro através do Exim Bank, do China Development Bank e de outros bancos estatais.

Tudo começou em 2003-2004, quando os governos assinaram os primeiros contratos de empréstimo apoiados pelo fornecimento de petróleo. O credor foi o Exim Bank, que forneceu 4,4 mil milhões de dólares a uma taxa Libor de + 1,5 %. Além disso, ao abrigo deste acordo, parte da dívida foi coberta por fornecimentos de petróleo: nos dois primeiros anos, a China recebeu 15 mil BPD e 10 mil BPD. Quando o preço do petróleo caiu após a crise de 2008, as entregas atingiram os 100 mil BPD. Em 2008, o Banco de Desenvolvimento da China disponibilizou mais 1,5 mil milhões de dólares para a construção de habitações sociais, infraestruturas de transportes e projetos agrícolas.

Em 2009, no meio de déficts orçamentais crescentes, devido à queda dos preços do petróleo, foi aberta uma nova linha de crédito de 6 mil milhões de dólares.

O Fundo Internacional da China (CIF), um banco privado que tem ligações estreitas em Pequim, funcionou da mesma forma: concedeu empréstimos baratos para a construção de infraestruturas, apoiados por fornecimentos de petróleo. O montante total dos fundos emitidos pelo CIF nos anos 2000 é de 9,8 mil milhões de dólares. As verbas foram para a construção de 215 mil casas na capital e em 17 províncias, criando uma zona industrial em Viana, o desenvolvimento de um novo aeroporto de Luanda, e outros projetos.

Angola tornou-se o maior beneficiário de empréstimos chineses na África. Os cuidados de saúde e a educação também receberam apoio direcionado. Após o fim da guerra, o maior hospital do país foi construído com base numa subvenção emitida pelo governo chinês. Outros centros médicos e hospitais na Angola sofreram reconstrução e atualização técnica parcial. Além disso, a China começou a enviar os medicamentos mais raros para instalações médicas angolanas. Empresas chinesas construíram e melhoraram universidades e escolas nas cidades da Angola, incluindo a maior Universidade, nomeada em homenagem a Agostinho Neto em Luanda.

A China financiou a compra de maquinaria agrícola e a construção de sistemas de irrigação nas províncias tradicionalmente agrárias do Huambo, Uila e Moshiko.

O crescimento da produção petrolífera serviu de garantia da solvabilidade da Angola. A partir de 2004, a expansão económica chinesa tem apresentado taxas de crescimento sem precedentes. No período 2007-2008, a China duplicou as suas importações (de 1,2 para 2,9 mil milhões de dólares) e tornou-se o segundo maior importador depois de Portugal.

As exportações de petróleo para a China começaram a crescer acentuadamente após 2004, quando Angola recebeu a primeira linha de crédito da China.

Em 2007, as vendas de petróleo para a China trouxeram 26 % do valor total das exportações de petróleo (os Estados Unidos, anteriormente o principal importador de petróleo angolano, desceram para o segundo lugar com 24 %). Em 2008, as exportações de petróleo para a China acumularam-se em 72 % do comércio total entre os dois países. Em 2006 e 2008, Angola tornou-se o maior fornecedor de petróleo para a China, deixando para trás a Arábia Saudita. Em 2008, a quota do petróleo angolano no mercado chinês foi de 14 %. Em seguida, o petróleo fez da Angola um dos poucos exportadores líquidos no comércio bilateral com a China (o país vendeu à China mais 19 mil milhões do que comprou).

As petrolíferas chinesas obtiveram acesso direto à produção de petróleo e começaram a investir ativamente neste setor. A Sonangol e a China Sinopec formaram uma empresa comum, Sonangol Sinopec International (SSI), através da qual foram adquiridas ações em vários projetos existentes na segunda metade dos anos 2000 (50 % no bloco 18 da Shell, 20 % no bloco 15/06 da

ENI, e 27,5 e 40 % - no bloco 17/06 do Total Francês e bloco 18/06 da Petrobras, respectivamente).

A riqueza petrolífera da Angola tornou possível atrair empréstimos baratos para a reconstrução pós-guerra. Mas ao longo dos 14 anos de vida pacífica, a economia do país não foi diversificada e a sua dependência das exportações de petróleo só aumentou.

Em 2002 e 2014, a parte do petróleo bruto nas exportações manteve-se inalterada em 96 %. Só os números absolutos mudaram. Em 2002, o petróleo foi exportado em 5,7 mil milhões de dólares, e em 2014 quase dez vezes mais - 52 mil milhões. Ao mesmo tempo, em 2014, a produção de diamantes ocupa o segundo lugar em termos de volume de exportação (1,5 % das exportações), o que, juntamente com o petróleo, o ferro, o alumínio e o cobre, fornece cerca de 98 a 99 % do comércio. Por outras palavras, praticamente não existem instalações de produção na Angola que possam competir no mercado global.

Devido ao número insuficiente de produções nacionais, a maior parte dos bens de consumo são importados há muitos anos. Além disso, isto aplica-se às categorias de bens mais famosos para a população. Por exemplo, só no ano passado, foram importados produtos alimentares no valor de 3,5 mil milhões de euros. Pelo menos mais de metade do grão foi introduzido tanto no final da guerra como após dez anos de vida pacífica: uma média de 54 % do volume total consumido por ano em 2001-2003 e 56,7 % em 2010-2012. Preocupado com o estado da agricultura no país, o Banco Mundial aprovou no verão de 2016 a emissão de um empréstimo de 70 milhões de dólares para o desenvolvimento de armas.

Os projetos de grande escala executados principalmente sobre empréstimos chineses não conduziram a um aumento da produção local, que poderia fornecer a criação de materiais de construção, e não afetaram significativamente o emprego. Os projetos realizados sobre empréstimos do Exim Bank forneceram uma quota condicional de 70 % da contratação de trabalhadores locais (apenas para as posições mais baixas, onde as qualificações não são praticamente necessárias). No entanto, muitas vezes apenas 30 % dos trabalhadores tinham cidadania angolana.

Lucy Korkin, Doutorada em Política, que entrevistou vários altos funcionários e pessoas proeminentes nos negócios na Angola, pinta o seguinte quadro: Empresas privadas chinesas trabalham em conjunto com empresas estatais chinesas, beneficiários de investimentos significativos, e fornecendo-lhes os serviços necessários, recebendo assim a sua parte do dinheiro do investimento. Os entrevistados também descreveram um cenário em que o financiamento do governo atraiu primeiro empreiteiros privados chineses (na maioria das vezes relacionados com o governo), e só então pequenas empresas e empresários da China entraram no mercado e ofereceram os seus serviços aos empreiteiros. Tudo isto garante uma rápida construção da cadeia de valor, mas praticamente não há participantes locais nesta cadeia. Muitas vezes, as empresas chinesas aglomeravam produtores locais. Assim, as fábricas de tijolos angolanas foram rapidamente substituídas por máquinas chinesas de construção de tijolos. Consequentemente, os produtores locais só eram necessários em caso de escassez. No entanto, o problema espalhou-se para a alimentação. Uma empresa chinesa anunciou orgulhosamente a independência alimentar dos trabalhadores chineses que cultivam vegetais independentemente em Angola. Ao que parece, parte deste produto foi fornecido a Luanda e apinhado de fabricantes locais.

Assim, juntamente com os empréstimos chineses, o sector da construção e os serviços conexos foram importados. As estatísticas de importação apoiam indiretamente esta observação. Em 2002, os principais importadores foram a África do Sul (17 %), Portugal (19 %), e os Estados Unidos (13 %). Os produtos chineses representavam apenas 2 % do total das importações. No entanto, já em 2005, a quota da China duplicou e em 2014 a China tornou-se líder com 23 % (seguida por Portugal e Coreia do Sul com 16 e 6,9 %, respetivamente). Além disso, a estrutura de abastecimento da China é muito diferenciada: máquinas e equipamentos elétricos - 22 %, transportes - 13 %, estruturas metálicas - 13 %, mobiliário - 14 %, produtos de plástico e borracha - 5-6 %, produtos de papel - 2,5%.

O papel das exportações de petróleo e gás na prestação de uma conta corrente positiva e na aquisição de produtos importados é especialmente percetível durante a queda dos preços. Nesta altura, verificou-se um aumento acentuado do saldo negativo das operações correntes: em 2009 revelou-se igual a 7,5 mil milhões de dólares (contra o mesmo valor positivo do ano anterior), em 2014 - 3,7 mil milhões (contra um recorde histórico de mais 13,9 mil milhões de dólares dois anos antes). Assim, o governo, um importante importador de alimentos e combustíveis, começou a tomar medidas para estabilizar o orçamento. Em 2014, foi iniciada uma forte redução das despesas do governo previamente planejadas e os pagamentos da dívida interna foram adiados. Apesar de, em média, a dívida pública ter sido de 35 % entre 2010 e 2013, em 2015, atingiu 60 %. A dívida externa também começou a surgir devido à depreciação da moeda. Neste contexto, as permutações no governo e empresas estatais significativas são bastante eloquentes. O presidente considera necessário apertar a política fiscal e evitar a retirada ilegal de fundos. Sob este pretexto, o chefe do Grupo Sonangol, que inclui, em particular, a petrolífera Sonangol, foi nomeado a sua filha Isabel.

Em 2013, foi desenvolvido um plano que deveria resolver o problema da dependência do petróleo. De acordo com o método acima referido, o governo vai implementar um vasto leque de medidas: aumentar o capital físico; reduzir a pressão burocrática sobre o negócio; facilitar o acesso ao crédito; criar os chamados aglomerados industriais nas principais áreas: agricultura e alimentos, extração de recursos, abastecimento de água e energia, processamento de hidrocarbonetos, habitação, serviços.

As tarefas táticas acima descritas, destinadas a resolver o enorme problema estratégico da diversificação, são abordadas pelo governo utilizando métodos já conhecidos nos anos 2000. Uma parte significativa deles é constituída pelos mesmos incentivos fiscais. Em 2014, a Comissão da Economia Real, composta por representantes dos departamentos económicos, anunciou a necessidade de projetos de investimento específicos na área das infraestruturas e da indústria (financiada com fundos orçamentais). Por outras palavras, este programa não oferece nada de fundamentalmente novo até agora. No outono de 2016, o Ministro da Economia de Angola visitou a China com uma proposta de cooperação na implementação de planos de diversificação. Isto cria um efeito déjà vu: há 13 anos, o governo angolano fez o mesmo para dispersar a economia (projetos de investimento e a parceria chinesa). No entanto, a economia foi acelerada por outras razões.

É também evidente que a probabilidade de uma implementação bem-sucedida do plano é reduzida com um nível de corrupção tão elevado. A Transparência Internacional, que compila um índice anual de perceção de corrupção, coloca Angola em 163º lugar (de 167). Pior só o Sudão, a Somália, o Afeganistão e a Coreia do Norte.

No entanto, há também tendências positivas. Por exemplo, o Fundo Soberano de Angola, formado a partir de receitas de exportação de petróleo, adotou os chamados princípios de Santiago (regras para a transparência dos fundos soberanos) e segue-o de forma muito consistente. Além disso, a empresa internacional Deloitte tornou-se auditora oficial do fundo. Mas se prestarmos atenção àqueles que estão à frente da organização, voltam a surgir questões sobre a sua eficácia. O chefe do fundo era o filho mais velho do presidente Jose Eduardo dos Santos. O Jose Filomeno dos Santos, empresário do seu círculo próximo, e juntamente com o cargo da filha do presidente dos Santos, Isabel dos Santos como a grande chef da empresa  estatal de petróleo Sonangol, o que deu à família do presidente dos Santos, um controlo sem precedentes sobre as finanças de Angola. Será utilizado para o bem ou para o prejuízo da economia angolana? Isto continua a ser uma questão. Mas enquanto 14 anos de desenvolvimento com a alma de Santos dificilmente podem ser chamados de sucesso.

Os institutos nacionais de desenvolvimento (Banco Angolano de Desenvolvimento, Fundo Nacional de Desenvolvimento e, por vezes, Sonangol) durante os anos 2000 investiram anualmente centenas de milhões de dólares em projetos industriais e agrícolas. No entanto, existem sérias dúvidas sobre a eficácia destes investimentos: o sector público regulamentado, na sua maioria, absorveu os investimentos governamentais como uma esponja com pouco retorno. A este respeito, a privatização de 33 grandes produtores de café do país parecia promissora. Mas isso não é suficiente, dado que o Estado detém participações no controlo de mais de duas centenas de empresas mais significativas nos domínios da energia, do abastecimento de água e dos transportes.

O QUE ACONTECEU COM OS CINCO GRANDES EM ÁFRICA?

Os cinco países que lideraram a União Africana (Nigéria, África do Sul, Senegal, Argélia e Egito) perderam influência devido aos seus problemas internos, enquanto o autoritarismo cresce nos Estados vizinhos. A esperança é que a nova alta Área de Comércio Livre Continental Africana (AfCFTA) impulsione a industrialização e crie empregos.

Quando os líderes africanos se reúnem em Adis Abeba por ocasião das cimeiras anuais da União Africana (UA), figuras de duas famílias são sempre vistas na sala de congressos da sede da organização. São os ex-presidentes da África do Sul Thabo Mbeki e nigeriano Olusegun Obasanjo. Após deixarem o cargo, receberam várias tarefas essenciais dentro da UA, desde aconselhar a eleição do presidente da Comissão da UA para missões de observação eleitoral e mediação na crise do continente.

O tandem remonta aos primeiros anos do novo século, quando a África do Sul e a Nigéria desempenharam um papel crucial na introdução de mudanças significativas nas instituições continentais africanas. Na altura, Mbeki e Obasanjo, juntamente com a Argélia, o Senegal e o Egito, lideraram a mudança da Organização para a Unidade Africana (OUA) para a UAE. Hoje, a UA é uma instituição muito mais funcional, cujas prioridades incluem a segurança e o desenvolvimento.

A ÁFRICA DO SUL PERDEU A SUA AURA COMO LÍDER CONTINENTAL DEVIDO A ALGUNS FATORES

Infelizmente, esse ímpeto criado há quase duas décadas pelos estados africanos mais significativos já não existe. A África do Sul perdeu principalmente a sua aura como líder continental devido a alguns fatores, incluindo o declínio económico e político sofrido por Jacob Zuma. Que deixou a presidência no final de 2017. Os ataques xenófobos naquele país contra estrangeiros de origem africana também irritaram muitas pessoas no resto do continente.

Por seu lado, a Nigéria e os líderes que o país teve depois de Obasanjo não cumpriram com as suas capacidades. Apesar de ter a maior população do continente e de ser um dos maiores produtores de petróleo, a Nigéria tem sido assolada por problemas internos. A sua imagem sofreu um forte golpe devido à sua incapacidade de

se livrar do violento grupo extremista Boko Haram.

Outros pesos pesados, como o Egito e a Argélia, também foram pressionados por problemas internos. Compreensivelmente, o Egito sempre demonstrou mais interesse no Médio Oriente e no Norte de África do que em desempenhar um papel dentro da UA. Por seu lado, a Argélia não conseguiu influenciar as decisões da organização devido à ausência do seu mau Presidente Abdelaziz Bouteflika, que foi agora afastado do poder.

O impulso de reforma das instituições africanas criado há vinte anos pelos altos países africanos já não existe. A África do Sul e a Nigéria, em particular, já não são os líderes continentais.

O Senegal assumiu um papel de liderança na África francófona entre os cinco grandes, principalmente devido às ambições diplomáticas do ex-Presidente Abdoulaye Wade, que preencheu uma lacuna nesta área.

Tendo em conta as capacidades de energia (especialmente a dimensão da economia), a Costa do Marfim é o líder natural da África Ocidental francófona. A sua estrela foi eclipsada após o seu pai fundador, Félix Houphouët-Boignyin, em 1994, e os acontecimentos que se seguiram ao golpe de Estado em dezembro de 1999. No início dos anos 2000, o país não estava em condições de liderar o bloco francófono, e as sucessivas crises entre 2002 e 2011 limitaram a sua capacidade de influenciar a trajetória do continente.

Nos últimos anos, o programa de integração continental não tem sido impulsionado pelas grandes potências, mas por estados menores, muitos deles autoritários e com pouca consideração pela democracia. Isto tem dificultado, segundo alguns observadores, os esforços para avançar para uma agenda africana orientada para as bases, focada no respeito pelos direitos humanos, pela liberdade de expressão e por eleições justas.

Os últimos quatro presidentes dos E.U.A. têm esqueletos no armário a esse respeito. Os presidentes Idriss Deby do Chade (2016), Alpha Condé da Guiné Conary (2017), Paul Kagame do Ruanda (2018) e Al Sisi do Egito (2019) são líderes que acreditam no poder centralizado, com exceção de alguma forma do político guineense, que, vencedor de eleições altamente disputadas, tem historicamente apoiado a democracia no continente. Hoje, a ideologia pan-africana que forjou uma poderosa ligação entre os pais fundadores da OUA em 1963 e da AU em 2002 já foi erodida.

Olhando para o futuro, porém, a ratificação bem-sucedida da

Área Continental de Comércio

Livre (AfCFTA) no final de maio de 2019 e a eleição do Presidente sul-africano Cyril Ramaphosa como presidente da AU para 2020 poderiam proporcionar uma oportunidade para revitalizar parcerias estratégicas no continente.

Num documento que analisa a política externa sul-africana encomendada pelo governo de Ramaphosa em 2018, os especialistas recomendam que o país reflita sobre a construção de relações fortes com estados-chave a nível global. Uma das recomendações afirma: "O Governo deve criar e formar instituições relevantes,

estabelecer alianças estratégicas com países específicos, lembrando sempre que essas alianças devem servir as prioridades nacionais da África do Sul, as do continente africano e os países do Sul."

No entanto, tudo é mais fácil de dizer do que fazer. Num continente em constante mudança, é necessária uma tomada de

decisão rápida e pragmatismo a muitos níveis. Num continente onde os jovens são de longe a maioria da população (mais de 40%   do continente tem hoje menos de 15 anos e outros 20 % entre os 15 e os 24 anos), a política é definida em muitos países por movimentos espontâneos de multidões e pela procura de maiores liberdades. Os protestos em massa levaram ao derrube de governos no Norte de África (primavera Árabe, 2011), Burkina Faso (2014), Argélia e Sudão (2019). Esses movimentos são frequentemnte impulsionados pelas redes sociais e, não raras vezes, carecem de uma liderança clara por parte de figuras da oposição.

Mais de 40 % do continente tem menos de 15 anos e outros 20 % tem entre 15 e 24 anos.

Ao mesmo tempo, em muitas partes do continente, são estabelecidos regimes cada vez mais autocráticos, onde a Constituição é modificada para que os chefes de Estado permaneçam no poder para além dos dois mandatos estabelecidos. Aconteceu em Ruanda, no Chade, no Burundi e na República do Congo. Noutros países, como o Uganda e a Guiné Equatorial, os chefes de Estado estão no poder há décadas sem que o seu mandato tenha qualquer limite constitucional.

Uma tendência preocupante é que, nestes regimes, há uma restrição crescente dos instrumentos da democracia, como as eleições periódicas, a liberdade de expressão e o acesso à informação. A fraude e a violência eleitoral tornaram-se o novo normal. Em muitos países, os cidadãos têm de recorrer a ações em massa porque já não acreditam que os regimes vão organizar eleições credíveis. Isto é o que acontece em países como o Zimbabué e o Togo.

Em muitos casos, regimes impopulares têm limitado o acesso às redes sociais e à internet. De acordo com um relatório de várias organizações da sociedade civil em toda a África e apresentado em Nairobi no início de 2019: "Os encerramentos e interrupções [na internet] tornaram-se uma tendência particularmente preocupante num contexto de eleições e protestos públicos São muitas vezes impostas pelos governos sob o pretexto de impedir a propagação do discurso de ódio, da desinformação e da desordem pública e da proteção da segurança nacional." **

O relatório, promovido entre outras organizações pela Colaboração na Política Internacional das TIC na África Oriental e Austral (CIPESA), recomenda que os Estados, bem como as empresas de telecomunicações, se comprometam a defender os direitos dos cidadãos à liberdade de expressão, o que significa acesso à Internet na era digital.

Para além destes desafios à democracia, o flagelo do terrorismo estende-se desde os países do Sahel (como o Mali e o Burkina Faso) até aos Estados costeiros (como o Benim). O grupo terrorista Boko Haram, que devasta toda a bacia do Lago Chade (Níger, Chade, Nigéria, Camarões), não foi reduzido. Por seu lado, o grupo terrorista Al Shabab continua a operar no Corno da África. Parece que nem a AU nem os países afetados têm uma solução para o terrorismo no continente.

REGIMES IMPOPULARES TÊM ACESSO RESTRITO A REDES SOCIAIS E À INTERNET.

No entanto, em face desse quadro bastante sombrio nas áreas de governança, segurança, e estruturas institucionais da África, as perspectivas econômicas e a dinâmica população tem à esperança. Apesar de todas as suas  deficiências, a UA é uma organização muito mais efetiva hoje do que era alguns anos atrás. Embora ainda receba financiamento substancial de potências estrangeiras, como a União Européia (UE), há esforços crescentes para garantir que os 54 estados membros paguem suas dívidas, e que a organização seja autofinanciada. Não é uma questão econômica simples, pois afeta o núcleo da emancipação do continente das antigas potências colôniais.

Com sua presidência em 2020, a África do Sul traz para a UA uma diplomacia ampla e sofisticada, com uma burocracia qualificada e que se beneficia do apoio financeiro da economia mais desenvolvida do continente.

Nos últimos anos, outros países como a Ruanda e o Níger receberam muito crédito por esta iniciativa, os sul-africanos desempenharam um papel essencial na criação da AFCFTA. E isto através de conhecimentos técnicos e de aconselhamento sobre como fazer com que uma iniciativa tão ambiciosa funcione na prática. Trata-se de um trabalho em curso, mas os especialistas acreditam que pode dar um impulso significativo ao comércio entre os africanos, e conduzir a um aumento substancial do desenvolvimento económico do continente.

Para Jakkie Cilliers, chefe da Divisão de Futuros Africanos do Instituto de Estudos de Segurança, este poderá ser o evento africano mais famoso nas próximas décadas. Em sua opinião, se aplicada de forma adequada, a AFCFTA poderá ter um impacto significativo em 2050, no desenvolvimento e na redução da 

pobreza. A razão é que o comércio entre africanos, que receberá um impulso da zona de comércio livre, e principalmente o dos produtos manufaturados. O que a África mais precisa para avançar é a industrialização.

Embora a AFCFTA tenha atingido um mínimo de 22 ratificações no final de maio de 2019 e o seu lançamento oficial tenha sido realizado em Niamey em 7 de julho de 2019, questões sensíveis como regras de origem e resolução de litígios ainda não foram negociadas. A localização do secretariado da AFCFTA também está indecisa.

Alguns acreditam que deveria estar na sede da UA em Adis Abeba, mas outros países, como o Gana, ofereceram-se para acolhê-la em nome da descentralização de organismos e instituições da UA. Acredita-se também que um secretariado tão essencial em Adis Abeba poderia estar envolvido nas disputas políticas e na burocracia da Comissão da União Africana. As intermináveis disputas entre os Estados-Membros e os jogos de energia poderiam atrasar o processo de candidatura deste tipo de projeto.

A AFCFTA poderá ter um impacto significativo no desenvolvimento e na redução da pobreza até 2050, nomeadamente através do comércio intra-africano de bens manufaturados. A industrialização é o que a África mais precisa para avançar.

Apesar de todos estes contratempos, há a esperança de que a AFCFTA venha a unir-se a nível político, um continente muito fraturado, e ajudar a superar as divisões causadas pela sobreposição de múltiplas organizações sub-regionais. A UA reconhece oito destas comunidades económicas regionais (como a Comunidade de Desenvolvimento da África Austral, a Comunidade Económica dos Estados da África Ocidental e a Comunidade da África Oriental), cada uma com as suas instituições e as suas tentativas de integração económica e política.

Historicamente, o pêndulo da integração africana oscilou entre a noção de integração imediata numa África fiável e centralizada, ou uma abordagem gradual para alcançar primeiro a integração sub-regional e, em seguida, fortalecer a AU intergovernamental. Estas duas abordagens foram simbolizadas no início da década de 1960 pelo grupo Monróvia (Nigéria, Etiópia, Tunísia, entre outros), que privilegiava a soberania do Estado e a integração gradual, e o Grupo Casablanca (Marrocos, Egito, Gana, Guiné e Argélia), que apoia uma integração africana mais rápida. A fundação da OUA em 1963, com uma forte ênfase no estado e na preservação das antigas fronteiras coloniais, foi uma vitória para os países do bloco da Monróvia. No entanto, o debate continua.

Mais recentemente, após a transformação da OUA em UA, estas duas posições reapareceram. Nessa luta, Mbeki e Obasanjo impuseram ao líder líbio Muammar Gaddafi e afirmaram, como o Senegal, a favor da criação imediata de um Estados Unidos da África.

Espera-se que a AFCFTA se una eventualmente a nível político a um continente muito fraturado, e que ajude a superar as divisões causadas pela sobreposição de múltiplas organizações sub-regionais.

A abordagem gradual é simbolizada por vários instrumentos

da UA a que os Estados podem aceder através de um processo a noção de integração imediata numa África fiável e centralizada, ou uma abordagem gradual para alcançar primeiro a integração sub-regional e, em seguida, fortalecer a AU intergovernamental. Estas duas abordagens foram simbolizadas no início da década de 1960 pelo grupo Monróvia (Nigéria, Etiópia, Tunísia, entre outros), que privilegiava a soberania do Estado e a integração gradual, e o Grupo Casablanca (Marrocos, Egito, Gana, Guiné e Argélia), que apoia uma integração africana mais rápida. A fundação da OUA em 1963, com uma forte ênfase no estado e na preservação das antigas fronteiras coloniais, foi uma vitória para os países do bloco da Monróvia. No entanto, o debate continua.

Mais recentemente, após a transformação da OUA em UA, estas duas posições reapareceram. Nessa luta, Mbeki e Obasanjo impuseram ao líder líbio Muammar Gaddafi e afirmaram, como o Senegal, a favor da criação imediata de um Estados Unidos da África.

Espera-se que a AFCFTA se una eventualmente a nível político a um continente muito fraturado, e que ajude a superar as divisões causadas pela sobreposição de múltiplas organizações sub-regionais.

A abordagem gradual é simbolizada por vários instrumentos da UA a que os Estados podem aceder através de um processo reunir-se com líderes do continente. Exemplo disso é o Fórum de Cooperação China-África.

No entanto, até agora, este esforço não foi muito bem-sucedido. Os três membros africanos não permanentes do Conselho de

Segurança das Nações Unidas expressam, por vezes, opiniões divergentes sobre a forma de abordar questões relacionadas com a paz e a segurança no continente, uma das principais questões abordadas por aquele organismo.

Os Estados-Membros estão a perceber que este sistema voluntário, através do NEPAD e da APRM, não está a funcionar eficazmente.

Além disso, os quinze membros do Conselho de Paz e Segurança da AU (CPS) (outra iniciativa baseada na ideia de uma pequena rotação de grupo) são frequentemente paralisados pela ausência de vontade política e por uma cultura de tomada de decisão consensual, que não permitem escolhas ousadas.

Apesar dos problemas, o SCP conseguiu desempenhar seu papel em alguns casos, em particular, em apoio do princípio de que a UA rejeita mudanças ilegítimas no governo, como os golpes de Estado. Nessa base, o CPS decidiu suspender o Sudão no início de junho de 2019, como sequência do fracasso das negociações entre o Conselho Militar Transitório e os manifestantes em Cartum. A iniciativa do primeiro-ministro etíope Abiy Ahmed para tentar mediar essa crise é indicativa do papel crucial da Etiópia no Corno de África.

A Nigéria é de facto o único representante permanente da África

Ocidental para o SCP, tendo participado continuamente nela desde a sua criação em 2004. A África do Sul deixou o CPS a favor do Lesoto em 2018. Outros países notáveis são a Argélia, Marrocos. E o Quénia.

Por conseguinte, há indícios de que as grandes potências da AU estão a mobilizar-se para tomar decisões importantes, como a relacionada com o Sudão, um sinal claro de que a AU está do lado do governo civil e não das apreensões de poder por parte dos militares. Outro sinal relevante é o facto de, apesar de ter presidido a UA em 2019, o Egito não ter conseguido bloquear a decisão da CPS de garantir que a UA adira aos princípios da instituição.

Isso significa que a AU começa a concentrar-se mais nas pessoas e preocupa-se mais com o bem-estar dos cidadãos em vez de defender os poderosos que detêm o poder?

De certa forma, a AFCFTA pode ser uma indicação de um novo sentimento de solidariedade na África. Para que o ímpeto continue, os líderes dinâmicos e o pensamento criativo teriam de se unir em torno de uma nova geração de decisores que partilham a ideia de unidade africana. Essa liderança visionária dentro da AU poderia vir de jovens líderes como Abiy Ahmed e respeitados chefes de Estado em economias significativas, como a África do Sul. Revitalizar os Grandes cinco (ou Grandes dez) da África seria crucial para que o continente alcançasse uma maior unidade e realizasse todo o seu potencial.

CAPÍTULO CINCO

INTEGRAÇÃO POLÍTICA EM ÁFRICA

Países africanos enfrentam muitos desafios que dificultam o bom funcionamento do Estado e das instituições, e comprometem o seu desenvolvimento. A maior parte deles deve legalizar e consolidar-se na ausência de um processo sui generis semelhante ao que precedeu a formação de países europeus pioneiros. Têm de enfrentar conflitos internos que ameaçam implodi-los, ou mesmo disputas entre eles sobre fronteiras disputadas, recursos cobiçados ou populações transfronteiriças. Além disso, nos últimos anos, têm ocorrido no continente fenómenos preocupantes de transformações mal dominadas, como as tentativas individuais de democratização beligerantes. Estes diferentes desafios também dificultam a capacidade de cada país de ser verdadeiros intervenientes no panorama internacional. Este problema é antigo, mas tem uma particular acuidade com a globalização, com o surgimento de grandes grupos como a União Europeia, ou países emergentes como a Índia, o Brasil e a China.

Os Estados africanos parecem ter embarcado desde 1999, juntamente com experiências de democratização, no caminho da integração à escala continental. Esta dinâmica, que não é nova como tal, muda de dois pontos de vista. Por um lado, intervém num contexto de democratização, o que provavelmente tornará os Estados mais recetivos a esta ideia de integração. Por outro lado, constatamos, pelo menos na forma, o desejo de ir mais longe na dimensão da integração, que pretende ser continental. Tal como na sua profundidade, pelo derrame sobre o paradigma (ou engrenagem) promovido por teóricos neofuncionais, segundo os quais a integração num sector transborda ao longo do tempo para afetar outras indústrias que não estão inicialmente preocupadas.

Tal como as experiências de democratização, as políticas de integração são vistas como um meio de prevenir conflitos, integrando os países africanos em grupos maiores e acompanhando esta mudança através da criação de instituições e sistemas convencionais.

O problema da integração africana é a antiga e até pré-data da independência do Estado, pelo menos a nível filosófico e ideológico. Os primeiros debates sobre a integração voltaram a entrar em vigor no final do século XIX e início do século XX, por iniciativa da elite da diáspora negra nas Caraíbas e nos Estados Unidos, que depois defendem a independência dos países africanos, a adoção de políticas pan-africanistas e, em alguns casos, o regresso dos afro-americanos a África. entre os precursores desta ideia pan-africana estavam Henry Sylvester Williams (1869-1911) e William Edward Burghardt Du Bois (1868-1963). O primeiro, advogado e escritor de Trinidad e Tobago, é conhecido por ter organizado a primeira Conferência Pan-Africana em Londres e ter criado a primeira associação pan-africana cujo objetivo era defender os direitos dos súbditos africanos no Império Britânico. O segundo, um afro-americano de origem haitiana, é considerado o verdadeiro pai do Pan-Africanismo, que empurrou o seu compromisso de se estabelecer no Gana independente liderado por Kwamé Nkrumah e de tomar a sua nacionalidade.

Estas ideias encontram então um eco favorável entre as elites africanas que surgiram após a Segunda Guerra Mundial. Este período marcou também o início suave do processo de descolonização, o debate sobre a integração acompanhou praticamente o da adesão à plena soberania dos Estados. Não é de estranhar, nestas condições, que este debate tenha ganhado força na década de 1960, após a onda da independência africana. Em alguns estados descolonizados tardios, a integração foi tentada na altura da luta pela independência. Foi o caso da Guiné-Bissau e de Cabo Verde. Nestas duas antigas colónias portuguesas, o Partido Africano liderou a batalha pela independência da Guiné-Bissau e cabo-verdiana (PAIGC) sob a liderança dos grandes pan-africanos, Amílcar Cabral. Os Estados de soberania adquiridos rapidamente sentiram a necessidade de institucionalizar mecanismos de cooperação para fazer face às suas fraquezas individuais e coletivas nas frentes económicas e diplomáticas. Durante os anos de 1960 a 1980, foram realizadas numerosas tentativas de fusão entre Estados, como a federação temporária do Sudão que une o Senegal, o Mali ou a bem-sucedida federação de Tanganyika e Zanzibar, de nascimento da atual Tanzânia. Do mesmo modo, surgiram muitas organizações regionais. Voltaremos a algumas destas organizações no próximo capítulo dedicado à integração económica no continente, mesmo que seja difícil, na realidade, fazer uma distinção completa entre organizações de natureza política e as comerciais.

Os decisores políticos africanos têm estado conscientes dos desafios que os seus Estados enfrentam no dia seguinte à independência. Envolveram-se em iniciativas de integração regional, assinando acordos ou criando organizações que operam em áreas sectoriais. No domínio da segurança, por exemplo, vários Estados da África Ocidental assinaram, em 1977, o Acordo de Não Agressão e Defesa (ANAD), abrangendo praticamente todos os outros países da região, sob o nome de Protocolo de Não Agressão (PNA). Em seguida, veio a criação do Protocolo de Assistência à Defesa (PAMD) e até o projeto nunca concluído das Forças Armadas Aliadas da Comunidade (FAAC). Isto é, pelo menos nas intenções. Sabemos, no entanto, que esta tentativa de integração, como muitas outras, foi um fracasso. O exército aliado nunca viu a luz do dia, e os conflitos não deixaram de eclodir entre os signatários do protocolo dos países, como a curta guerra entre o Mali e o Burkina-Faso, em 1985, pelo controlo da faixa Apache na fronteira dos dois países. No entanto, podemos observar a criação, em 1990, da força de intervenção da África Ocidental (ECOMOG), que interveio militarmente com relativo sucesso para impor a paz na Libéria, Serra Leoa, Guiné-Bissau e na Costa do Marfim.

Poderíamos multiplicar exemplos deste tipo de acordos e instituições.

Mas é, de facto, a criação da Organização de Unidade Africana, que constitui a peça central da integração política, uma vez que serviu de guarda-chuva que abriga, de certa forma, outras iniciativas regionais.

A ORGANIZAÇÃO DA UNIDADE AFRICANA

Na década de 1960, o debate sobre a integração em África opôs-se a duas visões, uma maximalista e outra minimalista. Os defensores da integração maximalista reunidos no "grupo Casablanca", foram recrutados pelos chamados chefes de Estado "progressistas" da época, como Kwame Nkrumah, do Gana, Sékou Touré da Guiné e o rei. Hassan II de Marrocos. Eram considerados maximalistas no sentido em que o seu projeto previa a criação de uma espécie de "Estados Unidos da África", à semelhança dos Estados Unidos da América. K. Nkrumah, um dos mais militantes destes chefes de Estado, publicou assim o ano da criação da OUA, uma obra na qual escreveu que para reparar eficaz e rapidamente os grandes erros causados à África pelo imperialismo e pelo colonialismo os jovens Estados africanos precisam de uma nação fiável e unida, capaz de exercer uma autoridade central para mobilizar o esforço nacional e coordenar a reconstrução e o progresso. Temos de tentar eliminar as forças que nos separaram rapidamente. A melhor maneira é começar a criar uma pátria geral que mantenha a África unida, como um povo unificado, com governo e exército.

Contrariamente a esta visão do governo conjunto africano, os partidários da integração minimalista, reunidos no "grupo da Monróvia", foram recrutados entre os chamados chefes de Estado "moderados", como Léopold Sédar Senghor do Senegal, Hamani

Diori do Níger e Félix Houphouët-Boigny da Costa do Marfim, que preferiram a integração gradual, e não queriam uma perda de soberania para os seus respetivos Estados.

A OUA, criada em 1963 em Adis Abeba, refletiu a posição minimalista, mesmo que a necessidade de uma integração profunda fosse reiterada. Poderíamos ler no preâmbulo da Carta de 25 de maio de 1963. Os Estados iniciados foram "guiados por um desejo comum de fortalecer o entendimento entre os nossos povos e a cooperação entre os nossos Estados, de responder às aspirações das nossas populações para a consolidação de "uma fraternidade e solidariedade integradas numa unidade maior que transcende as divergências étnicas e nacionais".

OS PRINCIPAIS OBJETIVOS PROSSEGUIDOS PELAOAU

Nos termos do artigo 2 da carta, os objetivos da organização são apresentados da seguinte forma:

» Reforçar a unidade e a solidariedade dos Estados africanos;

» Coordenar e reforçar a sua cooperação e os seus esforços no sentido de proporcio nar melhores condições de vida aos povos de África;

» De fender a sua soberania, integridade territorial e independência;

» Eliminar todo o colonialismo de África;

» Fomentar a cooperação internacional, tendo devidamente em conta a Carta das Nações Unidas e a Declaração Universal de Direitos Humanos;

Para o efeito, os Estados-Membros coordenarão e harmonizarão as suas políticas gerais, nomeadamente nos seguintes domínios: política e diplomacia; economia; transportes e comunicações; educação e cultura; saúde e nutrição; ciência e tecnologia; defesa e segurança

Na realidade, os objetivos da OUA podem ser reduzidos a três aspectos principais: Em primeiro lugar, tratava-se de prevenir a instabilidade no continente devido ao processo específico de formação do Estado na África. Esta preocupação reflete-se acima, mas também no artigo 3º da Carta. Que sublinha em particular a declaração dos seguintes princípios: Igualdade soberana de todos os Estados-Membros; não interferência nos assuntos internos dos Estados; respeito pela soberania e integridade territorial de cada regra; e um direito inalienável a uma existência independente; resolução pacífica de litígios, por negociação, mediação, conciliação ou arbitragem.

São estas disposições que muitas vezes fazem parecer que o princípio da inviolabilidade das fronteiras herdadas da colonização constitui uma das pedras angulares da OUA.

Era então uma questão para a OUA criar um quadro que permitisse ajudar os territórios ainda sob domínio colonial a alcançar a independência. Esta preocupação reflete-se na afirmação no artigo 3.º da Carta, de "devoção sem reservas à causa da emancipação total dos territórios africanos que ainda não são independentes".

Por último, tratava-se de permitir que os países africanos se concentrassem na cena internacional, falando o máximo possível a uma só voz. É por isso que nestes tempos da Guerra Fria; O artigo 3.º da Carta incluía a "Afirmação de uma política de não alinhamento relativa a todos os blocos."

QUE AVALIAÇÃO PODEMOS FAZER DA OUA?

No que se refere ao reforço da unidade e da solidariedade dos Estados africanos, bem como à coordenação e intensificação da sua cooperação prevista na Carta, os resultados são mais do que mistos.

É certo que a OUA deve ser creditada com o facto de os possíveis confrontos inter-estatais, que são tão temidos por causa das fronteiras artificiais e do pluralismo étnico, não terem ocorrido e reconhecerem isso, em grande parte, graças aos princípios da OUA, como a inanguibilidade das fronteiras. Quase todos os países preservaram a sua integridade territorial. Mesmo países que sofreram graves guerras de secessão como Angola (guerra civil), Nigéria (Guerra de Biafra) e RD Congo, ex-Zaire (guerras katanga) mantiveram a sua integridade territorial, principalmente porque nenhum movimento secessionista conseguiu convencer Estados suficientes para apoiar a sua ambição.

Os únicos casos em que este princípio não prevaleceu são a Etiópia, que se separou amigavelmente da Eritreia em 1993, a Somália e Puntland, que assumiram a sua autonomia em 1991 e 1998, se tornassem, respectivamente, estados independentes. Finalmente, com o referendo de autodeterminação no Sul previsto para 2010, o Sudão levaria à separação do resto do país. No entanto, a verdade é que a integração não ocorreu já no início dos anos 80. Além disso, os objetivos da Organização suscitam uma contradição insolúvel: assegurar a soberania dos Estados, a inviolabilidade das fronteiras e a não interferência nos assuntos internos dos Estados, ao mesmo tempo em que promove a integração que pressupõe precisamente o contrário.

Finalmente, a inclusão foi impraticável devido à extrema heterogeneidade dos Estados e ao autoritarismo dos governantes com ciúmes do seu poder e à falta de vontade de conceder uma parte da sua soberania. Não é de admirar que muitos países tenham acumulado atrasos substanciais nos pagamentos a uma organização de Estados que acabou por ser subvalorizada. Quase 40 anos depois e tendo recebido uma avaliação mista, a Organização de Unidade Africana foi dissolvida em 9 de julho de

2002, pelo seu último Presidente, o sul-africano Thabo Mbeki, e substituída pela UA.

A UNIÃO AFRICANA

A UA foi criada após um processo que durou três anos, entre 1999 e 2002. É o resultado do encontro entre uma iniciativa lançada pelo líder líbio, Muammar Gaddafi, a luta por um renascimento africano liderado pelo Presidente sul-africano Thabo Mbeki, bem como o desejo partilhado por todos os países africanos de se inspirarem nos sucessos da integração noutros pontos do mundo, nomeadamente da União Europeia, mas também do Acordo de Comércio Livre Norte-Americano (NAFTA).

A extraordinária cimeira de Sirte na Líbia em setembro de 1999 (conhecida como Sirte I). A ideia foi lançada sob o nome de M. Kaddafi, que reavivou assim os projetos de maximalistas dos anos 60, como K. Nkrumah e Sékou Touré, mencionados acima;

A 36ª cimeira da Organização de Unidade Africana em Lomé (Togo), em julho de 2000, viu, tal como na década de 1960, divisões entre líderes africanos no âmbito da integração. A ideia dos Estados Unidos é finalmente abandonada a favor de uma união que vai menos longe. O projeto, que permanece vago, foi inicialmente adotado apenas por 27 gestores de 53.

A Cimeira de Lusaka, na Zâmbia, em julho de 2001, por ocasião da qual a União Africana foi proclamada após a ratificação do tratado por dois terços dos seus membros;

A Cimeira de Durban, na África do Sul, em 9 de julho de 2002, por ocasião da qual a União Africana é efetivamente lançada após a dissolução da Organização de Unidade Africana.

OS OBJETIVOS E O ÂMBITO DA UNIÃO AFRICANA

Nos termos do artigo 2.o da Lei Constitutiva, os objetivos da União são apresentados da seguinte forma:

» Alcançar uma maior unidade e solidariedade entre os povos de África;

» Guarda a soberania, a integridade territorial e a independência dos seus Estados-Membros;

» Acelerar a integração política e socioeconómica do continente;

» Promover e defender posições africanas comuns sobre questões de interesse para o continente e seus povos;

» Fomentar a cooperação internacional, tendo devidamente em conta a Carta das Nações Unidas e a Declaração Universal dos Direitos do Homem;

» Fomentar a paz, a segurança e a estabilidade no continente;

» Fomentar princípios e instituições democráticas, partici pação popular e boa governação;

» Promover e proteger os direitos humanos e dos povos na sequência da Carta Africana dos Direitos Humanos e dos Povos e de outros instrumentos relevantes em matéria de direitos humanos;

» Criar as condições adequadas que permitam ao continente desempenhar o seu papel na economia mundial e nas negociações internacionais;

» Promover o desenvolvimento sustentável das plantas económicas, sociais e culturais, bem como a integração das economias africanas;

» Promover a cooperação e o desenvolvimento em todas as áreas da atividade humana para elevar o nível de vida dos povos africanos;

» Coordenar e conciliar as políticas entre as comunidades económicas regionais existentes e futuras para alcançar gradualmente a União;

» Acelerar o desenvolvimento do continente promovendo a investigação em todas as áreas, em especial na ciência e na tecnologia;

» Trabalho em conjunto com parceiros internacionais competentes para erradicar doenças evitáveis e promover a saúde no continente.

O ato constitutivo da UA estabelece o princípio da inviolabilidade das fronteiras resultantes da colonização e do respeito pela soberania dos Estados, que eram os princípios cardeais da OUA. No entanto, não se pode dizer que a UAE seja uma mera réplica da OUA. A sua criação introduz várias mudanças para além das proclamações que permite afastar os problemas em que a OUA estava enredada. Estas alterações dizem respeito tanto às instituições que a impulsionam como aos seus objetivos.

A nível institucional, a UA tem sido dotada de poderes políticos e económicos, bem como de instituições que a OUA por vezes não tinha. À Conferência, formada pelos Chefes de Estado e de Governo, e pelo Conselho Executivo, composto pelos ministros designados pelos governos dos Estados-Membros, temos de acrescentar à Comissão, composta pelo Presidente, pelo Vice-Presidente e por oito comissários responsáveis por cada uma das pastas. É uma das verdadeiras inovações (emprestadas à União Europeia) da nova União. Temos ainda de acrescentar ao Conselho Económico e Social, ao Tribunal de Justiça da União, às Comissões Técnicas Especializadas e, até 2021, às instituições financeiras africanas, nomeadamente o Banco Central Africano, o Fundo Monetário Africano e o investimento do Banco Africano.

O ÂMBITO DA NOVA INTEGRAÇÃO POLÍTICA

Para aprofundar a integração, a AU inspirou-se em experiências internacionais. Por um lado, a UA é modelada na União Europeia e vai, pelo menos nas intenções declaradas, no sentido da integração dos povos, ao contrário da OUA, que, por seu lado, propôs uma simples aliança dos Estados. Nesse sentido, temos de interpretar a criação do Parlamento Pan-Africano da União, composto por cinco deputados (incluindo pelo menos uma mulher) eleitos ou designados pelos países e situados na África do Sul. O Parlamento tem um papel consultivo na Conferência dos Chefes de Estado, o que reduz a sua representatividade e atrai críticas.

Por outro lado, inspirado pelo Conselho de Segurança das Nações Unidas, a UA decidiu implementar uma política coletiva de segurança e defesa e, num futuro imediato, criar o CPS. É precisamente nestes pontos que podemos avaliar o âmbito da

integração política e a sua capacidade de resposta a alguns dos desafios da governação africana que foram discutidos na segunda parte.

Antes do surgimento da UAE, a OUA já tinha vários instrumentos de gestão de conflitos, que refletiam a implementação de um dos pontos do artigo 3.º da Carta da Organização, que estabelece o princípio da "Resolução pacífica de litígios por negociação, mediação, conciliação ou arbitragem.", o Mecanismo de Prevenção, Gestão e Resolução de Conflitos criado em junho de 1993 e o Centro de Gestão de Conflitos criado em 1996. Nenhum conseguiu pôr fim as disputas no continente, incluindo os litígios internos.

Foi em 2003 que os UA adotaram o Protocolo que institui o Conselho de Paz e Segurança da União Africana para dar à Organização os instrumentos necessários para a aplicação de dois princípios estabelecidos na sua Constituição que estipulam o direito da União de intervir num Estado-Membro por decisão da Conferência, em determinadas circunstâncias graves , nomeadamente: crimes de guerra, genocídio e crimes contra a humanidade, bem·como o direito dos Estados-Membros de solicitarem a intervenção da União para restabelecer a paz e a segurança. O Conselho é composto por 15 membros. Deve ter uma força de intervenção de 15.000 homens divididos em brigadas regionais preposicionadas nos respetivos países, mas pode ser rapidamente implantada nos teatros africanos de operação.

Uma vez que o SCP só foi inaugurado em 2004, não há tempo suficiente para avaliar a sua eficácia em profundidade. No entanto, as suas intervenções até agora realizadas nos principais teatros de conflito em África não foram muito conclusivas.

Segundo Xavier Zeebroek, a Missão Africana no Burundi (MIAB), a primeira missão de 2.500 homens encomendados pela AU em

2003-2004, teve apenas baixa visibilidade e, em última análise, apenas desempenhou um papel menor na resolução do conflito.

Da mesma forma, os Emirados Empreitam-se na resolução do conflito congolês, que cabe à Missão das Nações Unidas no Congo (MONUC). Esta missão tem mais de 18.000 homens, todos os tipos de pessoal combinados, os maiores contingentes provenientes do Paquistão (3.563), Índia (3.506), seguido da África do Sul (1.390), Uruguai (1339) e Bangladesh (1323). A AU praticamente não está envolvida no processo atual, embora alguns dos seus membros estejam.

A UA tem também dificuldade em fazer da integração um instrumento para promover a democratização dos regimes e a pacificação das lutas de poder nos termos dos princípios contidos no artigo 4.º da Constituição que estipula o "respeito pelos princípios democráticos, pelos direitos humanos, pelo Estado de direito e pela boa governação, bem como pela desaprovação e rejeição de mudanças inconstitucionais do governo.

Quer se trate das frequentes alterações constitucionais feitas pelos chefes de Estado que decidiram quebrar o bloqueio a dois mandatos como no Chade, no Gabão ou no Burkina Faso, a crise gerada pela instrumentalização política da reforma do território no Zimbabué, ou mesmo a crise de sucessão no Togo, os mecanismos continentais não conseguiram passar no teste de credibilidade que estes desafios ofereciam.

A IMPOTÊNCIA DAS FORÇAS AFRICANAS NO DARFUR

Armados, enfrentando os massacres, sete mil soldados da União Africana são encarregados de supervisionar o cessar-fogo. Na realidade, por falta de meios, apenas observam o desencadear da violência. A missão carece de equipamento e combustível há mais de dois anos, após a chegada dos primeiros soldados da União Africana. Enfrenta problemas de comunicação e informação. Acima de tudo, encontra-se com o sling permanente do governo de Cartum. O Sudão tem acesso limitado ao aeroporto para a União Africana apenas durante o dia. Durante meses, manteve centenas de tropas canadianas para desalfandegamento. Cartum até pintou alguns dos seus aviões, incluindo helicópteros de ataque, brancos para evitar que se distinguissem dos da União Africana. O fracasso da emissão é proporcional às esperanças nele depositadas. Esta força africana de 7.000 homens não chegou a pôr fim à violência contra os civis, mas sim a supervisionar um frágil cessar-fogo, concluído enquanto desemoçam conversações laboriosas na Nigéria. Os 5.000 soldados da sua força de proteção estão oficialmente no local para proteger os 2.000 observadores militares e civis destacados para esta missão.

O Togo é uma ilustração particularmente boa deste fracasso e das contradições gritantes entre textos jurídicos e declarações de boas intenções, por um lado, e ações concretas, por outro. A crise constitucional iniciada após a morte do General Gnassingbé Eyadema foi, de facto, ocasião de discórdia tanto entre a Comunidade Económica dos Estados da África Ocidental (CEDEAO, ver abaixo) e a UA. Estas divergências diziam respeito à   atitude a se adotar face à designação de Faure Eyadema pelo exército para substituir o seu pai, enquanto a Constituição dá esse direito ao presidente da Assembleia Nacional. Melhor ainda, surgiram divergências: o então presidente da Comissão, o ex-presidente maliano Alpha OumarKonaré, um defensor da firmeza contra o regime togolês, opôs-se ao Presidente da União e ao ex-Presidente nigeriano Olusegun Obasanjo, que acabou por

parecer mais acomodado depois de se manter fiel aos princípios durante muito tempo. Depois de ter forçado Faure Eyadema a demitir-se, os E.U.A. não conseguiram forçar o governo togolês a respeitar a Constituição, permitindo ao presidente da Assembleia no cargo ocupar o Presidente interino após a morte do General Eyadema.

Pelo contrário, um presidente e um governo de conveniência, adquiridos em Faure Eyadema, foram nomeados. Este último não teve problemas em recuperar o poder através de eleições intercaladas com fraude e violência. Melhor ainda, estes resultados foram apoiados pelos E.U.A. e Faure Eyadema senta-se ao lado dos seus pares nas várias cimeiras americanas. Foi isso que fez alguns dizerem que "a Comissão da União Africana parece ter sido amordaçada pelos interesses das potências sub-regionais".

A integração política africana tem, portanto, os seus limites, apesar das transformações institucionais. Devem ser reunidas pelo menos duas condições para mitigar estes limites. Por um lado, a integração e a harmonização, não podem funcionar sem mecanismos de sanções e critérios rigorosos de adesão. De acordo com os critérios de entrada, os presidentes ilegítimos não devem, por exemplo, sentar-se automaticamente nos E.U.A., porque sem "liderança moral", a confiança e colaboração dos cidadãos e parceiros de integração não estarão em risco. Um encontro. Por outro lado, a integração não funciona sem meios financeiros, transferências de soberania e reforço de instituições continentais, como a Comissão dos EA. No entanto, estas instituições estão de momento, totalmente dependentes da vontade dos Chefes de Estado e, por conseguinte, não têm a autonomia necessária para atingir os objetivos atribuídos à integração.

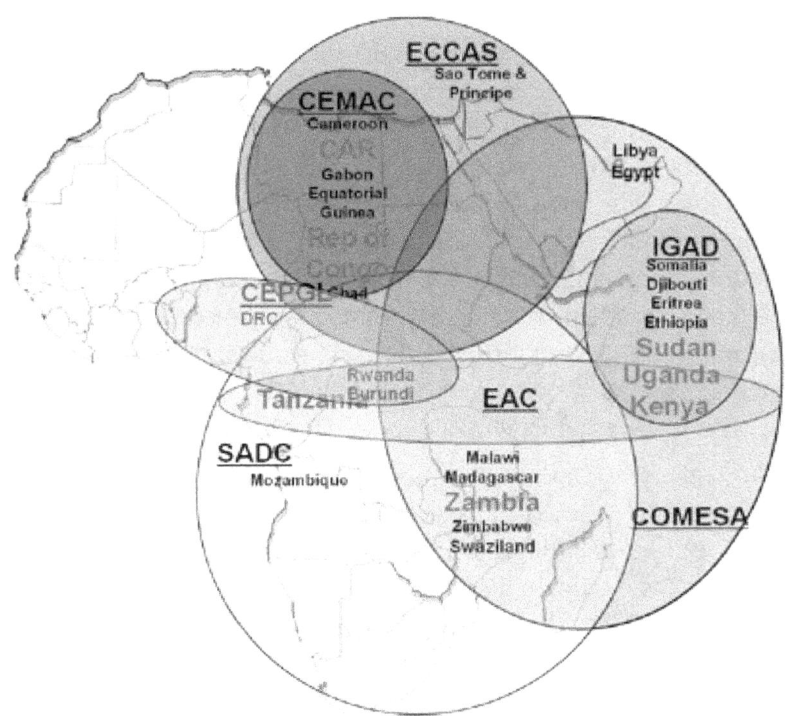

CAPÍTULO SEIS

INTEGRAÇÃO DA ECONÓMICA EM ÁFRICA

A idea é que os países africanos devem avançar para a integração económica desenvolvida em quatro momentos. O primeiro momento é anterior à independência dos Estados desde que começaram, durante a era colonial, nomeadamente nas colónias francesas agrupadas em dois grandes grupos políticos e económicos: a África Ocidental Francesa (AOF) e a África Equatorial Francesa (AEF). Estes grupos foram dissolvidos na véspera da independência na década de 1960. Mas não só a nível político viu-se a independência e o nascimento da organização da Unidade Africana, mas a nível económico mantiveram-se legados importantes, simbolizados em particular pelo franco CFA (comunidade financeira africana), a moeda comum dos quinze países que constituem esta zona e que são principalmente antigas colónias francesas, tendo mantido a moeda instituída antes da independência na AOF e na AEF.

Três outros momentos podem ser determinados no processo de integração na África: as iniciativas de criação de organizações regionais nas décadas de 1970 e 1980; A reorientação destas organizações e o início da dinâmica da integração continental na década de 1990; o surgimento do NEPAD ligado ao da AU em 2000. Revemos brevemente o segundo e terceiro momento para nos centrarmos mais no NEPAD e questionarmos a sua capacidade de

resposta aos desafios da governação em África.

A INTEGRAÇÃO ECONÓMICA DA INDEPÊNDENCIA NOS ANOS 2000

Este período corresponde ao segundo e terceiro momento de integração económica, nomeadamente os anos de independência, caracterizados pela criação total de organizações numa lógica geralmente regional; e a década de 1990 caracterizou-se, não pela reorientação da filosofia de integração e sim pelo início da sua continentalização.

INICIATIVAS DE INTEGRAÇÃO ECONÓMICA DA INDEPENDÊNCIA NA DÉCADA DE 1980

A emergência total das instituições regionais após a independência é o segundo momento da dinâmica da integração económica no continente. Os Estados, conscientes da sua fraqueza, estão a tentar remediar as mesmas, unindo forças para formar grupos maiores e mais eficazes. Assistimos, portanto, a uma verdadeira proliferação de organizações regionais.

No final da década de 1980, que corresponde ao fim desta segunda vaga, o continente tinha pelo menos 160 organizações dedicadas a esta integração regional, que é, portanto, impossível estudar exaustivamente aqui. Vamos simplesmente enumerar as principais regiões.

Este regime específico do CEMAC é relativamente comum às várias organizações regionais, não obstante as diferenças ligadas às missões sectoriais que lhes são atribuídas. Como salienta W. Kennes, embora tenham sido registados êxitos em determinadas áreas, os resultados em termos de alcançar mercados maiores e mais eficientes não foram alcançados, embora esse seja o objetivo final comum à maioria destas instituições.

Em termos de balanço, a Comunidade Económica dos Estados da África Ocidental (CEDEAO) é a instituição que mais se foi ao longo da integração com a introdução de um passaporte comum, a livre circulação de pessoas e, com exceção dos países de língua inglesa e da Guiné-Conatur, uma moeda comum e políticas aduaneiras e económicas asseguradas através da introdução de critérios de convergência que cada Estado se compromete a cumprir. A CEDEAO é também uma das raras organizações que criaram uma força (a Força de Intervenção da África Ocidental [ECOMOG]) que intervém diretamente nos países membros, na Libéria e na Serra Leoa, contribuindo para o regresso à paz.

Tem-se argumentado que a coexistência entre gigantes e anões, as rivalidades internas e a relutância em abandonar as áreas de soberania são elementos que afetam muito as possibilidades de sucesso destes conjuntos. Daniel Bach nota que na África, os únicos casos de regionalismo associados a transferências formalizadas e eficazes de soberania são os da zona do CFA e da SACU. Em cada caso, a integração provém do controlo hegemónico exercido por um Estado, a África do Sul no caso da SACU, França, no caso da zona CFA. Na África  Austral, tal como na zona do CFA, é um Estado central, não uma instituição supranacional, que garante e regula a integração.

Insistimos também na velha questão dos meios de operação que estas organizações carecem, da sua multiplicação e da sobreposição das suas missões. Esta fase do processo de integração teve, portanto, resultados mistos.

O terceiro momento de integração económica situa-se nos anos 80 e 90. É explicado em primeiro lugar pelos fracos resultados de iniciativas anteriores. Em resposta a estas fragilidades, ou criámos novas organizações, como a Comunidade dos Estados Sahelo-Saarianos, composta por 23 países e inventada por iniciativa da Líbia, que alberga a sua sede, ou reformamos algumas das organizações existentes acima mencionadas para adaptá-las ao que foi chamado de "novo regionalismo". Como Kennes mostra, este novo regionalismo induz uma mudança nas características das políticas de integração e reflete-se, entre outras coisas, na harmonização das políticas macroeconómicas (monetárias e fiscais); normalização das normas e procedimentos técnicos; ou a liberalização do comércio no sector financeiro.

Por exemplo, a União Monetária da África Ocidental (WAMU) transformou-se na União Económica e Monetária da África Ocidental (UEMOA), o que implica, em particular, uma política de vigilância multilateral das políticas macroeconómicas nos Estados-Membros, que assinaram um pacto para harmonizar as suas poupanças. A WAEMU criou um mecanismo comunitário para definir e monitorizar a implementação das políticas económicas nos Estados-Membros, estabelecendo critérios de convergência que cada país deve esforçar-se por cumprir ou enfrentar sanções.

CAPITAL ECONÓMICO DA NIGÉRIA.

Este terceiro momento de integração é então explicado pelo surgimento de dinâmicas de união à escala global que tiveram um efeito contagioso na dinâmica da integração na África, provocando o surgimento de programas já não regionais, mas continentais. Estamos a pensar, em particular, nas lições da integração europeia com a aceleração das políticas externas comuns, da defesa e das políticas monetárias, ou mesmo na criação do Acordo de Comércio Livre Norte-Americano (NAFTA). Estas ideias foram divulgadas muito cedo na África, por vezes já no início da década de 1980, e resultaram não na criação de instituições, mas em iniciativas e planos. Lembramo-nos de três deles. O primeiro é o Plano de Ação de Lagos 9 para o desenvolvimento da África: 1980-2000, o mais conhecido, nascido da cimeira económica da OUA realizada na Nigéria em 1980. O segundo é o programa prioritário para a recuperação económica na África (PPREA), adotado em 1985 pela OUA. E o terceiro é o Tratado de Abuja sobre a Comunidade Económica Africana (ECA) datado de 1991. Estes três projetos foram diferentes e interdependentes. Partindo da observação de que a crise africana provém da extraversão do continente e de uma ordem económica internacional desfavorável, o plano de ação de Lagos visava promover o desenvolvimento, a luta contra o subemprego e, sobretudo, promover o crescimento endógeno através da criação de um mercado comum africano e de uma comunidade económica africana. Quanto ao PPREA, visou, entre outras prioridades, combater a seca e a desertificação com vista à redução da escassez de alimentos com a ajuda da comunidade internacional. Por último, a CEE, que de certa forma concretiza um dos objetivos definidos quando o plano de ação de Lagos foi adotado 10 anos antes,

O fracasso destes projetos, que na realidade nunca foram implementados, deve-se principalmente à falta de fundos. No entanto, são frequentemente apresentadas duas outras razões. A primeira é institucional, porque, como diz Richard Ilorah, a OUA, que foi o principal empreiteiro para estas iniciativas, não estava armada (nem sequer concebida) para implementar políticas económicas concertadas à escala continental.

Daniel Bach considera, assim, no que diz respeito aos objetivos atribuídos a esta instituição em termos de integração, que duas décadas após a adoção do plano de Abuja (1991), nada há de concluir que a implementação de um mercado comum continental está prestes a concretizar-se até 2025. Em segundo lugar, as iniciativas internacionais concorrentes, incluindo o relatório Berg do Banco Mundial, que remonta ao mesmo tempo o Plano de Ação de Lagos, foram determinantes para tornar os planos africanos obsoletos. Com efeito, como mostra C. Young, enquanto o Plano de Ação de Lagos via a crise africana como produto de uma dinâmica exógena, em particular o intercâmbio desigual produzido pela ordem económica internacional, o relatório Berg via a crise da África como uma crise interna devido à má gestão das economias, que cria desequilíbrios macroeconómicos. Por último, foi a visão do Banco que prevaleceu e abriu a era das políticas de ajustamento estrutural (PAS) que varreu quase todo o continente entre 1983 e 1999, quando se tornaram os "Documentos de Estratégia para a Redução da Pobreza" (DRSP). Esta data é também o ponto de partida para a quarta fase de integração económica na África com o surgimento da Nova Parceria para o Desenvolvimento da África (NEPAD).

A ideia de adotar um plano da escala de NEPAD decorre da observação feita pelos seus designers da magnitude da crise africana: com 800.000.000 habitantes e 30 % dos recursos minerais,

A   África representa menos de 1 % do comércio mundial e metade da sua população vive com menos de um dólar por dia.

Metade dos conflitos mundiais estão a ocorrer no continente e a SIDA está a causar estragos em muitos países. Em termos económicos África ficou mais pobre, de acordo com o programa das Nações Unidas para o Desenvolvimento (PNUD): em 2002, 20 países eram mais pobres do que ela, em 1990 23 eram mais pobres do que em 1975. Além disso, o continente tem 34 dos 48 países menos ricos do mundo, de acordo com o ranking do PNUD.

Foi perante estas observações que surgiu a ideia do NEPAD. Para os governos africanos, o NEPAD constitui um quadro sem precedentes para a interação política e económica entre, por um lado, os países africanos envolvidos numa dinâmica de desenvolvimento comum e, por outro lado, o resto do mundo, em particular os países ocidentais, que são chamados a empenhar-se numa parceria com África.

O aparecimento do NEPAD também pode ser explicado pelo contexto africano do final dos anos 90. Está intimamente ligada aos avanços democráticos no continente e a duas iniciativas sul-africanas e senegalesas: a Parceria do Milénio do Presidente para o programa de recuperação africana Thabo Mbeki e o Plano Omega para África do Presidente senegalês Abdoulaye Wade. Estas duas iniciativas, que visavam lançar as bases para um novo começo para o continente, fundiram-se para dar origem à Nova Iniciativa Africana (NIA) adotada pela cimeira dos chefes de Estado africanos em Lusaka (Zâmbia) de 6 e 7 de julho de 2001, que decidiu alargar o comité de ímplementação a quinze membros, acrescentando dois chefes de Estado por região. Em outubro de 2001, o comité alterou o nome NIA para NEPAD. Este processo que decorre em paralelo com a criação da AU, o NEPAD foi então aprovado pela União como um novo quadro continental que deveria definir as prioridades africanas e governar as suas relações com o exterior em matéria de desenvolvimento.

Os objetivos do NEPAD podem ser agrupados em duas grandes categorias do ponto de vista da integração africana: objetivos económicos e objetivos políticos.

» ***O EIXO ECONÓMICO***:

A nível económico, pode ler-se no documento de fundo que o NEPAD visa "erradicar a pobreza no continente e colocar os países africanos, individual e coletivamente, no caminho do crescimento e desenvolvimento sustentável, pondo assim o fim à marginalização da África no contexto da globalização". Este objetivo global tem duas orientações:  Por um lado, trata-se de "restaurar e manter a estabilidade macroeconómica, nomeadamente através do desenvolvimento de normas e metas adequadas para as políticas monetárias e orçamentais e através da criação de quadros institucionais adequados para assegurar a sua realização". Neste contexto, os designers do NEPAD querem um "crescimento médio anual do Produto Interno Bruto (PIB) superior a 7% nos próximos 15 anos". Por outro lado, a nível microeconómico, têm vários objetivos, entre os quais, "reduzir para metade, até ao ano de 2015, a percentagem de pessoas que vivem em condições de pobreza extrema ou "garantir a escolaridade de todas as crianças em idade escolar primária até 2015".

Foram definidos objetivos mais específicos com base nos

temas prioritários estabelecidos pelos promotores do NEPAD: boa governação pública; boa governação da economia privada; infraestrutura; educação; saúde; novas tecnologias da informação e da comunicação; Agricultura; ambiente; energia; acesso a mercados de países desenvolvidos e fluxos de capitais. No que diz respeito ao financiamento destes sectores prioritários, existem duas visões: a ideia de que a solução virá por uma inserção "vencedora" da África na globalização e na economia de mercado e pelo "apelo ao investimento privado.

No que diz respeito à execução do plano, os seus promotores decidiram criar um comité de direção no qual participa um delegado de cada país membro. Foi inicialmente presidido pelo professor sul-africano Wiseman Nkuhlu. Os projetos foram organizados em cinco zonas geográficas (norte, sul, leste, oeste e centro) cada uma responsável pela coordenação da implementação de determinadas prioridades.

Alguns destes projetos estão a começar a ser implementados. Assim, nos dias 15, 16 e 17 de abril de 2002. A conferência da Dakar sobre a participação do sector privado no financiamento do NEPAD teve lugar no Senegal. Durante esta cimeira dedicada às prioridades atribuídas a este país, projetos como a autoestrada costeira transnacional de 4560 km de extensão, que liga Nouakchott a Lagos, e a ferrovia de interconexão, que liga o Benim, o Burkina, o Níger e o Togo, foram objeto de avaliações quantificadas que variam entre dois e dez mil milhões de dólares. Estão na fase de realização ou preparação.

» *O EIXO POLÍTICO DO NEPAD:*

O programa abrange também um eixo político que inclui dimensões simbólicas e medidas práticas. O aspeto simbólico provém, em particular, do plano Mbeki. Trata-se de criar consciência entre os africanos da sua capacidade de promover o renascimento do

seucontinente. O plano insiste na sua identidade e destino comuns, na sua responsabilidade também no que diz respeito às causas da crise que atinge o continente, como com as suas soluções. É certo que a escravatura, a colonização, o neocolonialismo e o papel das multinacionais são considerados constrangimentos estruturais na origem dos problemas de África. Mas a responsabilidade das elites africanas também é reconhecida. Exortamos os africanos a produzirem um novo discurso sobre si mesmos e a repensarem o seu lugar no mundo, como se pode ver no discurso do Presidente sul-africano Thabo Mbeki sobre o renascimento africano. Esta ênfase nos símbolos é acompanhada de medidas práticas em dois domínios considerados particularmente importantes para o sucesso dos objetivos económicos de integração.

Por um lado, o NEPAD planeja criar um "mecanismo de revisão por pares" (APRM). Trata-se de um sistema de controlo ao abrigo do qual um país submete-se voluntáriamente a uma avaliação por parte de outros países para verificar se está a seguir boas práticas políticas e económicas. Este mecanismo baseia-se nas seguintes instituições: a comissão dos chefes de Estado e de Governo participantes, o órgão de decisão mais elevado da APRM;

O painel de pessoas eminentes que supervisiona o processo de avaliação para garantir a sua integridade, examinar os relatórios de avaliação e apresentar recomendações ao Comité de Chefes de Estado; O secretariado que presta apoio técnico e administrativo, os seus serviços de secretariado e coordena as atividades da APRM; a equipa de avaliação, responsável pela visita do país. A adesão ao mecanismo é voluntária, e o Gana foi o primeiro a concordar em submeter-se a esta avaliação, que deverá mostrar aos investidores cujos fundos devem ser atraídos, por que o país é transparente e oferece um ambiente de negócios favorável. Desde maio de 2006, 25 países africanos aderiram a este mecanismo.

Por outro lado, e este ponto está ligado ao anterior, o NEPAD faz da promoção da democracia e da estabilidade no continente um dos seus principais objetivos. Podemos ler no texto que é hoje geralmente aceito que o desenvolvimento não pode ser alcançado na ausência de uma verdadeira democracia, do respeito pelos direitos humanos, pela paz e pela boa governação. Com o NEPAD, o continente compromete-se a respeitar os padrões globais da democracia, das quais os principais componentes são o pluralismo político, a existência de vários partidos e sindicatos, a organização periódica de eleições democráticas livres, justas e transparentes, de forma a permitir que as populações escolham livremente os seus líderes.

Este compromisso é uma das razões da criação do mecanismo de revisão pelos pares para satisfazer o componente da "democracia" e está na base da criação do Conselho de Paz e Segurança da União Africana.

NEPAD, no entanto, provoca reações contraditórias. Pieter Fourie e Brendan Vickers criticam o NEPAD por ser demasiado vago, por supor um consenso ideológico pan-africano sobre soluções para o subdesenvolvimento, ou por ser um cavalo de Troia do poder económico sul-africano. Lamentam igualmente que o NEPAD se pareça perigosamente com planos de ajustamento estrutural (AEP), uma vez que o acordo entre África e o Ocidente é realizado com base no princípio de um intercâmbio entre políticas favoráveis ao investimento estrangeiro, portanto neoliberal, e aumento da ajuda, bem como o suposto aumento desses mesmos investimentos. Para Patrick Chabal, a democracia na África não garante uma redução das tensões e dos conflitos, uma vez que é, entre outras coisas, explorada por líderes preocupados com a manutenção do poder. Segundo ele, uma vez que o neopatrimonialismo e a segurança jurídica não andam de mãos dadas, os investimentos diretos estrangeiros esperados não podem ser gerados. Conclui que o NEPAD é apenas um meio para as elites africanas se juntarem à ortodoxia democrática com vista a garantir novas transferências de recursos para África.

No entanto, o pessimismo não é partilhado por todos.

Assim, embora advertindo que o programa contém "uma série de ambiguidades relacionadas com o financiamento e que é reapropriado pelas populações", Ahmedou Ould Abdallah apresenta-o como "um programa inovador que, pela sua abordagem e âmbito de aplicação, difere seriamente das iniciativas do ano anterior" É verdade que o NEPAD recebeu uma resposta invulgarmente favorável dos países ocidentais que supostamente são os principais parceiros. Bilateralmente, T. Blair, J. Chrétien e J. Chirac saudaram no seu tempo esta iniciativa descrita como "progressista e local". A nível multilateral, o NEPAD (então chamado NIA) foi apresentado pela primeira vez ao G8 na cimeira de Génova em 2001. A cimeira de Kananaskis no Canadá, em junho de 2002, elaborou um plano de ação em resposta ao NEPAD, cujas propostas não quantificadas foram mistas. No plano do G8 para África, estão previstos dois tipos de ações: ação humanitária feita "independentemente dos regimes em vigor" e parceria reforçada, sujeita a condições em que os "parceiros serão escolhidos de acordo com os resultados mensuráveis".

No entanto, é a capacidade do NEPAD de responder aos desafios da estabilidade e do autoritarismo que temos de questionar verdadeiramente aqui. Com efeito, a viabilidade do NEPAD é minada por um dilema: os seus promotores vêem-no como um quadro para promover a paz e a democracia, enquanto alguns dos mais graves obstáculos à sua viabilidade são precisamente o autoritarismo e a insegurança que prevalecem em muitos países.

Em primeiro lugar, a fragilidade da democratização enfraquece claramente o NEPAD. O mapa da democracia evoluiu em África. Mas também vimos que as práticas de neopatrimonialismo não desapareceram e que muitos defeitos caracterizam os regimes africanos. Esta situação não favorece nem a harmonização das políticas económicas nem a estabilização do continente.

O ciclo interminável de conflitos complica ainda mais a situação. Como conceber políticas integradas de reconstrução num continente assolado pela guerra e pela falta de liderança capaz de estimular uma dinâmica de paz? Registaram-se progressos na segurança na África, mas certas situações, como as que se podem ver na Costa do Marfim e no Zimbabué, para citar apenas estes dois casos, que dão um exemplo das más práticas decretadas no NEPAD sem dar origem a fortes iniciativas africanas levantam dúvidas sobre a credibilidade dos compromissos com uma boa gestão política e económica.

Projetado sobre o modelo de integração económica europeia

na esperança de conduzir o continente a uma dinâmica virtuosa, o NEPAD (como a UA de que é um dos instrumentos económicos) encontra limites importantes no que diz respeito à coerência e viabilidade das políticas que os sustentam. Tal como acontece com a UA, devem ser satisfeitas várias condições para que a integração económica funcione. Para além do princípio básico da transferência de soberania e de recursos, a integração económica só funciona se os Estados progredirem em termos de boa gestão, transparência e estabilidade política. Devem também adotar novas ideias ou ir além da lógica da importação do modelo europeu, aplicando, por exemplo, critérios claros de entrada nos programas comunitários. Sem um novo espírito, iniciativas recentes arriscam a mesma falta de ar que as iniciativas que as precederam.

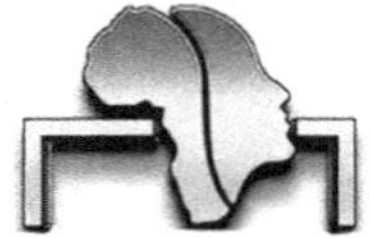

CAPÍTULO SETE

ÁFRICA DE RECURSOS NATURAIS

África é sem dúvida o continente com os recursos naturais mais abundantes. Com uma área de cerca de 30,3 milhões de quilómetros quadrados contando espaços insulares, o continente cobre cerca de 6 % da superfície mundial e um quinto da terra que emergiu. Atualmente tem 1.200 milhões de habitantes, ou seja, 17 % da população mundial, distribuídos de forma desigual em 55 Estados.

Em geral, tem uma densidade populacional inferior à média mundial, com cerca de 35 pessoas por quilómetro quadrado, em comparação com a média global de 47 por quilómetro quadrado. Este valor médio é quatro vezes inferior ao da União Europeia, por exemplo. No entanto, o crescimento médio da população é muito elevado e, de acordo com as projeções, a população africana deverá ter duplicado em 2050.

A riqueza da África encontra-se no seu solo e subsolo (um terço das reservas minerais mundiais). Com efeito, o continente tem 24 % das terras aráveis do mundo, mas apenas gera 9 % da produção agrícola. A distribuição de terras férteis é desigual, com grandes áreas desertas na região do Sahel e áreas húmidas altamente produtivas em torno das bacias hidrográficas e ao longo dos principais rios.

Alguns países não podem explorar todas as suas terras, enquanto outros fazem grandes esforços para cultivar produtos essenciais, o que levou a episódios de extrema fome nas últimas décadas.

Embora as terras ainda não tenham desencadeado todo o seu potencial, é no subsolo africano que as riquezas transbordam. Só a África tem mais de sessenta de minerais e contém um terço de todas as reservas mundiais. Tem, por exemplo, 90 % das reservas de platinoides; 80 % do coltan; 60 % do cobalto; 70% de tântalo; 46% das reservas diamantíferas e 40% das reservas de ouro.

CAMPOS AGRÍCOLAS

Por último, note-se que o continente africano está também a transbordar de fontes de energia muito diversas e distribuídas em diferentes áreas: combustíveis fósseis abundantes (gás no Norte de África, petróleo no Golfo da Guiné e carvão na África Austral), bacias hidrográficas na África Central e depósitos de urânio; luz solar nos países sahelianos e capacidades geotérmicas na Áfriac Oriental.

O paradoxo reside no facto de que, embora o continente seja uma potência energética devido aos seus recursos, em termos de consumo de eletricidade, é um pigmia. A população africana equivale a cerca de 17 % da população mundial, mas apenas consome 4 % da energia produzida.

Para colmatar esta lacuna e corresponder às necessidades de uma população em crescimento, a sua procura energética deverá aumentar mais 75 % nos próximos vinte anos. E essa ajuda ajudaria a estimular o crescimento económico no continente.

PAÍSES RICOS, MAS POVOS POBRES: EXISTE UMA MALDIÇÃO DE RECURSOS?

Apesar de todos os recursos naturais que tem em abundância, o continente africano continua a ser o mais pobre do planeta, apesar de existirem diferenças significativas entre países. Na verdade, a África impressiona com os seus contrastes marcantes.

O continente gera enormes receitas da exploração dos seus recursos, e projetos de investimento maciços contribuem com milhares de milhões para os governos dos países ricos em recursos.

No entanto, segundo o Banco Mundial, 40 % da população africana continua a viver abaixo do limiar da pobreza, ou seja, com menos de 2 dólares por dia., um valor que continua a crescer apesar dos progressos significativos realizados em alguns países.

Todas estas riquezas não permitiram o boom económico do continente. Note-se que os grandes países produtores de minerais

são os menos diversificados em comparação a outros países menos ricos, como a Maurícia e, mais recentemente, como a Etiópia, que fez uma decolagem notável graças à ênfase colocada no sector manufatureiro.

Os grandes países que dependem dos recursos mineiros são afluentes a esse rendimento. As suas economias são altamente vulneráveis aos ciclos de preços das matérias-primas, famosos pelas suas trajetórias aleatórias e em mudança.

Alguns analistas argumentam que estas riquezas são, na realidade, uma maldição que assola os países africanos, uma vez que têm sido uma causa frequente de crises e tensões, principalmente devido à corrupção e às crises políticas recorrentes ligadas ao desejo de controlar a riqueza. E os contratos secretos obscuros são conhecidos apenas por chefes de Estado e grandes negócios.

Os países produtores de minerais são os menos diversificados; as suas economias são vulneráveis à alteração dos preços das matérias-primas e somente poucas pessoas próximas do poder aproveitam os benefícios.

De acordo com estas análises, não é de estranhar que a exploração dos recursos naturais tenha tido um impacto mínimo na vida quotidiana da população e, pelo contrário, que uma parcela pequena de pessoas poderosas tenham conseguido aproveitar-se deles para enriquecer os seus descendentes.

Em todo o caso, há que reconhecer que, com as pressões dos cidadãos para uma equidade mais significativa na distribuição da riqueza e as exigências crescentes de uma maior transparência na gestão dos rendimentos e dos contratos, é cada vez mais difícil para os governos justificar a estagnação económica e social.

Assim, muitos países decidiram lançar programas de transformação económica extensivos para tirar as suas economias da espiral infernal do subdesenvolvimento.

Os pilares destes programas baseiam-se na industrialização utilizando ativos naturais, como a agricultura e os minerais. Seguindo o exemplo do Gana, da Costa do Marfim, da República do Congo e da Tanzânia, os planos nacionais de desenvolvimento visam agora promover sectores industriais e agrícolas que acrescentem valor às matérias-primas.

RECUROS NATURAIS DE ÁFRICA: O OBJETO DE TODOS OS DESEJOS

As matérias-primas são a própria base do desenvolvimento da nossa sociedade: constituem as bases do nosso consumo alimentar, industrial e energético e, por isso, são essenciais e estratégicas para a sobrevivência do nosso modo de vida.

Isto explica porque sempre estiveram no centro da maquinaria política e no centro das relações internacionais, quer como instrumento de controlo, quer como instrumento de domínio.

DIFERENTES MINERAIS NAS MARGENS DE LAGOS E MARES (ÁFRICA)

Por conseguinte, não é difícil compreender por que razão a África está tão contraída a tantos desejos. Detém grande parte das reservas dos três principais tipos de matérias-primas: as terras férteis necessárias para a agricultura, os minerais e a energia essencial para o desenvolvimento industrial do mundo. Portanto, a riqueza do seu subsolo é de importância estratégica para o continente desenvolver, prosperar e até mesmo proteger-se contra eventuais dificuldades.

A abundância das suas terras férteis e subexploradas não escapa à ganância de grandes grupos industriais ou mesmo de alguns países estrangeiros. Nos últimos anos, tem crescido um fenómeno preocupante de grilagem de terras, muitas vezes em detrimento da agricultura familiar; e isso faz-nos temer riscos de injustiça, conflito e violência em relação às comunidades camponesas e, em última análise, aos riscos políticos resultantes da consequente desestabilização do tecido social.

Acima de tudo, a África precisa garantir o seu crescimento econômico de longo prazo, investindo e aproveitando seu capital humano, que por sua vez proporcionará empregos e proteção social para suas populações em crescimento. À medida que a dependência de trabalhadores expatriados e de manobras de influência são hoje muito mais complexas do que no passado. Contam agora com um número crescente de agentes, nem todos muito transparentes ou conscientes, alguns dos quais têm mesmo relações muito estreitas com os Estados.

Estes agentes são multifacetados e nem todos partilham a mesma visão do mundo: são empresas privadas ou públicas; governos;

fundos de investimento; organizações não governamentais, algumas delas financiadas por agentes com os seus interesses; e instituições financeiras multilaterais, que há muito defendem um dogma liberal baseado no modelo ocidental.

RECURSOS MINÉROS NOS CENTROS ECONÓMICOS, GEOESTRATÉGICO E SIMBÓLICOS

A base da dimensão estratégica dos recursos mineiros deriva de dois elementos-chave. Em primeiro lugar, a natureza do apoio torna-os um parâmetro decisivo para influenciar estratégias. Alguns países, por exemplo, têm hoje um monopólio quase absoluto na produção dos chamados metais críticos, essenciais para a indústria de alta tecnologia.

A menos que sejam encontrados substitutos abundantes em breve, esta dependência só aumentará em consequência dos desafios colocados pelas alterações climáticas e do crescente desenvolvimento de tecnologias chamadas verdes.

Em segundo lugar, a estrutura e o funcionamento dos mercados de matérias-primas são fatores determinantes nos estados produtores e consumidores. Muitas bolsas de mercadorias são negociadas nos mercados financeiros, sujeitas a especulação e, portanto, à volatilidade dos preços.

Estes mecanismos escapam frequentemente ao controlo

dos países produtores, muitas vezes politicamente fracos, e tentam proteger-se brincando com o abastecimento. Os países consumidores, por seu lado, utilizam as suas influências, geralmente muito fortes, para evitar escassez. Muitas vezes o resultado é a luta de um pote de barro contra um pote de ferro.

Como principal produtor de vários recursos mineiros, o continente africano está no centro destes desafios. No plano económico, longe de ser apenas um continente a receber ajuda ao desenvolvimento, África está a crescer rapidamente e representa já um mercado de consumo potencial significativo e uma terra de investimento. Oferece oportunidades de negócio e tem de se compensar recuperando o atraso no seu desenvolvimento.

MINAS DE DIAMANTE EM KIMBERLEY, ÁFRICA DO SUL

As parcerias com África têm como pano de fundo o objetivo de controlar as fontes de fornecimento de matérias-primas. É o caso de certos minerais (especialmente os metálicos, como o cobalto), utilizados na fabricação dos nossos equipamentos telefónicos e informáticos, sobre os quais só a República Democrática do Congo satisfaz mais de metade das necessidades em todo o mundo. A segurança energética está também, mais do que nunca, no centro dos desafios geopolíticos do nosso século.

Do ponto de vista geoestratégico, novas potências emergentes, como a China e a Índia, multiplicam alianças estratégicas para consolidar a sua influência política e militar e esperam acabar por reequilibrá-lo no jogo geopolítico global.

Por último, de um ponto de vista significativo, o facto de poder posicionar-se para competir com as potências ocidentais, e até mesmo dominá-las, dá mais peso às potências emergentes no panorama internacional.

QUESTÕES POLÍTICAS: entre o aumento dos Estados produtores e a maior dependência dos países que consomem

Alguns países africanos compreenderam bem este facto: o estatuto dos produtores de matérias-primas críticas confere-lhes um poder não desprezível para redefinir as regras do jogo; em particular, afirmando com mais energia a sua soberania sobre os recursos.

Além de manter o controlo sobre os rendimentos, alguns optaram por aumentar as participações em concessões concedidas a investidores privados. Este é especialmente o caso na Angola, Argélia e Guiné Conary. Em todo o caso, as suas fraquezas continuam a residir na falta de capacidade de controlar os canais e as cadeias de valor subsequentes.

Com efeito, as matérias-primas só têm um valor estratégico quando são transformadas em bens de consumo. Agora, aqueles que controlam o poder hoje são aqueles que controlam os canais industriais, e não a África. Assim, os países africanos esperam mudar a situação afirmando-se para influenciar as negociações.

A África continua a ser uma zona central no jogo mundial de poder de consumir países. No entanto, as estratégias variam. Os países ocidentais, aparentemente menos intervencionistas, usam a arma do comércio internacional e do investimento direto estrangeiro para aceder e proteger as suas necessidades.

Por outro lado, a influência dos Estados é mais acentuada em países de consumo como a China, a Índia ou a Coreia do Sul, onde os governos não hesitam em intervir diretamente. Fazem-no quer através do financiamento de projetos de desenvolvimento condicionados ou ligados ao fornecimento de matérias-primas, ou investindo diretamente em unidades de produção. A crescente dependência de certos minerais está a conduzi-los a redobrar a sua astúcia e os seus esforços para manter boas relações com a África.

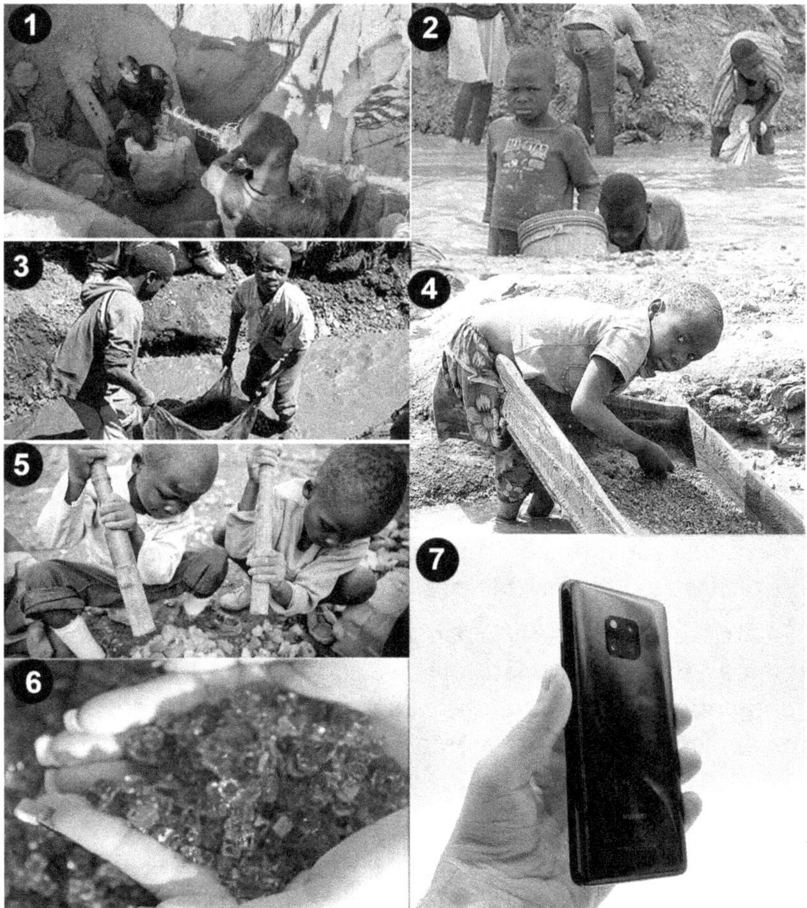

CHINA E ÁFRICA: QUE RELAÇÃO?

"África deve reconhecer que a China - como os Estados Unidos, a Rússia, o Reino Unido, o Brasil, entre outros – estão na África não pelos interesses africanos, mas pelos seus próprios."

Estas são as palavras de Sanusi Lamido Sanusi, outrora diretor do Banco Central da Nigéria, num artigo de opinião que publicou no Financial Times em 2013.

Sanusi refletia assim uma realidade que começou com o colonialismo europeu, seguida da candidatura à influência entre os Estados Unidos. E a URSS durante a Guerra Fria e que agora pode ser aplicada a novas forças que procuram terreno fértil para os seus interesses económicos e políticos.

À   medida que o Ocidente começou a reduzir a sua presença em África, esse vazio tornou-se disponível para quaisquer estratégias que Pequim e Moscovo possam ter no continente.

"A CHINA DÁ A ÁFRICA O QUE PRECISA".

Mas será que a China e a Rússia estão a caminho de um confronto para estabelecer a sua hegemonia na África?

A China é uma recém-chegada a África, mas desenvolveu um projeto agressivo de alto investimento e comércio que o viu firmemente estabelecer-se em vários países - particularmente subsarianos - com projetos de infraestruturas significativos e cooperação económica.

A Etiópia substituiu o caminho de ferro colonial francês por um novo construído pelos chineses.

A Rússia, por seu lado, já não goza dos mesmos laços fortes que tinha em tempos da União Soviética com os seus aliados africanos "anti-imperialistas" durante a Guerra Fria. No entanto, as suas mais recentes iniciativas apontam para a reativação desta relação histórica e até para a incursão em novos territórios.

Estes objetivos russos foram evidenciados pela digressão, em março passado, pelo Ministro dos Negócios Estrangeiros russo Sergei Lavrov através da Namíbia, Zimbabué, Angola, Moçambique

e Etiópia, países do antigo eixo de influência da URSS.

O recente assassinato em circunstâncias misteriosas de três jornalistas russos que investigam a presença militar da Rússia na República Centro-Africana reacendeu as especulações sobre os novos interesses do Kremlin e possíveis operações clandestinas naquele país.

ESCALAS DIFERENTES

Neste momento, não há uma raça aberta para impor uma pegada no continente africano. A China e a Rússia têm competido frequentemente nos mesmos mercados, mas conseguiram gerir a rivalidade em nome de uma boa relação entre eles.

"Isso não significa que não possa haver confrontos no futuro", diz Mikhail Smotryaev, produtor do Serviço Russo da BBC, que investigou o assunto.

As iniciativas chinesas em África são relativamente recentes, explica. Houve uma pequena presença há anos, mas nada comparado com o que a então União Soviética tinha nos anos 70 e 80.

Mas as coisas mudaram.

COMÉRCIO COM PAÍSES AFRICANOS

»   *China: $ 220mil milhões*

»   *Os EUA: $ 37mil milhões*

»   *Russia: $ 3.6mil milhões*

Fonte: Ministério dos Negócios Estrangeiros russo, Iniciativa de Investigação China-África

As trocas comerciais entre a China e a África Subsaariana têm sido até agora de 220.000 milhões de dólares, e o país asiático prevê que em 2020 serão os 350.000 milhões de dólares americanos.

Esse valor seria 100 vezes mais do que o que a Rússia negoceia atualmente, que é apenas 3,6 mil milhões de dólares, de acordo com os dados fornecidos pelo Ministério dos Negócios Estrangeiros russo,

Para dar mais contexto ao atraso, o comércio dos Estados Unidos com África é de 37 mil milhões de dólares, dez vezes mais do que os russos declaram.

Mikhail Smotryaev salienta que, devido a diferentes acordos e condições, não é fácil calcular os números exatos do comércio, mas é evidente que a China investe muito mais em África do que na Rússia.

As mega-máquinas da nova Rota da Seda com a qual a China está a ligar o mundo

A economia russa tem diminuído durante muito tempo, e o seu âmbito não se compara ao braço forte da União Soviética. Mas, tal como as sanções impostas pelo Ocidente reduziram ainda mais a sua economia, esta situação deu-lhe incentivos para ser mais agressiva em África.

Embora a sua base seja os laços económicos que existem desde os tempos soviéticos, esse comércio foi numa direção: da Rússia aos seus aliados por muito pouco, exceto para exigir apoio às políticas de Moscovo no seio das Nações Unidas.

Ao longo dos anos, estes países africanos acumularam uma dívida de 20.000 milhões de dólares, que a Rússia perdoou no final de 2012.

Foi mais estratégia do que generosidade, disse na altura Vladimir Shubin, subdiretor do Instituto para África em Moscovo, à BBC Russian Service. "Em princípio, é uma coisa boa", disse. "Cria condições mais favoráveis para as nossas relações com África."

E essas relações manifestam-se principalmente na negociação de um determinado item.

O Negócio De Armas

A Rússia é um grande exportador de armas no mundo, embora o seu atual mercado africano não esteja próximo do que a URSS vendeu aos seus então aliados na região.

Em 2015, a África constituiu 12 % do seu

mercado total, o que não é muito significativo em comparação com o seu maior cliente, o Pacto Ásia-Pacífico, que inclui a China.

Mas, do ponto de vista africano, 35 % das suas armas provêm da Rússia, e o comércio está bem posicionado para crescer.

Há anos que as armas russas alimentam muitos dos conflitos em África.

As armas russas são competitivas porque são mais baratas. Provaram ser suficientemente fiáveis em numerosos conflitos de guerra, e as suas novas armas são compatíveis com as reservas acumuladas pelos seus clientes durante a Guerra Fria.

Nos últimos cinco anos, a Rússia criou um serviço de manutenção de equipamentos militares e outros programas de modernização de armamento.

No mercado de armamento que a China e a Rússia poderiam enfrentar ou pelo menos competir, diz Mikhail Smotryaev, do Serviço Russo da BBC.

De acordo com o Royal Institute of Strategic Studies, as exportações de armas da China para África aumentaram consideravelmente entre 2010 e 2015.

Segundo especialistas, as armas chinesas já constituem dois primeiros lugares do arsenal dos países africanos.

Além disso, há acordos militares. Pequim construiu uma grande base militar no Djibuti que "não será a última", diz o jornalista do Serviço Russo da BBC.

Por que é que as potências mundiais querem ter uma base militar no Corno de África?

Exploração De Recursos

Outro sector de concorrência potencial está nos recursos naturais.

Embora a Rússia seja, em si mesma, um país de grandes recursos naturais e altamente dependente das suas exportações, Moscovo tem interesses na exploração de diamantes, petróleo e metais raros.

A Rússia financiou minas e fábricas de transformação e tem fábricas de veículos e camiões para uso mineiro, nota Smotryaev.

Procura agora estabelecer um acordo de aviação civil com o Zimbabué, Angola, Congo e Senegal em troca de produtos agrícolas.

Sendo o maior consumidor de hidrocarbonetos e outros recursos naturais, a China está muito mais dependente de alcançar um fluxo constante através de acordos de exploração.

Para tal, investiu somas e esforços significativos em infraestruturas como caminhos de ferro, barragens, oleodutos, estradas e criou empresas que operam em associação com vários países.

Em 2006, um acordo que lhe concedeu licenças de prospeção na Nigéria em troca de investimentos multimilionários em projetos petrolíferos e de infraestruturas marcou um marco para a China na garantia de oferta de energia e acordos comerciais na região.

Enquanto a Nigéria fornece o petróleo e o gás de que Pequim necessita, ao mesmo tempo, abre um mercado para produtos chineses.

Várias empresas chinesas operam fábricas na Nigéria, e muitas mais estão planeadas na zona de comércio livre localizada no sudeste do país.

A China também trouxe a sua força de trabalho para realizar trabalhos de infraestruturas em vários países. Para a Nigéria, por exemplo, enviou 11.000 trabalhadores expatriados para construir a rede ferroviária, mas há muitos milhares a trabalhar em outros projetos no continente,

A Iniciativa de Investigação China-África da Universidade John Hopkins, nos EUA, estimou que havia mais de 200.000 trabalhadores chineses em África em 20 16, distribuídos principalmente na Argélia, Angola, Etiópia, Nigéria e Quénia.

ALGUMAS ONG ACUSARAM PEQUIM DE EXPORTAR MÃO DE OBRA FORÇADA PARA ÁFRICA

Apesar da controvérsia, entre 2005 e 2015, os chineses investiram 66 mil milhões de dólares na África Subsariana, criando 130.000 empregos locais, de acordo com a empresa de contabilidade internacional, Ernst & Young,

Durante cerca de cinco anos, a China transferiu a sua produção de mão de obra barata para África, uma vez que a sua mão de obra se tornou mais cara.

Tornou-se também um grande fornecedor de crédito, mas este não só tem um propósito comercial.

Investigadores do centro internacional Aid Data encontraram

uma relação direta entre a dimensão da assistência financeira que a China oferece a diferentes países africanos e a forma como votam na ONU sobre resoluções que podem afetar Pequim, como o não reconhecimento de Taiwan.

» ***Apoio Estatal vs Burocracia***

A China estabeleceu-se na África praticamente desde o zero.

Tecnicamente, os seus interesses são iniciativas privadas; No entanto, não é possível ter tal presença sem que estas iniciativas tenham passado pela estrutura do partido comunista, diz Mikhail Smotryaev. "É um plano que é coordenado pelo governo, e o Estado chinês está por trás disso", explica.

"Mas a China não está com pressa, faz as coisas por etapas, quase invisivelmente. Nada para aproveitar e fugir" acrescenta.

Os objetivos da Rússia são mais modestos e imediatos: expandir o comércio existente e criar novos mercados.

A   África está a tornar-se um mercado de cereais russos, e os vegetais africanos estão a encontrar procura na Rússia, especialmente após as sanções do Ocidente.

No entanto, ao contrário da China, a Rússia é assolada por dificuldades burocráticas que impedem o acesso dos produtos africanos aos seus mercados.

Embora esteja a definir a sua estratégia no histórico - pois é mais fácil sustentar o que já existe -, também tem feito pouco esforço para tirar partido das suas ligações com as elites africanas, muitas das quais foram educadas na ex-União Soviética, segundo Smotryaev, é preciso transformar uma relação que já foi política para uma que seja comercial.

Por agora, o comércio e o investimento da Rússia não são suficientemente robustos para colidir imediatamente com a China.

Por outro lado, Pequim ainda não conseguiu o desenvolvimento das infraestruturas a que aspira em nenhum país africano, o que não acontecerá tão rapidamente.

"Em muitas questões da sua agenda internacional, as posições da Rússia e da China são próximas, paralelas ou sobrepostas", disse à BBC Andrei Karneev, diretor do Instituto de Estudos

Asiáticos e Africanos da Universidade Estatal de Lomonosov, em Moscovo.

Assim, ambos de uma forma geral, "estão prontos para a possibilidade de os seus interesses comerciais se confrontarem e não permitirão que isso afete as relações de longo prazo entre os poderes".

O aparecimento da China na África é surpreendente devido à sua ubiquidade: não há nenhum país (rico ou pobre em recursos) que não tenha reforçado a sua relação económica com a China. Desde o início do século XXI, o investimento chinês e o fluxo comercial com África explodiram.

O método chinês consiste em utilizar a sua diplomacia como catalisador para abrir portas às suas empresas privadas, associando ajudas públicas e empréstimos a projetos de infraestruturas cuja execução é muitas vezes confiada às suas empresas públicas.

Além disso, a China não foi destacada para os seus acordos em espécie, tendo como pano de fundo um objetivo claro: obter todo o tipo de matérias-primas? Nos últimos anos, em troca do financiamento de infraestruturas, vários países africanos concordaram em pagar as suas dívidas com barris de petróleo ou minerais estratégicos, alguns dos quais são necessários para a indústria de energias renováveis.

Há que ter em conta dois elementos: Em primeiro lugar, não há dúvida de que esta estratégia faz parte da iniciativa global para a nova Rota da Seda. O seu objetivo é aumentar a participação chinesa na construção de uma rede maciça de infraestruturas terrestres, marítimas, energéticas e de comunicação. Isto facilita a conectividade e assegura o acesso aos mercados através do controlo destas redes de infraestruturas.

África é o continente com o déficit de infraestruturas mais significativo, mas dado que tem um mercado com um potencial extraordinário para os produtos chineses, a ênfase nas infraestruturas é mais lógica.

Em troca do financiamento de infraestruturas, vários países africanos pagaram as suas dívidas à China com barris de petróleo ou minerais estratégicos, alguns dos quais são necessários para a indústria de energias renováveis.

As empresas chinesas enfrentam um mercado interno muito competitivo, apesar do aumento da procura interna. A África, com a sua fraqueza estrutural, especialmente no desenvolvimento industrial, e com um mercado potencial crescente, representa uma vantagem única para as empresas chinesas que procuram novas oportunidades.

A agência moody's estima perto de 2.500 empresas chinesas estabelecidas na África e 114 mil milhões de dólares nas bolsas feitas em 2016. Entre essas companhias, algumas estão localizadas em zonas económicas especiais, criadas para oferecer condições favoráveis às empresas chinesas.

Esta associação entre a China e os países africanos nem sempre é percebida positivamente: causa dúvidas no continente e entre os parceiros tradicionais. Vêem-na acima de tudo como uma ameaça aos seus interesses.

Na realidade, os métodos chineses não são tão diferentes dos seus antecessores ocidentais: Sussurros nos ouvidos dos chefes de Estado; apoio supostamente livre, mas não sem interesses estratégicos; cegueira voluntária ao comportamento antiético de algumas empresas em terras africanas.

Por conseguinte, cabe aos países africanos estabelecer as suas próprias regras do jogo. Para que estas novas associações tirem o máximo proveito delas e que possam acabar por beneficiar os povos, as transações devem necessariamente ser negociadas sob o olhar de instituições e quadros regulamentares fiáveis e transparentes.

Na diplomacia, e especialmente quando há questões importantes em jogo, não há amigo, apenas interesses.

CONSEGUE A ÁFRICA AFIRMAR-SE NA CENA GEOPOLÍTICA?

O primeiro desafio para os países ricos em matérias-primas é uma melhor distribuição do rendimento em benefício das suas populações, de modo a que possam finalmente encontrar os meios para controlar a trajetória económica e livrar-se do flagelo da pobreza.

Já não é aceitável que os países que geram milhares de milhões de dólares em rendimentos e tenham um rendimento per capita próximo do das nações industrializadas tenham, ao mesmo tempo, mais de 90 % da sua população a viver abaixo do limiar da pobreza. A redistribuição não só é necessária por razões de equidade, como também é um grande desafio político.

Com efeito, as sociedades mais equitativas serão mais estáveis e, por conseguinte, menos suscetíveis aos agentes externos. Hoje em dia, a ajuda ao desenvolvimento é frequentemente utilizada como cavalo de Troia para manter o controlo das decisões políticas.

Em segundo lugar, é necessário quebrar a dependência das exportações brutas de produção. Nenhum país do mundo foi próspero no seu desenvolvimento sem uma base económica diversificada. Além disso, o ponto fraco de África é que não controla os canais industriais a que fornece matérias-primas. No sector alimentar, por exemplo, isso é mais do que uma necessidade.

No negócio das matérias-primas, são decididos longe dos países produtores. É por isso que os países africanos devem manter-se unidos e organizar-se para estruturar e dominar as regras do jogo.

A diferença entre os preços obtidos pelos pequenos produtores e os benefícios obtidos pelas multinacionais estabelecidas no terreno e muitas vezes não pagam os seus impostos é escandalosa. Enquanto não fortalecerem as suas estruturas industriais, os países que produzem matérias-primas continuarão a depender destas influências estratégicas.

Finalmente, a África só se tornará um lugar no mundo se conseguir organizar-se. A união é a força, e a cooperação intra-africana deve ir além das questões comerciais. No panorama internacional, os países africanos não têm escolha a não ser manter-se unidos em questões estratégicas, como as regras de funcionamento do negócio das matérias-primas, cujos preços são decididos longe dos países produtores. Por isso, é necessário organizar-se para estruturar e dominar as leis do jogo.

Tendo em conta os desafios futuros, que serão alimentados por revoluções tecnológicas e energias renováveis, o papel de África no fornecimento de matérias-primas está longe de estar desfocado. Pelo contrário, a sua importância estratégica aumentará. Por conseguinte, é essencial repensar as alianças entre africanos para influenciar o debate geoestratégico.

Esta associação entre a China e os países africanos nem sempre é percebido positivamente: causa dúvidas no continente e entre os parceiros tradicionais. Vêem-na acima de tudo como uma ameaça aos seus interesses.

Na realidade, os métodos chineses não são tão diferentes dos dos seus antecessores ocidentais: sussurros nos ouvidos dos chefes de Estado; apoia supostamente livre, mas não sem interesses estratégicos; cegueira voluntária ao comportamento antiético de algumas empresas em empresas africanas.

Por conseguinte, cabe aos países africanos estabelecer as suas próprias regras do jogo. Para que estas novas associações tirem o máximo partido delas e que possam acabar por beneficiar os povos, as transações devem necessariamente ser negociadas sob o olhar de instituições e quadros regulamentares fiáveis e transparentes. Na diplomacia, e especialmente quando há questões importantes em jogo, não há amigos e apenas interesses.

O DIAMANTE PRETO

"A principal riqueza da África não é o petróleo ou os seus diamantes", diz Mahajan com firmeza. "É o seu povo. Estamos a falar de mais de 900 milhões de consumidores que, apesar das suas dificuldades, têm de comer, educar os seus filhos e crescer como seres humanos", explica.

Veja-se, por exemplo, o caso da famosa cerveja irlandesa Guinness. Apesar de ter estagnado no seu mercado natural nos últimos anos, cresceu a taxas razoáveis no exterior, principalmente em África. Na Nigéria, o Guinness é tão bem sucedido que é considerado a cerveja nacional. Embora as empresas petrolíferas e mineiras estejam listadas no top 4 das maiores empresas em África publicadas pela revista African Business, as próximas 20 são empresas de consumo em massa como a SAB Miller e o Grupo MTN. A explosão de telemóveis, bancas e eletrodomésticos está a ser usada principalmente por países como a Índia e a China, que este ano projetam um comércio internacional superior a 100 mil milhões de dólares com África.

Sendo professor de marketing, Vijay Mahajan está de olho nas mudanças e tendências significativas do futuro. De África, encontrou o chamado "diamante preto". Após um estudo da Universidade da Cidade do Cabo, o diamante preto "é a oportunidade de mercado mais excitante da história africana". Como assim? Mahajan explica que o diamante preto é a crescente classe média africana. Quando as populações de muitos países desenvolvidos tendem a cair, o diamante preto africano pode duplicar de tamanho em poucas décadas. Talvez o argumento mais valioso do Professor Mahajan seja uma compreensão diferente das dificuldades. África tem lacunas significativas nas infraestruturas, eletricidade, serviços de saúde e educação, entre muitos outros. Isto faz Mahajan afirmar que a África é o continente do futuro.

Em 2006, outro professor de origem indiana, CK Prahalad, teve um grande impacto com a sua publicação, A Riqueza na Base da Pirâmide. Nesse livro, o argumento central de Prahalad é que as inovações que emergem dos mercados emergentes têm um valor particular, porque as pessoas reconhecem a importância do dinheiro nesses países. Na sequência deste argumento, talvez as empresas latino-americanas sejam as mais capazes de competir nos mercados africanos. Por último, os seus consumidores são semelhantes, e talvez isso não esteja a ser explorado. Cumprir o sonho do Professor Vijay Mahajan de mudar a visão de África de um caso de ajuda humanitária para um mercado emergente significativo não é uma tarefa fácil.

Em entrevista à CNN, o africano Wangari Maathai, laureado com o Prémio Nobel da Paz de 2004 e fundador do Movimento da Faixa Verde, afirmou: "Acredito que no Ocidente a perceção dos africanos não mudará até que mudem a perceção de si mesmos." As imensas oportunidades em África estão escondidas em plena luz do dia. Que esta seja uma oportunidade para começar a reconhecê-los.

CAPÍTULO OITO

ÁFRICA PARA VENDA

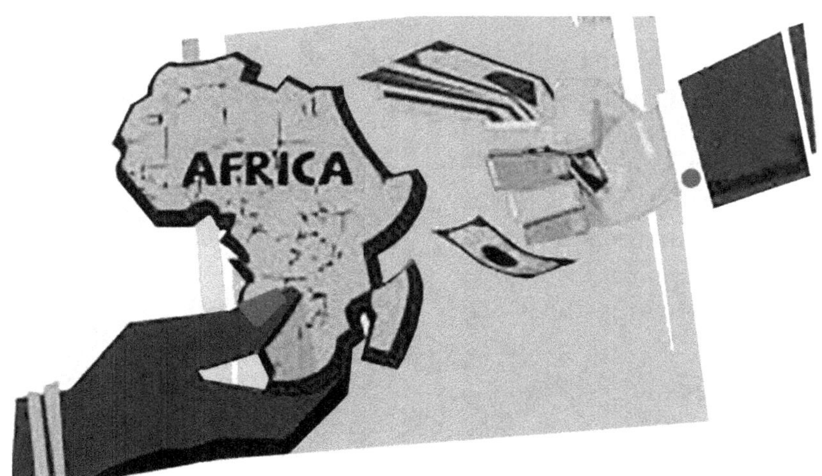

As grandes empresas compram terras para produzir alimentos que depois exportam - entretanto, as pessoas locais passam fome.

Imaginem que a Espanha cedeu a gestão de um território do tamanho da Extremadura a uma empresa estrangeira. Ou que os espanhóis estavam esfomeados enquanto empresas internacionais produziam alimentos na Espanha que mais tarde exportariam para os seus países de origem. Parece difícil de acreditar, mas é essa a situação que se está a ocorrer em alguns países da África Subsariana.

Desde 2001, os governos dos países em desenvolvimento arrendaram, venderam ou estão a negociar a transferência de 227 milhões de hectares de terra, ou seja, cerca de 2,27 milhões de quilómetros quadrados, de acordo com dados da Land Matrix Partnership, um grupo de académicos, investigadores e ONG citados pela Oxfam num relatório publicado.

» As aquisições levam à expulsão das populações locais.

» As empresas chinesas já chegam a estas áreas com os seus trabalhadores.

» A falta de regulamentação facilita a grilagem de terras.

» A oportunidade de promover o desenvolvimento destes Estados é desperdiçada.

Deste total, uma grande parte dos contratos, que envolviam principalmente investidores estrangeiros, foi assinada a partir de 2008. E, desde esse ano, mais de 70 % dos acordos foram realizados na África Subsariana, de acordo com um relatório do Banco Mundial.

Moçambique, Sudão do Sul, Etiópia, Zâmbia, Libéria, Madagáscar e até pequenos países como o Uganda estão a abdicar de grandes extensões de terra a empresas de origem estrangeira. Na maioria dos casos, estas aquisições levam à expulsão das comunidades locais da zona onde viviam. Estes são então utilizados para fins comerciais, como a produção de biocombustível, óleo de palma ou utilizados para o cultivo de alimentos de base, como cereais e arroz, que são exportados para outros países. E a situação dá mais uma volta quando se pensa que em alguns destes países - como é o caso do Sudão do Sul e da Etiópia - uma parte da população necessita de uma ajuda humanitária contínua para evitar a fome.

Foi em 2008, ano em que estas vendas atingiram o seu pico. Um aumento motivado, segundo os especialistas, pelo aumento do preço dos alimentos. Foi então que grandes investidores privados, a maioria dos países ocidentais, como a China e a Índia e a Arábia Saudita, o Kuwait e a Coreia do Sul, começaram a comprar terras no estrangeiro para produzir alimentos ou dar uso comercial.

Parece que estes investidores têm encontrado os petiscos mais deliciosos da África Subsariana. Uma área que precisamente tem enormes extensões de terras aráveis que não estão a ser desenvolvidas. Assim, deixar a sua gestão para empresas estrangeiras poderia, em princípio, parecer uma solução positiva. No entanto, o que poderia ser um caminho para a modernização tecnológica e para o desenvolvimento do emprego local, na prática, não beneficia a comunidade porque os governos não sabem como negociar estas transferências.

Os poucos estudos que existem sobre o assunto mostram que, na prática, quase todos os casos de transferência de terras para investidores estrangeiros terminaram muito mal para as populações locais. Nestes casos, quando se utiliza a expressão de apropriação de terras, o que é que este fenómeno compreende?

Segundo estes investidores, a aquisição de grandes extensões de terrenos em África não só teria consequências positivas , como seria algo necessário para o desenvolvimento social e económico destes países.

"Ninguém nega que estas terras possam ser mais bem utilizadas, e ninguém sugere que investir em terras é uma coisa má em si mesma, a questão aqui é o processo que se segue", responde Odhiambo. "Normalmente, os direitos das comunidades indígenas cujo sustento depende dessas terras são ignorados. Se o objetivo é realmente beneficiar as populações locais, então estas pessoas devem ser incluídas em conversas e tomadas de decisão para que os seus interesses sejam tidos em conta", acrescenta.

No entanto, em muitas ocasiões, aqueles que acabam por trabalhar nas novas plantações não são pessoas das comunidades locais. Odhiambo nota que, em alguns casos, as empresas chinesas trazem os seus trabalhadores, deslocando agricultores locais.

De acordo com os dados do Banco Mundial, a África Subsaariana é a área do planeta que tem mais quilómetros quadrados de terra arável que não é usada ou não é suficientemente produtiva. Mas os especialistas vêem uma segunda razão pela qual a maioria das aquisições de grandes extensões de propriedade ocorrem precisamente nessa área: governos corruptos e ausência de leis e regulamentos adequados.

"Nenhum país africano exige, por lei, o consentimento livre, informado e antecipado daqueles que vivem na terra antes de ser adjudicado a um investidor. Os requisitos para consultar a população local e, onde existem, a sua implementação são raros. Tende a ficar aquém das expectativas" diz Lorenzo Cotula do Instituto Internacional de Ambiente e Desenvolvimento, num relatório sobre contratos deste tipo. "Muito pouco se sabe sobre os termos exatos destes negócios de terras na África, uma vez que as negociações são geralmente realizadas às portas fechadas", acrescenta.

O facto de muitos dos governos da África Subsaariana não terem demasiadas credenciais democráticas e de quase não existirem leis que regulam as condições de trabalho, gera consequências para o ambiente ou para as propriedades de terras das comunidades locais, parecem contribuir para o interesse particular que os territórios africanos despertam entre empresas estrangeiras e países em rápido crescimento.

Além disso, na maioria dos países africanos, o proprietário da terra é o Estado, que normalmente não reconhece a lei habitual que poderia dar propriedade de terras às comunidades que viveram e trabalharam neles por gerações.

"Fundamentalmente, é uma questão de mau governo, porque os executivos destes países na África não dão conta do seu povo, não consultam as pessoas afetadas, há muitos funcionários do governo que procuram ganhar dinheiro com estes contratos...", enumera Odhiambo. E para proteger esta situação, estes governos não querem discutir como estabelecer políticas e instituições adequadas."

Se as condições ideais estivessem presentes, se as populações locais fossem consultadas e tivessem voz e voto, os governos fariam com que o interesse das comunidades que viviam nas terras em questão, e que todo o processo, respondesse às normas democráticas. Poderá ser a cessação de grandes extensões de terra uma solução para o desenvolvimento da agricultura africana e acabar com a dependência da ajuda externa de muitos destes países?

"Propomos uma moratória de 20 anos sobre estas aquisições maciças de terras para que, nessa altura, a agricultura familiar e nacional destinada a produzir alimentos para as populações africanas possa ser prioritária para uma análise séria e aprofundada do que significam estas aquisições massivas, e que consequências têm" explica Osaba, que conclui: "Que a África, que está esfomeada, está a alimentar populações de outros continentes é algo incomum."

Mais moderadamente, Odhiambo acredita que bem feito, e com os regulamentos adequados em vigor, as transferências de terras podem ser parte da solução para o problema da fome na África. "A nível internacional, devem ser estabelecidas normas para reger todas estas transações para que possam ser realizadas corretamente", salienta.

UMA ESTREMADURA PARA OS ÍNDIOS NA ETIÓPIA

A Etiópia dá todo o sentido ao termo acumulação. Este país - que agora também foi afetado pela seca e pela crise alimentar no Corno de África - já era o quinto país com mais fome no mundo, de acordo com o Global Hunger Index. Cerca de 13 milhões de habitantes dependem de alguma forma de ajuda humanitária para a alimentação e, só em 2010, o país recebeu cerca de 2 mil milhões de euros em ajuda humanitária.

Mas estes dados não impediram o Governo etíope de dar 11.900 quilómetros quadrados de terra a empresas privadas e de ter colocado mais 30.000 no mercado. Algo que, no total, supõe uma extensão semelhante à da Extremadura. A maior parte da propriedade foi para mãos estrangeiras, principalmente para investidores indianos.

Em 2010, o Governo realojava 150.000 pessoas para dispor das suas terras, que na Etiópia pertencem legalmente ao Estado. Ao longo de 2011, o objetivo é realojar mais de 100.000 famílias, a maioria no sul e sudoeste do país, habitadas por grupos étnicos minoritários.

"A intenção do Governo de arrendar estas terras que têm sido usadas pelas nossas comunidades há gerações significa que a população perde a sua forma de trabalhar a terra e está condenada a depender inteiramente da ajuda humanitária", lamenta Nyikaw Ochalla, diretora da Organização para a Sobrevivência de Qualquer Forma. "As comunidades locais ficam de fora da tomada de decisões, e o que acontece é que um dia estas pessoas vêem uma longa linha de tratores que estão a limpar o terreno. E quando perguntam ao Governo regional o que se passa, ninguém sabe de nada, porque a negociação foi levada a cabo por apenas uma ou duas pessoas em seu benefício", descreve.

Organizações que defendem os direitos humanos e o ambiente têm criticado o Governo etíope pelo despejo das populações locais e pela cessão de terras.

O Primeiro-Ministro Meles Zenawi defende-se sempre contra estas acusações, por sua vez criticando o Ocidente. Durante a apresentação de um plano de desenvolvimento de cinco anos para o seu país, afirmou: "Estas organizações não querem ver como a África se desenvolve, querem que permaneçamos subdesenvolvidos e retrógrados para servir os turistas ocidentais como um museu".

MAIS DE 20 MIL VOLUNTÁRIOS REALOJADOS?

A Autoridade Florestal Nacional do Uganda disse a 5.000 pessoas para deixarem as suas casas no centro do país. No total, mais de 20.00 pessoas foram expulsas das suas casas nesta área e no distrito vizinho de Mubende nos últimos três anos, informou a Oxfam num  relatório. "Hoje, as pessoas expulsas estão desesperadas, pois caíram na pobreza e não têm terra própria", diz o estudo.

A razão do despejo é que o Governo transferiu mais de 20.000 hectares para a British New Forests Company (NFC). Esta é dedicada à plantação de eucaliptos e pinheiros para comercializar a sua madeira e gerar créditos de carbono para vender a empresas poluentes. Os expulsos foram considerados pioneiros.

Mas muitas das famílias indicam que estavam na zona há 40 anos ou mais e que receberam títulos de propriedade das autoridades. Além disso, acusam os funcionários da NFC e o Governo de usarem violência e queimarem casas e culturas.

Representantes de cerca de 9.000 pessoas denunciaram os despejos de Kiboga e Mubende em tribunal. Os casos ainda estão abertos. O Supremo Tribunal emitiu ordens em 2009 para parar as expulsões, mas as famílias relatam que os despejos continuaram até ao ano passado.

"LEGAL E PACÍFICO."

Por seu lado, a NFC negou sempre ter participado nas expulsões. Num comunicado enviado a este jornal, a firma afirmou: "A nossa compreensão destes reassentamentos é que eram legais, voluntárias e pacíficas, e as nossas observações no terreno confirmaram isso." O Governo do Uganda também tem afirmado consistentemente que os habitantes das terras cedidas à NFC eram colonizadores que foram pacificamente despejados.

Mas os especialistas dão mais credibilidade à comunidade local. "Em geral, no Uganda, o método de distribuição de terras não é transparente e o governo não é responsável", explica Onesmus Mugni, analista de políticas públicas da Coligação de Desenvolvimento e Advogados Ambientais do Uganda. "Na maioria dos casos, as pessoas têm autorização para realizar atividades na área, e de repente é-lhes dito que estas terras foram dadas a um investidor e ninguém as informou ou consultou. No dia seguinte têm a polícia e o exército no local".

PART DOIS

VIA AFRICA 1998

VIAFRICA 2020

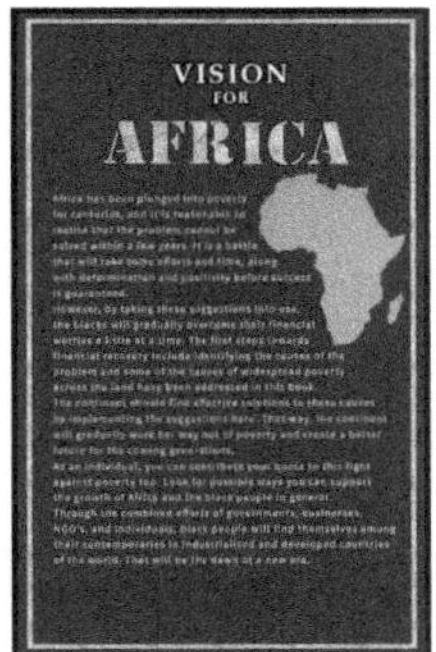

CAPÍTULO NOVE

O CONTEXTO HISTÓRICO DA POBREZA

O Consenso em todo o mundo é que a África é sinónimo de pobreza. Independentemente para onde quer que se dirija, a representação mediática de África é a de um continente pobre, sem

nada para mostrar pelo seu menso tamanho, para além a prevalência da destituição, do elevado nível de analfabetismo, do crime, é do que tem. O Banco Mundial também descreveu a África como "a mais pobre dos pobres". Estão enganados?

Vamos ver as estatísticas:

A África subsariana tem a taxa de rendimento mais baixa do mundo.

À exceção de alguns países como o Botsuana, a Maurícia e a Namíbia, a maioria dos países da região já se encontram no cúmulo da indigência. Nessa parte da África, cerca de 50% da população vive abaixo do limiar de pobreza com 1 dólar por dia e o número crescente de necessitados nesses países é preocupante.

Um estudo do Banco Mundial atestou o grau de penúria que assola o continente. A análise mostrou que 88% dos países mais pobres do mundo são africanos, um surpreendente 22 de 25 países. Em geral, dos mais de 1,3 bilhões de africanos, 350 milhões vivem com menos de um dólar por dia (Banco Mundial, 2003a; Nwuke, 2004: 5).

Entre 1980 e 2003, a taxa de pobreza global diminuiu 50%, enquanto passou de 44,6% para 46,4% na África Subsaariana no mesmo período.(UNECA, 2005: 91; Renovação africana, Vol. 19, Nº 2. Julho de 2005: 812).

Países como a Libéria, Somália, Serra Leoa e Sudão que foram devastados pela guerra sentem mais a dor da pobreza, uma vez que a população depende demasiadamente de ajuda alimentar para a sua sobrevivência, tendo perdido as suas fontes de subsistência e terras para o poder destrutivo da guerra. Os governos desses países também dependem de auxílio externo da comunidade internacional para funcionar. Estas estatísticas arrebatadoras mostram o grau de miséria na África e dão credibilidade às afirmações do Banco Mundial, de que se trata de um continente dos mais pobres dos pobres.

A lamentável pobreza do negro não é um fenómeno novo no horizonte, longe disso. A génese da destituição generalizada na África pode ser rastreada até à era do comércio de escravos, quando milhões de africanos foram expulsos do continente como servos cativos para outros lugares.

De acordo com alguns relatos históricos, a escravatura desempenhou um papel significativo no subdesenvolvimento da África. A maior percentagem de escravos foi retirada da África e de outros países que foram politicamente subdesenvolvidos no final do século XIX. Hoje, esses países, especialmente os africanos, continuam a ser a parte do mundo mais atingida pela destituição. Algumas pesquisas recentes também confirmam isso. Sugerem que o enorme fosso entre o desenvolvimento do mundo e da África teria sido inexistente sem o tráfico de escravos. No entanto, a escravatura e o seu rescaldo criaram uma diferença perturbadora de 72% entre o rendimento médio mundial e o rendimento médio na África.

Entre 1400 e 1900, o continente africano foi visitado em quatro ocasiões por traficantes de escravos

para grandes vendas de cativos. O mercado transatlântico de escravos continua a ser o mais popular destes comércios, uma vez que foi também o maior. Milhões de africanos foram enviados em diferentes navios para servir o mestre estrangeiro em terras desconhecidas.

No final do século XX, mais de 20 milhões de pessoas de origem africana foram enviadas da África Central Ocidental, África Ocidental e África Oriental para escravidão noutros continentes, especialmente na

Europa e nas Américas. Para além do declínio da população africana em resultado deste ato desumano, também afetou financeiramente o continente, o que levou ao subdesenvolvimento financeiro do país, uma vez que as nações maioritariamente atingidas pela comercialização de escravos nunca se recuperaram das implicações económicas até à data.

Um artigo intitulado "Impacto do Comércio de Escravos na África" fez esta afirmação: "Além da sua portagem demográfica, o comércio de escravos, e a resistência dos africanos a ele, levou a profundas mudanças sociais e políticas. As relações sociais foram reestruturadas e os valores tradicionais foram subvertidos. O tráfico de escravos resultou no desenvolvimento de regimes predatórios, bem como estagnação ou regressão. Muitas comunidades deslocalizaram-se o mais longe possível da rota dos escravos. No processo, o seu desenvolvimento tecnológico e económico foi dificultado, pois, dedicaram a sua energia a esconderem-se e a defenderem-se." Para o povo poupado pelos traficantes de escravos, a segurança dos seus filhos e esposas prevaleceu sobre o desenvolvimento dos seus países. Falta-lhes a força mental para dedicar o seu tempo e energia para melhorar a sua condição económica, assim, a semente da pobreza do continente foi semeada. E os que foram levados para a escravatura?

Esses eram homens e mulheres no seu auge, aqueles com capacidade física e mental para trabalhar para o desenvolvimento do seu país. Esses eram os homens e mulheres que poderiam ter contribuído com a sua própria quota para fazer o continente a par dos seus contemporâneos de outros continentes. Foi-lhes negado tal privilégio. Os conhecimentos e competências deles foram utilizados para construir e desenvolver outros países e continentes, enquanto que os seus continuavam a mergulhar na pobreza certa. A maioria deles viveu com os seus mestres durante anos antes da abolição do tráfico de escravos alguns séculos mais tarde. Durante este período, absorveram a cultura e as atitudes dos seus senhores.

IMPACTO DA RELIGIÃO

Quando os brancos vieram para a África, a maioria veio com a sua religião, que era estranha para os locais. Mas através da coação e outros meios, os nativos não tinham outra opção senão aceitar a religião estrangeira. É triste dizer que um dos impactos negativos da recém-adotada religião influenciou lentamente, mas continuamente, o pensamento do comum africano, fazendo com que colocassem a religião à frente da razão.

Nos tempos modernos, a crença nesta nova religião tem sido levada ao extremo, com muitos africanos a substituir a diligência e o desejo de sucesso com a mentalidade de apenas expressar a fé e realizar o seu sonho. Isto resultou numa geração preguiçosa desprovida da determinação do sucesso que caracteriza o mundo desenvolvido. Continuarei a discutir este assunto em breve.

CULTURA DA POBREZA: AS RAÍZES

Em 1959, Óscar Lewis publicou um livro intitulado Five Families: Mexican Case Studies in the Culture of Poverty. Nesse livro, cunhou o termo "cultura da pobreza". Ao realizar um estudo exaustivo dentro das comunidades mexicanas, analisou cerca de 50 atributos diferentes entre a desprivilegiada comunidade mexicana e inventou o conceito de cultura da pobreza. O que significa a cultura da pobreza? No termo, a cultura da pobreza, afirmou que os pobres partilham uma "cultura" observável e consistente.

A teoria sugere que a pobreza surge devido às normas e valores culturais das pessoas. Isto implica que os pobres têm valores culturais muito diferentes da sociedade "normal". Também sugere que as pessoas de uma família pobre aprendam alguns valores que influenciam e moldam as suas vidas. Estes são internalizados como tal grupo individual. A teoria deixa claro que esta é a explicação perfeita para que as pessoas de lares pobres geralmente continuem necessitadas.

Com base no seu estudo sobre os pobres em Porto Rico e no México, Óscar Lewis acreditava que o que aprendeu sobre os pobres são valores culturais e que refletem as características dos desfavorecidos.

De acordo com o seu argumento, as crianças que são criadas em condições precárias, como uma favela, vão interiorizar os maus sentimentos de desespero e desânimo que são características do seu ambiente. À medida que estas crianças crescerem, terão dificuldade em aproveitar as oportunidades que têm, pois, já têm a mentalidade da pobreza. Considerou um fenómeno psicológico que está associado a viver em circunstâncias tão terríveis que, em última análise, determina as atitudes das pessoas na vida.

Muitas pessoas acharam os seus argumentos infundados e sem provas concretas. Isto despertou o desejo de uma investigação extensiva para desmascarar ou afirmar esta ideia por outros estudiosos. Alguns investigadores decidiram testar o conceito da cultura da pobreza empiricamente, como evidenciado pelos relatórios em Billings, 1974, Jones & Luo, 1999, e Carmon, 1985. Outros desafiaram este conceito abordando uma perspetiva diferente. Concentraram-se em analisar o corpo de provas em apoio ao seu paradigma, retratado pelas obras em Abell & Lyon, 1979; Ortiz & Briggs, 2003; Rodman, 1977. Qual foi o resultado destas pesquisas? Os investigadores chegaram a várias conclusões e levantaram também muitas questões. No entanto, concordaram unanimemente que o conceito de cultura da pobreza é uma miragem, não uma realidade. Todos eles chegaram a um consenso relativo ao facto de haver uma diversidade de comportamentos e valores entre as pessoas que lutam contra a pobreza, tal como existe uma variedade de valores e comportamentos entre os ricos e os pobres. No fundo, os pobres não têm valores e conceitos universais que se ligam a todos eles, tal como os ricos também têm uma opinião diferente sobre estes valores.

CULTURA DA POBREZA: O Mito

Para provar que a Cultura da Pobreza estava errada, os investigadores compilaram uma lista de mitos e realidade e discutiram-nos em relação ao conceito. Vamos considerar alguns destes também:

» *Mito:* Os pobres têm uma ética de trabalho fraca e não estão motivados para trabalhar.

A realidade: De acordo com alguns resultados de pesquisas publicadas pela Iversen & Faber, 1996; Wilson, 1997, os pobres têm a mesma ética de trabalho que os ricos. A sua motivação para o trabalho também está a par para com as dos ricos.

Apesar de classificarem os pobres como preguiçosos, 83% das crianças cujos pais não são abastados têm pelo menos um dos pais empregados, enquanto cerca de 60% deles têm pelo menos um dos seus pais no grupo de emprego a tempo inteiro, de acordo com o Centro Nacional para as Crianças na Pobreza, publicado em 2004.

Outro organismo, o Instituto de Política Económica, disse em 2002 que os adultos pobres trabalham mais horas por semana do que os trabalhadores ricos. Isto deve-se ao seu baixo rendimento e ao desejo de cuidar das suas responsabilidades familiares sem dar desculpas.

» *Mito:* Os pobres têm um baixo envolvimento na formação dos seus filhos porque não valorizam a educação.

A realidade: Tanto os pais de baixos rendimentos como os seus homólogos ricos têm a mesma atitude em relação à educação dos seus filhos (Compton-Lilly, 2003; Lareau & Horvat, 1999; Leichter, 1978). O Centro Nacional de Estatísticas da Educação, em 2005, explicou que a diferença de atitude dos pais para com os seus filhos não é influenciada pela situação financeira. Pelo contrário, baseia-se no menor privilégio que têm nas escolas dos seus filhos em comparação com os ricos que têm mais facilidade em envolver-se nas escolas dos seus filhos. Esses pais pobres têm de viver trabalhando em múltiplos empregos, trabalhando à noite, ou tendo alguns empregos que não oferecem pagamento de férias. Tais condições de trabalho severas podem influenciar o envolvimento de um pai desfavorecido na formação das crianças. Esta é uma prova que não são influenciadas pela situação financeira dos próprios pais.

» **Mito:** Os pobres são propensos a álcool e abuso de drogas.

A realidade: NNão há provas de que os pobres usem mais drogas e que consumam mais álcool do que as pessoas ricas. Embora a visibilidade da venda de drogas seja maior na vizinhança desamparada. O uso de drogas é comum em todas as classes de pessoas, incluindo os ricos (Saxe, Kadushin, Tighe, Rindskipf, & Beveridge, 2001). Um estudo realizado por Chen, Sheth, Krejci e Wallace em 2003 mostrou que os estudantes caucasianos do ensino secundário têm uma taxa de consumo de álcool mais alta do que os estudantes negros do secundário de lares pobres. Esta afirmação foi mais tarde corroborada pela pesquisa de Diala e Co. em 2004, e Galean aet al em 2007. Este grupo de investigadores descobriu que os ricos consomem mais álcool do que os pobres porque têm o poder financeiro de satisfazer os seus desejos. Em resumo, os ricos têm mais hipóteses de abusar do álcool e da droga do que os pobres.

Estas realidades foram base para desmentirem a Cultura da Pobreza como definindo o futuro dos negros, como sugerido por Lewis. Pelo contrário, o nível de pobreza entre os afrodescendentes é o resultado de muitos fatores compósitos.

CAPÍTULO DES

AS CAUSAS DA POBREZA ENTRE OS AFRICANOS

Segundo as Estatísticas da Pobreza dos EUA do Gabinete de Censos dos EUA, mais de 24% dos afro-americanos vivem na indigência. Este número é um pouco maior se o número total de africanos que lutam para viver no mundo for tomado em consideração. Isto levanta a questão: ***porque é que os africanos são pobres?***

A taxa de pobreza crescente entre os africanos pode ser atribuída a uma vasta gama de fatores. Discutirei estes fatores para uma compreensão abrangente do problema. Seguem-se algumas causas da escassez de recursos entre os africanos:

A CULTURA

Os africanos têm alguns valores culturais que podem ser responsabilizados pelo elevado nível de pobreza entre eles. De acordo com Thomas Sowell, um académico negro conservador, a cultura é outro

determinante do sucesso económico ou não de um povo.

Por cultura, refere-se aos costumes, normas, valores e atitudes do povo. O papel da cultura a este respeito é salientado nos casos de alguns grupos minoritários que alcançaram um êxito económico excecional na Diáspora. Ele citou os casos de alemães na Europa oriental, japoneses no Peru, libaneses na África Ocidental, judeus e indianos em diferentes países, e os chineses em algumas partes da Ásia. Ele afirmou que estas pessoas alcançam o sucesso financeiro onde quer que migram devido aos valores que lhes são absorvidos. Por exemplo, estes imigrantes são conhecidos pelos seus elevados valores culturais, como uma boa reputação de honestidade, um elevado compromisso com os valores familiares e um instinto louvável de trabalho árduo.

Por outro lado, algumas comunidades negras desprezam esses valores e rejeitam os valores tradicionais, focando-se em culturas desatualizadas que eventualmente conduzem aos seus problemas financeiros em comparação com os seus homólogos com melhores valores culturais. O estudioso erudito escreveu: "Uma das poucas possibilidades que resta é que a cultura dentro das comunidades negras mudou, em algum aspeto, para o pior ao longo dos anos."

O abandono de bons valores e a detestação de tais virtudes estéreis resultarão sempre em faltade confiança e boa relação entre as pessoas. O resultado é geralmente negativo. Quando os valores culturais forem abandonados, os morais serão lançados. Isto pode ser contraproducente porque as pessoas desconfiam de lidar com indivíduos ou organizações com zero respeito pelos valores culturais e morais. Em longo prazo, pode ter consequências económicas quando as pessoas não estão prontas para correr o risco de transacionar com elas.

BAIXA PRODUTIVIDADE

A baixa produtividade é outro dos contribuintes para a elevada taxa de pobreza entre os negros. Devido a alguns fatores, as nações africanas têm falhado lamentavelmente para alcançar todos os seus potenciais. Sem os recursos adequados para incentivar a produtividade, o continente está em sub produção.

Em comparação com os países desenvolvidos, onde a produtividade é mais elevada, os africanos carecem dos recursos básicos, como a eletricidade, a boa liderança e outras comodidades que criarão um ambiente favorável ao aumento da produtividade. Em alguns países em  desenvolvimento, principalmente em África, a baixa produtividade é uma função de muitos fatores que incluem infraestruturas, regulamentos, informalidade, políticas comerciais, restrições financeiras e práticas de gestão. A não consideração destes fatores terá um impacto negativo na produtividade do continente, uma vez que as empresas são obrigadas a produzir abaixo das suas potencialidades e capacidades. Devido à produtividade que está abaixo do par, o continente no seu conjunto sentirá o efeito negativo de uma redução da produtividade. Este sempre foi um dos muitos fatores por que o continente negro continuou a mergulhar na pobreza sem uma saída neste momento.

BAIXO SALÁRIO/RENDIMENTO

O desemprego é reconhecido como uma das forças motrizes por detrás da pobreza em África. Há outro problema com que a classe operária se defronta: o baixo salário. Para os que têm emprego remunerado, o rendimento mensal não é o suficiente para cuidar das necessidades básicas das respectivas famílias. Em comparação com os seus homólogos na Europa e noutros continentes desenvolvidos, o africano médio é mal pago, uma vez que a maioria dos trabalhadores ganha menos de 200 dólares mensais. Não admira que a maioria das pessoas no continente viva com menos de $1 por dia.

Por exemplo, o salário básico na Nigéria é de N18.000 (cerca de $45). Com o acréscimo de alguns subsídios, um trabalhador nigeriano médio recolhe menos de N100.000 ($250) mensais. Se o rendimento médio diário for calculado, é um pouco mais de $8 por dia para um trabalho de 9 a 5. Nestas circunstâncias, é extremamente difícil para um casal com empregos remunerados pagar adequadamente as suas contas,  fornecer uma educação de qualidade para os seus filhos, e ter alguns dólares guardados para o dia chuvoso. Em longo prazo, a família poderá ter de enfrentar dificuldades financeiras sem uma saída no futuro imediato.

É triste que a maioria dos trabalhadores em África esteja a ganhar trocos, apesar de trabalhar em longas horas todos os dias. Em algumas partes do continente, os salários diários são inferiores a $3, apesar de trabalharem mais de 60 horas por semana. No fundo, apesar de trabalharem mais tempo do que os seus homólogos nos países desenvolvidos, os africanos continuam a ser pobres? Porquê? A resposta está em não ser remunerado de acordo com os seus esforços e qualificações. África é um dos continentes onde a mão de obra é mais barata. Por um quarto do que é pago nos países desenvolvidos, um vai obter mão de obra qualificada na África, com rendimentos que são insuficientes para cuidar das necessidades básicas da vida. Não é, pois, de admirar que a pobreza esteja a varrer todo o continente como um furacão sem qualquer medida para reduzir o seu impacto na região.

Aqueles em empresas privadas não se saem melhor. Eles têm de enfrentar muitos fatores que estão a lutar contra o seu sucesso. Devido à avalanche de desafios que têm de encarar durante o funcionamento diário das suas empresas, dificilmente têm rotatividade suficiente para viverem acima do limiar da pobreza. Os retornos dos seus empreendimentos empresariais  não justificam a quantidade de esforços e outros recursos que inventam nesses negócios. Portanto, seja em emprego remunerado, ou em negócios privados na África, é provável que o seu rendimento mensal dificilmente seja suficiente para cuidar das suas necessidades básicas. É por isso que a pobreza não diminuiu no continente, ao contrário de outras localidades com melhores condições económicas e salários suficientes para uma família se libertar da pobreza.

Esta fraca remuneração figura entre os maiores contribuintes para a pobreza entre os negros, apesar de trabalharem arduamente para ganhar a vida. Quando o pouco rendimento de um empregado é insuficiente para cuidar das necessidades essenciais da sua família, a família terá dificuldade em quebrar o controlo da penúria sobre eles.

INFRAESTRUTURAS POBRES E GOVERNAÇÃO

A maioria dos países europeus e a América dispõem das infraestruturas adequadas para o desenvolvimento nacional e pessoal. Este ambiente é propício ao crescimento devido à disponibilidade destas infraestruturas básicas que facilitam e favorecem embarcar no crescimento pessoal ou nacional. Existe uma boa rede de estradas, fornecimento de energia constante e disponibilidade de outros recursos.

Isto contribuiu imensamente para o progresso desses países, melhorando assim a condição de vida dos seus cidadãos. Imagina o que teria acontecido àqueles inventores britânicos, americanos, italianos ou franceses bem-sucedidos se lhes fosse negado os recursos básicos de que precisavam, e tivessem de gerar pessoalmente eletricidade e fornecer todas as infraestruturas necessárias para a sua invenção com pouca ou nenhuma assistência do governo. Este é o destino de um africano comum. Com o fornecimento de energia epilético, as estradas deterioradas e a ausência de outras infraestruturas relacionadas, muitos sonhos foram mortos prematuramente. Muitos aspirantes a empresários lançaram os seus sonhos por falta de poder financeiro para fornecer o que precisam para chegar ao terreno. Muitos começaram as suas viagens, mas desistiram a meio do caminho quando ficaram sem os poucos recursos que tinham.

Isto não está relacionado à má governação. Embora alguns países não disporem de recursos para satisfazer adequadamente as necessidades dos seus cidadãos, alguns têm mais do que o suficiente para fornecer o necessário, mas não estão dispostos a fazê-lo. Não é incomum ouvir falar de políticas governamentais que desencorajam o investimento, agravando as desgraças de um conjunto de pessoas já frustrados sem impunidade. No mesmo sentido, a entrada de investidores estrangeiros não se faz sentir no continente, como possível noutros lugares. Isto não pode ser dissociadas com os problemas acima referidos que levaram os Investidores a desistir de investir no continente para ajudar a impulsionar a sua economia, devido

a políticas governamentais rigorosas, ausência de infraestruturas básicas, e outros problemas que podem levar ao baixo desempenho para esses investidores. As contribuições desses investidores podem ter melhorado o nível de vida e a economia desses países através do aumento das taxas de emprego e do pagamento de impostos para o governo. Quando estes investidores são apresentados com um ambiente melhor noutros lugares, não se mostram questionados sobre a sua decisão de montar as suas tendas em qualquer país com uma oferta melhor.

Alguns que já investiram em alguns países foram obrigados a mudar-se para outros devido ao elevado custo de produção causado pela falta de infraestruturas básicas e precisavam reduzir os seus custos de fabricação. Alguns foram forçados a sair devido a incessantes distúrbios civis, crises políticas, e etcetéra. Quando essa deslocalização se tornar inevitável, a economia será atingida por despedir os trabalhadores, agravando a já má condição financeira da nação anfitriã.

As taxas de desemprego aumentarão à medida que os trabalhadores despedidos aderirem ao mercado de trabalho sobressaturado. Os poucos que ainda estão empregados terão mais responsabilidades a assumir para preencher o vazio financeiro causado pela perda de emprego de um membro da família. Quando o rendimento insuficiente for estendido para além do seu ponto de rutura, a família será mergulhada na pobreza se não for possível tomar medidas drásticas para corrigir a situação.

FALHA NO NEGÓCIO

A taxa de pobreza entre os negros também é agravada pela insuficiência empresarial que acontece à velocidade da luz. Ambas pequenas e médias empresas na África têm muitas  dificuldades em ter sucesso num ambiente que não é propício ao crescimento. Isto não está relacionado com os problemas acima salientados.

Quando o ambiente não apoia o arranque e a condução de um negócio para o sucesso, o fracasso torna-se inevitável. Ano após ano, governos de diferentes países africanos lançam políticas negativas letárgicas para as pequenas e médias empresas. Partindo do registo de um negócio com o órgão competente, que é extremamente stressante e desafiante para obter a aprovação para o lançamento do negócio, um aspirante a empresário será obrigado a passar pelo inferno nas mãos daqueles que conferem com a autoridade para então fazer tais registos em nome do governo. Este não é o único desafio que os empresários enfrentam, há toneladas deles de acordo com a decisão do governo da época. Não é, pois, de estranhar que os africanos dependam de empresas internacionais para a existência, quando os empresários locais não são encorajados a utilizar bem as suas competências e ideias através de algumas condições fora do seu controlo. Gerir a economia de um país através de rendimentos de empresas internacionais não é ideal para o crescimento nacional e continental. O que acontece quando estas empresas são encerradas por algumas razões? A economia sofrerá um ataque cardíaco. As massas sofrerão e a taxa de pobreza receberá um enorme impulso.

Além das más políticas, eis outras causas comuns de insucesso empresarial em África, tomando a África do Sul como um estudo de caso: Permita-me apresentar o processo de um estudo realizado em 2007, que achei relevante ao tema.

Uma subsidiária do Departamento de Comércio e Indústria, The Small A Agência para o Desenvolvimento Empresarial (SEDA, 2007) alega que cerca de 75 % das pequenas empresas da África do Sul falharão. Este pressuposto é

apoiado pelo ministro do Comércio do país, Rob Davies, quando afirmou numa conferência de imprensa, em 2013, que apenas duas em cada sete empresas estabelecidas no país sobreviverão ao primeiro ano. É patético.

A Revista De Empreendedor sul-africana (2015) deu as seguintes razões para tal falha:

» **1.** *Falta de competências básicas*

Na tentativa da maioria das pessoas de encontrar uma rota de fuga rápida da pobreza, estabelecem empresas sem adquirir as competências básicas para garantir a sustentabilidade dos seus negócios. Para a maioria destes potenciais empresários, a realização de um estudo de viabilidade simples continua a ser uma tarefa assustadora; aliada à falta de experiência e recursos para construir um negócio com potencial de sucesso. Quando enfrentam desafios enquanto gerem os seus negócios, são encontrados em falta. São desprovidos de ideias e não têm o poder mental e outros recursos para mudar as coisas para os seus benefícios.

» **2.** *Planos de negócios pobres ou inexistentes*

A maioria dos potenciais empresários do país não tem nenhum plano de negócios prático. A sua falta de formação e orientação empresarial adequadas é, em grande parte, responsável por isso. O objetivo da formação empresarial é dotar os alunos das competências que acharão úteis para superar os desafios que podem enfrentar antes de transformarem a sua ideia de negócio no sucesso. Isto inclui desenhar um plano de negócios prático e manter-lo enquanto faz tudo o que é possível para seguir o planejado, independentemente dos desafios que um empreendedor possa enfrentar. Tal como acontece noutros países africanos, a maioria dos potenciais empreendedores não tem ideia de como preparar um plano de negócios que garanta um negócio sustentável. Aqueles com planos de negócios não têm planos bem pensados que possam sustentar os seus negócios e ser úteis nos seus sonhos para a realidade. O que eles têm é um plano que podem usar para lançar um negócio, mas não é abrangente e prático o suficiente para manter o empreendimento em dificuldades.

» 3. *Má gestão de dinheiro*

A falta de competências adequadas na gestão de dinheiro é outro desafio que a maioria dos empresários na África enfrenta, como exemplificou a situação na África do Sul. Inúmeros empresários do continente têm pouca ou nenhuma compreensão de suas obrigações e requisitos, tais como os custos financeiros, as obrigações fiscais e o controlo financeiro. Além disso, muitos destes empresários usam a sua conta de negócios para desempenhar um duplo papel: conta pessoal e comercial. A sua falta de distinção entre os dois é sempre responsável pela sua incapacidade de traçar uma linha entre despesas pessoais e despesas de negócio.

Em longo prazo, a má gestão do dinheiro acabará por levar ao seu fracasso.

Não pense que isto é peculiar à África do Sul. É um problema geral entre a maioria dos empresários na África. A decisão errada de fundir negócios com despesas pessoais geralmente tem o seu preço na conta. Quando o seu capital estiver esgotado utilizando o fundo para atender algumas despesas pessoais, os seus negócios correrão o risco de ir à falência. Se a situação não for rapidamente resolvida e for encontrada uma solução eficaz, o negócio tornar-se-á história.

» 4. *Incapacidade de assegurar financiamento*

Devido ao elevado nível de pobreza na África, alguns aspirantes a empresários têm dificuldade em conseguir financiamento para as suas empresas. Este é um problema comum no país. De acordo com alguns especialistas, o maior desafio que os empresários africanos têm de enfrentar é a dificuldade em garantir financiamento para os seus empreendimentos. Por vezes, torna-se praticamente impossível assegurar financiamento devido a leis bancárias rígidas e a políticas governamentais rígidas que, na melhor das hipóteses, são desencorajadoras. As instituições financeiras do continente têm critérios específicos para a concessão de empréstimos às empresas a potenciais empresários.

Sem cumprir tais critérios, é impossível pedir um empréstimo.

O caso dos bancos comerciais está longe de ser encorajador. Esses bancos têm pouca tolerância a correr riscos, especialmente os riscos associados às empresas acabadas de começar. Na maioria dos casos, os bancos esperam que o mutuário forneça cerca de 75 % do capital necessário antes do banco fornecer os restantes 25 %, após o mutuário ter apresentado um ativo como garantia para a obtenção desses empréstimos. A posição rígida das instituições financeiras no crédito à habitação é, no mínimo, desencorajadora. Por muito brilhante que seja a sua ideia, conseguir um empréstimo será muito difícil se ficar aquém do requisito estabelecido pela empresa de crédito antes de poder qualificá-lo para a operação.

» **5.** *Pouco conhecimento do mercado*

Quer queira vender um produto ou um serviço, o seu mercado desempenha um papel importante na sua sustentabilidade. Determina o sucesso ou insucesso do seu negócio, dependendo do seu conhecimento do mercado e dos esforços que ensodiou para alavancar o poder do mercado. Um bom conhecimento do mercado é crucial para o sucesso de um negócio. O conhecimento será determinante para determinar qual ideia de negócio éperfeita; qual é o público-alvo, quanto capital é necessário, entre outros fatores importantes errado ou oferecer às pessoas o produto ou serviço errado. Nestas condições, não podem impedir o fracasso dos seus empreendimentos, uma vez que não podem prever tais problemas e implementar uma medida preventiva. Inúmeras empresas fizeram as malas como resultado deste pequeno, mas poderoso

FALTA DE COMPETÊNCIAS E TECNOLOGIA

A maioria dos países desenvolvidos constrói os seus países com as competências e tecnologias adequadas. Alguns países como os Estados Unidos, a China, a Coreia e a Índia são exemplos típicos de países que aproveitam o poder da tecnologia e das suas capacidades para melhorar o nível de vida dos seus cidadãos. Com as inovações ocasionais, estes países não enfrentam a escassez de habilidades humanas e as tecnologias relevantes para levar os seus países para frente, em direção ao autossustento. O mesmo não se pode dizer dos países africanos.

O nível de analfabetismo em algumas partes da África é a causa da indisponibilidade de mão de obra necessária para apoiar a construção desses países. Outras nações com um bom nível de educação podem ter indivíduos com as competências adequadas para fazer avançar o país. Devido ao fraco nível de educação no continente, alguns lugares com diplomas universitários raramente têm diplomas avançados que lhes dotarão de mais competências que se revelarão úteis no desenvolvimento dos seus países. Como tal, o continente carece de engenheiros, cientistas e outros profissionais qualificados cujo contributo pode fazer a diferença entre o subdesenvolvimento e o desenvolvimento. Mesmo que o façam, são sempre retidos pela ausência de tecnologia para planejar o desenvolvimento nacional.

Por exemplo, a internet ainda é alheia a alguns países africanos. Apesar da irregularidade da eletricidade, a tecnologia para alimentar a energia solar ainda não está disponível na maior parte da África, levando a uma escuridão completa quando a eletricidade é altamente necessária. Em face deste défice, a produtividade é alimentada por esforços manuais em que a tecnologia certa teria sido mais útil. Quando as ferramentas certas não são utilizadas, o resultado é desempenho e produtividade reduzida.

INSALUBRIDADE OU DOENÇAS

Há o ditado comum de que um povo saudável é uma nação de saúde. É um facto irrefutável. A maioria dos países enumera a boa saúde entre as suas principais prioridades. Investem fortemente na saúde dos seus cidadãos e são recompensados com uma mão de obra saudável.

Por outro lado, o continente africano é geralmente atormentado por doenças. De acordo com uma pesquisa, mais de um milhão de pessoas morrem anualmente no continente devido a doenças como malária, HIV/SIDA, infeções respiratórias e outras doenças terminais. Isto levou gradualmente à redução da expectativa de vida das pessoas que vivem na região. Por exemplo, a expectativa média de vida das mulheres no continente é de 61 anos, enquanto um homem africano tem uma expectativa de vida de 58 anos. Em comparação com outros continentes, estas são as mais baixas do mundo, de acordo com a pesquisa. O elevado nível de pobreza na África é responsável pela falta de acesso aos melhores cuidados médicos para prevenir uma taxa de mortalidade tão elevada no continente. Ironicamente, estas mortes também contribuem para a taxa de pobreza na África, uma vez que a maioria das pessoas com as competências adequadas para desenvolver o continente são encurtadas no seu auge por doenças e doenças.

Em alguns casos, uma família pode perder o seu ganha-pão para a doença e, assim, negar à família uma fonte de subsistência, uma situação desagradável que pode agravar os seus problemas financeiros e aumentar o seu nível de pobreza. Também não é incomum ver uma família gastar uma fortuna no tratamento de um familiar doente, uma situação que pode drenar a família financeiramente, especialmente quando se lida com doenças terminais como o VIH/SIDA, o cancro, a diabetes e os ostos.

DESASTRE

Há uma correlação entre o desastre e a pobreza. Durante desastres naturais ou feitos pelo homem, a maioria das pessoas perde as suas fontes de subsistência. Alguns desastres naturais como inundações e terramotos podem desabrigar famílias, deixando-as sem qualquer fonte de rendimento fiável. Os pobres sentem o impacto de tais catástrofes, uma vez que dificilmente dispõem de meios para amortecer o impacto de tais catástrofes nas suas famílias. Começar tudo de novo depois de uma catástrofe destrutiva torna-se a única opção disponível, o que também é difícil tendo em conta os recursos que poderiam ter perdido para tais tragédias.

Durante uma conferência internacional sobre como reduzir os riscos de catástrofes realizados em Genebra, na Suíça, uma organização, a CARE International alertou os participantes e a comunidade global de que as catástrofes estão a tornar impossível a muitos pobres fazer face aos desafios colocados por esses desastres, daí a sua capacidade de escapar à pobreza mordedora está minada.

Falando na Plataforma Global de Redução de Riscos de Desastres, em maio de 2011, Robert Glasser, secretário-geral da CARE International, afirmou: "Quando os desastres atingem os pobres, muitas vezes perdem os seus bens de que depende a sua sobrevivência. Ao mesmo tempo, os seus recursos limitados, a falta de acesso à educação e aos serviços de saúde podem aumentar a sua exposição aos riscos. Por exemplo, o sustento de muitos pobres depende da agricultura. Mas uma seca ou inundação pode destruir um ano de rendimento num piscar de olhos.".

Infelizmente, o risco de exposição a catástrofes está a aumentar em muitas regiões do continente. As alterações climáticas, o aumento da população, a degradação ambiental e o aumento da urbanização são a receita para desastres naturais em muitos países africanos. Outros contribuintes são a habitação deficiente, a falta de infraestruturas, a ignorância e as instalações sanitárias também colocam muitos negros em risco de catástrofes. Devido à capacidade dos africanos de se adaptarem a tais calamidades ou de as evitarem completamente, a taxa de pobreza é sempre aumentada sempre que as catástrofes atingem. Sem uma medida eficaz para inverter esta tendência, a taxa de pobreza entre os negros continuará a sua ascensão.

FALTA DE ACESSO A RECURSOS

Este é mais um fator que se opõe à prosperidade financeira entre os africanos. Recursos como o terreno e outros geralmente não estão disponíveis para utilizadores com boas intenções. Seja para fins agrícolas ou outros, a indisponibilidade dos terrenos pode frustrar o investidor ou agricultor mais determinado. Neste caso, pode ser praticamente impossível avançar, a menos que se seja feito algo drástico para resolver esta questão.

Outros recursos que lhes faltam incluem infraestruturas básicas, apoio do governo, mão de obra qualificada adequada, e muito mais. Sobreviver a esta situação é difícil e as aspirações de milhões foram reduzidas em consequência deste problema.

GOVERNOS CORRUPTOS

Os governos corruptos também contribuíram, em grande medida, para o aumento da taxa de pobreza no continente. Ao longo dos anos, a maioria dos países africanos teve de lidar com funcionários governamentais corruptos que gerem mal os fundos nacionais em detrimento do desenvolvimento das suas nações. Para além da má gestão dos fundos públicos, são também culpados de converter imóveis públicos em propriedades privadas. Acreditando que a relação familiar é mais forte do que o interesse nacional, eles efetivamente usaram as armas de suborno e nepotismo para aumentar a taxa de pobreza na terra.

Um exemplo típico é a Nigéria. Nos últimos anos, tem havido acusações e contra-acusações de peculato contra funcionários do governo atual e passado. Num único caso, um ex-ministro do Petróleo no país foi acusado de desviar mais de 100 bilhões de dólares de fundos públicos depois de passar apenas dois anos como ministro. Esse é apenas um único caso das numerosas atividades nefastas de funcionários do governo no continente. Num período de 10 anos, um jornal local na Nigéria noticiou que: "O governo suíço confirmou que até agora devolveu 723 milhões de dólares (cerca de 142,43 bilhões de euros) de fundos roubados apreendidos à família do falecido ex-chefe de Estado, Sani Abacha, ao governo nigeriano nos últimos 10 anos. O montante exclui 321 milhões de dólares (cerca de 63,24 bilhões de euros) que as autoridades suíças disseram recentemente que planeavam repatriar para a Nigéria." No essencial, o falecido chefe de Estado desviou mais de mil milhões de dólares de fundos públicos entre 1993 e 1998. Imaginem como uma soma tão grande de dinheiro teria contribuído para o desenvolvimento deste país com muitos problemas, incluindo baixos padrões de educação, elevada taxa de desemprego, redes rodoviárias deficientes e outros desafios semelhantes. Evidentemente, os líderes do continente desempenham um papel fundamental no desenvolvimento do continente, contribuindo assim para a pobreza dos cidadãos.

Muitos países na África não se safam melhor. Todos eles estão sujeitos a uma pobreza evitável pela ganância dos seus líderes, que estão empenhados em drenar fundos públicos em vez de contribuir para o desenvolvimento da região. Vamos dar uma olhada em outros líderes do continente que são culpados da mesma acusação de suborno e corrupção.

» 1. *Guiné Equatorial*

Este país é um dos maiores produtores de petróleo do continente. Isto resultou num dos rendimentos mais elevados por capital para os cidadãos. Devido ao aumento do preço do petróleo em todo o mundo, a Guiné Equatorial pode gabar-se de riquezas abundantes para cuidar dos seus cidadãos. *Isto traduz-se em*

prosperidade financeira para o povo? Não. Embora a maioria das pessoas não tenha acesso a água potável, o país também está em baixo no índice de desenvolvimento humano das Nações Unidas. Isto para além das elevadas taxas de mortalidade no país, 20 % das crianças não vivem até aos cinco anos de idade. Um bom número de crianças sobreviventes não tem acesso a centros de saúde de qualidade e educação. Infelizmente, o primeiro filho do presidente e o herdeiro do trono do seu pai.

(Teodourin Obiang) compra uma propriedade luxuosa em Malibu, Michael Jackson memorabilia, um jato Gulfstream, e uma coleção louca de carros que fariam alguns bilionários sentirem-se como pobres. É esse o legado que o presidente, Teodouro Mbasogo quer deixar para os cidadãos do seu país desde que assumiu o poder, em agosto de 1979.

» 2. *Angola*

José Eduardo dos Santos assumiu o manto de poder no país em setembro de 1979. Isto faz dele o segundo presidente mais antigo do continente, depois de Teodoure Mbasogo, da Guiné Equitorial. Como é que o angolano se safou sob o seu governo? O presidente arruinou o país como um negócio privado. Enquanto governava o país, o seu primo serviu como vice-presidente do país. A sua filha foi considerada a mulher mais rica de África pela Forbes, com um valor líquido estimado de 3,2 bilhões de dólares em oito de março de 2017, enquanto o próprio presidente era o homem mais rico do país. Apesar da grande quantidade de petróleo que o país exporta anualmente, o país também se gaba de depósitos de diamantes maciços, como o quarto maior produtor desta pedra preciosa do mundo. Enquanto ele e a sua família viviam como semideuses, com abundância de riqueza para sustentar o seu estilo de vida dispendioso, as condições socioeconómicas dos cidadãos eram e ainda são patéticas, mesmo quando o presidente José Eduardo dos Santos deixou o poder ao seu novo sucessor, João Manuel Gonçalves Lorenco, desde setembro de 2017.

De acordo com algumas descobertas internacionais, mais de 68% da população total vive abaixo de 1,7 dólares por dia e outros

28% vivem com uns míseros 30 cêntimos por dia. O país gaba-se de educação gratuita, mas uma educação cara é uma melhor opção porque as escolas estão em estruturas degradadas e há uma escassez de professores qualificados para lidar com a educação dos alunos. Apesar da abundância de recursos suficientes para salvar o país da pobreza, o ex-presidente e os seus comparsas mataram economicamente o país através de suborno e corrupção, enquanto os cidadãos trabalhadores pouco ou nada têm para mostrar pelos seus esforços, vivendo numa penúria perpétua.

FALTA DE EDUCAÇÃO E CONHECIMENTO

Um país com cidadãos bem-educados tem melhores hipóteses de superar a pobreza do que um país com menos cidadãos instruídos. Com a educação vem o conhecimento certo que é necessário para o desenvolvimento nacional. Profissionais qualificados podem reunir os seus conhecimentos e recursos  para encontrar uma solução permanente para o crescente problema de pobreza no seu país.

É do conhecimento geral que a educação desempenha um papel vital na erradicação da pobreza, tal como implícito nas palavras de Júlio Nyerere, um antigo presidente da República Unida da Tanzânia quando disse:

"A educação não é uma forma de escapar à pobreza. É uma forma de combatê-lo." Os peritos económicos acreditam que o sucesso de um país depende da educação dos seus cidadãos. Um excerto do Workshop Internacional sobre Educação e Erradicação da Pobreza, Kampala, realizado de 30 de julho a agosto de 2017, afirma: "O papel da educação na erradicação da pobreza, em estreita cooperação com outros sectores sociais, é crucial. Nenhum país conseguiu se não educou o seu povo. Não só a educação é importante na redução da pobreza, como também é fundamental para a criação de riqueza."

A educação qualitativa aumenta o conhecimento, que é um instrumento eficaz para o desenvolvimento nacional. É triste dizer que uma maior percentagem de africanos não tem o conhecimento necessário para mudar as coisas no continente. Seja por falta de educação formal ou por outras formas de instrução, estão inadequadamente preparados para lidar com os problemas com que o continente se defronta. Isso torna a situação preocupante porque o continente pode continuar a testemunhar o aumento da pobreza, se a educação adequada não for disponibilizada às massas.

DESEMPREGO

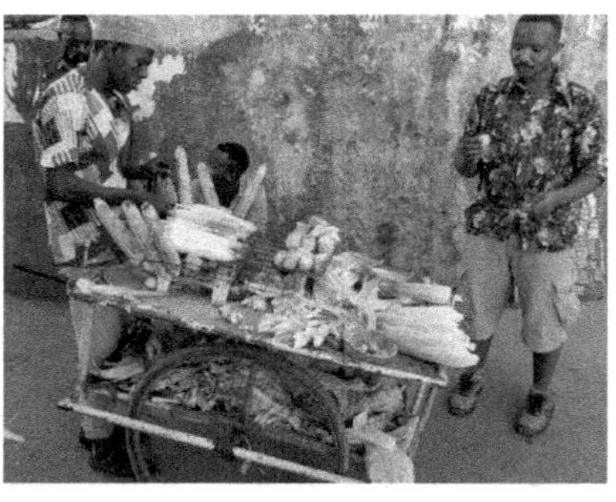

O desemprego é a maldição do continente africano. É, talvez, o maior problema por detrás do crescente desastre económico que assola o continente. Algumas estatísticas divulgadas pelo Centro Africano de Transformação Económica (ACET) mostram que a taxa de desemprego em África é de cerca de 12 %. Segundo a mesma fonte, cerca de 5 milhões de diplomados das quase 700 universidades da região estão desempregados. Embora este valor seja ligeiramente inferior à taxa de desemprego global de 12,4 %, a Organização Internacional do Trabalho (OIT) afirma que África tem a maior taxa de pobreza laboral, uma referência às pessoas que estão em empregos a tempo inteiro, mas ganham menos de 2 dólares por dia.

O Banco Mundial também apresentou o alarmante relatório de que o maior "bulge da juventude" do mundo está na África. O banco previu um crescimento de mais de 42 milhões de jovens numa década entre 2010 e 2020. Se esses jovens se juntarem ao mundo do desemprego, as hipóteses de o continente ter a taxa de desemprego mais elevada são grandes. Como é que isto afeta a economia?

Não há dúvida de que o desemprego irá inevitavelmente resultar na pobreza. Sem uma fonte de rendimento fiável, satisfazer as suas necessidades básicas, como habitação, comida e roupa, torna-se um desafio. Como é que alguém que ganha menos de $2 por dia espera sair da pobreza? É difícil, se não impossível. Então pense nos mais de 5 milhões de licenciados que saem das escolas anualmente sem qualquer esperança de conseguir um emprego. Se 5 milhões de licenciados estão desempregados anualmente, são cerca de 50 milhões de desempregados n u m a década.Imaginem a consequência económica de ter um número tão grande de pessoas educadas sem emprego. Estas tristes condições tornam o continente suficientemente fértil para apoiar o crescimento e a propagação das dificuldades económicas à escala continental na África, uma vez que estes jovens desempregados e os seus congéneres mais velhos não terão condições para cumprir as suas responsabilidades financeiras pessoais e familiares.

DESVALORIZAÇÃO DAS MOEDAS LOCAIS

A desvalorização das moedas locais implica uma depreciação dos valores das moedas utilizadas pelos países africanos. No essencial, o seu valor de mercado face às moedas estrangeiras está a reduzir-se drasticamente. A desvalorização também desempenha um papel na pobreza na África. Quando um país experimenta a desvalorização da sua moeda, há muitos efeitos colaterais dessa depreciação para o país à medida que a sua moeda perde o seu poder de compra. Alguns dos impactos mais óbvios da desvalorização cambial são:

» ***Os bens importados tornam-se mais caros:***

Devido à sobredependência da África nos países desenvolvidos para o sustento, a desvalorização das suas moedas resulta automaticamente na inflação, à medida que os bens importados se tornam mais caros. Com a depreciação vem uma redução acentuada do poder de compra da moeda. Por conseguinte, se não for implementada uma medida para aumentar os rendimentos, uma família pode lutar para sobreviver a um rendimento que até agora era suficiente para fazer face eficaz às suas necessidades financeiras.

» ***Má utilização da terra***

Em muitos países africanos, os recursos naturais e humanos ainda fazem uma grande parte dos ativos que podem ser utilizados para o desenvolvimento e a redução da pobreza. Ao contrário dos países desenvolvidos, é muito crucial que a terra seja bem utilizada para o sustento da economia. A fortuna económica de muitos países é impulsionada pelo rendimento dos recursos terrestres, especialmente na agricultura.

Quando as terras não são devidamente utilizadas, as comunidades rurais e a agricultura são afetadas negativamente. Esta degradação dos solos e a má utilização exigirão automaticamente a necessidade de mais maquinaria, fertilizante, e o governo terá de contribuir com alimentos para os animais, aumentando o custo de produção. Este aumento torna-se um desafio para os agricultores em grande escala, enquanto os pequenos agricultores são totalmente indefesos, uma vez que percebem que a atividade se torna impossível para eles. Quando a situação se tornar insuportável nas zonas rurais, os agricultores podem decidir procurar pastagens mais verdes nas zonas rurais. Infelizmente, podem ser confrontados com outra realidade desencorajadora nas zonas urbanas: a pobreza e o desemprego. Isto resultará na redução da produção alimentar nas zonas rurais e no excesso de população, nos sem-abrigo e nas elevadas taxas de desemprego nas cidades.

Quando esta não é a questão, a mineração e a escavação são praticadas em algumas partes de África para fins comerciais. Quando as terras são expostas aos elementos, tornam-se vulneráveis à erosão que pode afetar a fertilidade das terras expostas. É do conhecimento geral que as terras inférteis não são boas para a agricultura e outros fins agrícolas. Se esta tendência se mantiver inalterada, tornará a maior parte das terras do continente inférteis e assim reduzirá o seu valor agrícola. Por outro lado, quando estão excessivamente erodidos, podem também não ser úteis para fins industriais. Isto contribuirá mais para o nível de pobreza do continente em termos de escassez de alimentos e de perda de rendimentos que poderiam ajudar a aliviar a pobreza no continente.

» *Guerras civis e conflitos políticos*

Há décadas que a África tem assistido à sua quota-parte de guerras civis e conflitos políticos. O continente tem sido suscetível a guerras e disputas. Não admira que a comunidade externa considere o continente como o lar de conflitos políticos, guerras e instabilidade. O impacto negativo destas crises conduziu a um atraso no crescimento e no  desenvolvimento devido à perda de recursos humanos e naturais.

Desde a guerra civil nigeriana que se estendeu por três anos, entre 1967 e 1970, até ao genocídioruandêsem 1994, os países africanos envolveram-se em várias guerras civis que causaram milhões de vidas e propriedades danificadas, que chegaram a milhares de milhões de dólares. Recentemente, também o Sudão esteve envolvido numa outra agitação civil que está a afetar a economia do país, uma vez que a guerra acabou por deslocar 3,6 milhões de pessoas, enquanto 60 % dos refugiados sul-sudaneses são crianças.

Para, além disso, este conflito político resultou na escassez de alimentos, uma vez que mais de 5 milhões de sudaneses precisam de assistência, e 4,8 milhões enfrentam uma fome grave. Como resultado do colapso económico e da condição agrícola, que não é motivo para escrever em casa durante três anos, o Sudão do Sul está a passar fome. Estas condições nunca conduzirão ao crescimento económico do país. Pelo contrário, irá agravar a pobreza. Este país é o único? Não.

Como já foi referido, muitos países africanos também estão envolvidos em guerras e conflitos políticos. Vejamos alguns factos desanimadores sobre guerras no continente:

De acordo com um artigo, Conflitos na África: Significado,

Causas, Impacto e Solução: "Um grande número de africanos: jovens, velhos, homens, mulheres, civis e militares, perderam a vida em várias guerras e conflitos no continente. Por exemplo, no Genocídio de 1994, em Ruanda (Coligação Global 2004:7), cerca de 800.000 ruandeses foram alegadamente massacrados. Da mesma forma, a guerra civil no Burundi reivindicou mais de 200.000 vidas desde o ano 2000. Na Libéria, mais de 250.000 vidas foram perdidas na guerra civil de 14 anos do país entre 1990 e 2004. O mesmo se pode dizer da Serra Leoa, na qual cerca de 200.00 pessoas foram mortas durante a guerra civil do país entre 1991 e 2001. Mas talvez a situação mais patética tenha ocorrido no Sudão. A guerra civil no Sudão tem sido uma das mais longas

e dispendiosas do continente, com cerca de dois milhões de vidas perdidas para a guerra (Coligação Global, 2004:10). É desanimador constatar que esta perda sem precedentes de vidas em África, em resultado de guerras e conflitos, está a ter um impacto debilitante nos recursos humanos disponíveis para África. "Os serviços das almas que partiram, a quem Deus dotou com grandes habilidades, talentos e potencialidades, já não estão disponíveis para serem aproveitados para o desenvolvimento de África".

Outros países que testemunharam guerras sangrentas e disputas são Chade (1965-1985), Libéria (1980-2003), Angola (desde 1974-2002), Somália (1999-2003), Ruanda, Burundi e Serra Leoa (1991-2001).

Quando as pessoas no seu auge são mortas em guerras, deslocadas, são confrontadas com a fome que resulta de tais conflitos, o desenvolvimento nacional será a menor das suas preocupações; o seu principal objetivo é a sobrevivência, tanto para si e para as suas famílias. Só se preocuparão em como viver do dia-a-dia, até que a sorte sorria sobre eles e possam ficar sozinhos sem qualquer ajuda externa. Isto vai levar alguns anos. Estes anos estão perdidos para sempre e não podem ser recuperados.

RELEGIÃO

Os africanos praticam três grandes religiões: Islão, Cristianismo e religiões tradicionais. Estas religiões impactaram os africanos de forma positiva e negativa. O advento do Islão e do Cristianismo levou a uma redução gradual do sacrifício humano, como praticado pelos antigos tradicionalistas. As pessoas encontraram agora uma maneira melhor de demonstrar as suas crenças sem recorrer  às práticas tradicionais com os seus excessos. No entanto, o seu impacto negativo contribuiu tremendamente para a generalização da pobreza na região.

Num relatório publicado pela Statista, 7 em cada 10 países mais religiosos do mundo são países africanos, com a Etiópia a liderar a alcateia com 98 % de etíopes afiliados a uma religião ou a outra. Ironicamente, estes países também estão entre os países mais pobres do mundo. De acordo com algumas pesquisas, os 30 países mais ricos do mundo têm pouca consideração pela religião, enquanto os 50 países mais pobres são altamente religiosos. Existe uma correlação entre religião e pobreza se considerarmos estas estatísticas?

Karl Max uma vez se referiu à religião como "o ópio do povo". Embora esta afirmação não seja completamente verdadeira, parece haver alguns vestígios de verdade. A dependência dos africanos em relação à filiação religiosa é uma das razões pelas quais o continente continua pobre, independentemente da abundância de recursos naturais no continente. Do Gana à Nigéria, de Angola à África do Sul, e da RD Congo, os recursos naturais que podem ser utilizados para impulsionar a economia do continente são abundantes. Mas a religião está a desempenhar um bom papel no desperdição desses recursos.

Durante as eleições, não é incomum que as pessoas votem em governantes com base em seu grupo étnico ou no interesse religioso. Quando o melhor candidato é da tribo ou religião oposta, os africanos tendem a ter uma forte ligação com as suas religiões e quem a defende, mesmo que ele ou ela seja o menos qualificado para assumir o cargo. Aqueles com antecedentes, realizações e o desejo de servir o povo são rejeitados com base na sua filiação religiosa. Tal mentalidade negativa mudou realmente o panorama político de África, dando às pessoas não qualificadas o privilégio de governar o povo sem terem vontade moral de governar.

Quando as pessoas são cegas pela religião e tomam uma decisão tão irracional, as consequências não são geralmente agradáveis. O resultado de tal decisão irracional são os líderes que não conseguem pôr boas políticas que melhorarão o estatuto económico do continente, uma vez que não estão qualificados para governar.

Também pode argumentar-se que ser religioso está a afetar a mentalidade do povo. Como ópio real, as pessoas que são demasiado religiosas acham difícil ter uma mente clara que pode ser usada para a análise crítica de uma situação e oferecer uma solução para ela. É-lhes difícil raciocinar e colocar o seu sentido de raciocínio à tarefa. Vêem todos os acontecimentos à sua volta como tendo um tom religioso quando um bom senso ou raciocínio se revelarão mais valiosos.

Cooperar com outros para alcançar um objetivo comum torna-se quase impossível devido à sua divisão étnica ou religiosa. No fundo, cooperar com membros da sua tribo ou religião é mais fácil para os africanos do que formar qualquer aliança com pessoas da tribo/religião oposta para o desenvolvimento nacional.

Também pode argumentar-se que a religião fez com que algumas pessoas se tornassem preguiçosas, especialmente em África. O ensino negativo da religião sobre o destino não está a ajudar os assuntos. Pelo contrário, matam a criatividade das pessoas e confirmam-nas ao estado de inatividade. A crença baseia-se no pressuposto de que os humanos não têm controlo sobre aquilo em que se tornam. Não podes fazer nada para mudar a tua situação, exceto por poderes divinos. Com essa mentalidade, as pessoas não podem pôr as suas capacidades a trabalhar. Só acreditam em rezar constantemente por milagres de Deus. Alguns fanáticos podem passar a maior parte da semana rezando, nos seus locais de culto por milagres de Deus, tempo precioso que deveriam ter usado para melhorar a si mesmos, perseguir os seus sonhos, e trabalhar para alcançá-los. Devido a tal lavagem cerebral, a maioria dos africanos resigna-se ao seu destino. O ditado comum entre alguns africanos com uma mentalidade tão frustrada é: "O que será, será" significado, independentemente dos esforços que eles colocarem na vida, eles alcançarão o que estão destinados a alcançar.

Este é o espírito de preguiça que é predominante entre muitos povos religiosos professados em África. A religião tomou conta de onde poderiam ter encontrado uma solução fácil, fazendo um brainstorming e reunindo ideias e recursos para um objetivo comum.

Por outro lado, outros países desenvolvidos pouco têm em conta a religião e o destino. Em vez de defenderem a causa do "o que será, será", eles aproveitam bem as suas habilidades. Através de trabalho árduo e determinação, esses países trabalham para o desenvolvimento nacional, fazendo com os seus pequenos recursos sem olhar para trás ou dar isso como uma desculpa para complacência. A combinação dos seus dons, esforços e diligência é a diferença entre estes países e África. Como resultado, superaram as probabilidades, identificaram as suas fraquezas, e assumiram como uma responsabilidade coletiva eliminar esses desafios para realizar os seus sonhos sem esperar pelo poder sobrenatural para ajudá-los a superar isso.

Os ensinamentos da maioria das religiões também não ajudam a situação, são contraproducentes. Em vez de sublinhar a importância da diligência para o sucesso financeiro, a maioria prega a proximidade a Deus como a única forma de obter poder financeiro. Tais ensinamentos tornaram muitos africanos suscetíveis à exploração pelos

seus líderes religiosos que se aproveitam indevidamente deles em todas as oportunidades.

De acordo com alguns estudos, os mais vulneráveis são os pobres. Em vez de os encorajar a trabalhar para melhorar o seu lote na vida, são encorajados a "trabalhar por Deus". O princípio encoraja os fiéis a gastar o seu tempo e recursos limitados para financiar a sua religião enquanto esperam que Deus os abençoe abundantemente por isso. Não admira que algumas pessoas religiosas gastem a maior parte do seu tempo e dinheiro em igrejas, em vez de investirem tanto dinheiro e tempo para se auto-aperfeiçoarem como forma de se prepararem para um futuro melhor para si e para as suas famílias.Apesar da sua pobreza, podem fazer tudo para satisfazer os seus líderes que lhes prometem bênçãos ricas de Deus por o fazerem. É o auge da gullibilidade.

Outra área onde a religião tem contribuído para a pobreza é o ensino da supremacia branca. Este conceito exalta os brancos como supremos para os negros. Esta ideia é propagada pelo cristianismo, levando a muitos eventos que levaram o continente à pobreza.

Por exemplo, muitos africanos substituíram o bom raciocínio com base em factos por "fé". Enquanto as gerações passadas de africanos eram conhecidas pela sua diligência e sabedoria através de um bom exercício mental, a maior percentagem dos africanos modernos acredita na fé do que em trabalhar para alcançar os seus objetivos.

Muitos africanos no passado trabalharam arduamente nas suas quintas ou outros ofícios durante a semana e foram aos seus locais de culto aos fins de semana para louvar e rezar ao seu Deus para abençoar os seus esforços. Nunca deixaram as suas obras acreditando em Deus para fazer uma saída. Nos últimos anos, o caso é contrário. Muitos cristãos e muçulmanos "dedicados" têm agora um interesse parcial em trabalhar para a sua vida. Eles têm a crença errada de que Deus fornecerá as suas necessidades enquanto o que eles fazem principalmente é ir para as respetivas igrejas/mesquitas enquanto eles deveriam estar no trabalho.

Isto provocou um sério confronto entre a fé e a razão. Embora as pessoas nos países desenvolvidos dependam de um bom raciocínio e de factos para tomarem as suas decisões, muitas pessoas em África dependem da religião para encontrar soluções para os seus numerosos problemas financeiros. Isto tem gradualmente corroído o poder de pensar nestes adoradores extremistas. Substituíram a necessidade de trabalhar arduamente para o sucesso com "Grace", acreditando que a graça de Deus sempre compensará as suas deficiências e fraquezas. Qual é o efeito de tal crença? Levou a uma geração de preguiçosos que usam a religião como desculpa para encobrir a sua preguiça. Continuam à espera de uma "intervenção divina" e de uma "descoberta milagrosa" para melhorar as suas condições de vida. Como resultado, um bom número de africanos que teriam feito algo positivo com as suas vidas tornaram-se subitamente uma geração desperdiçada sem qualquer contribuição significativa para o continente.

Depois da famosa "religião é o ópio do povo por Karl Max", Lenine pegou na batuta dele e declarou a religião como inimiga do progresso nacional. Esta afirmação raramente pode ser culpada tendo em conta o fanatismo e o dogmatismo do caos que têm destruído na condição socioeconómica dos africanos, tanto em casa como no estrangeiro.

Ser escravizado para a religião não passa de assinar a certidão de óbito. Tal pode ser frustrante e deprimente. A solução reside em libertarmo-nos dos fotéses do controlo da mente religiosa e dos dogmas irracionais e procurarmos a verdadeira liberdade.

É   tempo de desviarmos a nossa atenção para o pensamento racional e como podemos aproveitar isso para dar um bom uso às nossas competências, capacidades e recursos para o bem de nós mesmos e do continente em geral.

O continente abunda de talentos que podem omover para frente com as suas brilhantes ideias e força de vontade, se a influência da religião nas suas vidas for removida. O tempo valioso não deve ser gasto de forma desperdiçada para atividades religiosas, enquanto esse tempo pode ser efetivamente usado para aumentar a produtividade e ajudar a condição económica do continente a fazer uma inversão de marcha e a ressuscitar. Se fizermos isso, o gigante adormecido acordará em breve do seu sono económico.

AS POLÍTICAS DO BANCO MUNDIAL E DO FMI

O Fundo Monetário Internacional e o Banco Mundia, também contribuem para o aumento da pobreza na África. Enquanto estes dois organismos dão empréstimos a países africanos para erradicar a pobreza e aliviar os sentimentos dos seus cidadãos, eles são dados com cordas anexadas; eles sempre vêm com políticas rigorosas que alcançam o oposto do que os empréstimos supostamente são destinados. Por exemplo, os governos são encorajados a fazer algum ajustamento às suas políticas económicas, o que, em alguns casos, exige a redução das suas despesas. Em longo prazo, tais ajustamentos afetam geralmente o desenvolvimento infraestrutural, a melhoria da educação e a

saúde. Uma vez que estes são os motores do desenvolvimento económico apreciável, afetam negativamente a economia e promovem a pobreza.

É também irónico perceber que, em vez de sair da pobreza com as ajudas financeiras concedidas tanto pelo Banco Mundial como pelo Fundo Monetário Internacional; a maioria dos beneficiários destas instituições financeiras estão sempre endividados para com elas. Isto deve-se às suas políticas estranhas e às elevadas taxas de juro que os países pobres não podem servir regularmente. Devido a estas instituições, os países africanos estão sempre à sua mercê. Essa é uma das razões pelas quais a África dança sempre ao som das suas músicas enquanto tocam o benfeitor para satisfazer os seus interesses egoístas.

Ao longo dos séculos, o continente negro manteve-se agarrado a estes fatores que têm uma forte posição no continente e dificultando a obtenção de um crescimento económico razoável. Durante anos, alguns esforços pessoais de indivíduos orientados para os objetivos de encontrar uma solução para o seu problema económico foram também frustrados por estes fatores. Essa é a maldade. Quanto mais tempo os africanos ficarem em dívida com eles, mais tempo o povo permanecerá sob a escravidão da pobreza.

CAPÍTULO ONZE

PORQUE É QUE OS AFRICANOS NA DIASPORA CORREM O RISCO DE SEREM POBRES?

Neste artigo, eu tenho falado muito sobre a pobreza entre os nativos Africanos que residem no continente. A razão não é rebuscada; formam a maior parte dos negros no mundo. No entanto, é razoável desviar a atenção para os negros na diáspora, tomando os afro-americanos que vivem nos Estados Unidos como um caso de estudo.

Descobriu-se que os afro-americanos também são afetados pela pobreza e por alguns outros males sociais relacionados. Dois dos fatores responsáveis por esta condição são descritos pelo Instituto Urbano como:

» ***Maior dívida estudantil***

De acordo com os relatórios recolhidos pelo instituto, 42 % dos negros entre os 25 e os 55 anos ainda estão a pagar o empréstimo estudantil em 2013 em comparação com apenas 28 % dos brancos no mesmo período. Isto está relacionado com os encargos dos empréstimos estudantis mais elevados que os estudantes negros têm de suportar depois de se formarem na escola, devido à falta de assistência financeira de outros para reduzir os seus empréstimos.

Por outro lado, os estudantes brancos têm empréstimos a estudantes mais pobres, porque recebem assistência de familiares e outros.

O fardo extra colocado sobre as famílias negras por tais empréstimos estudantis não os deixa com espaço para poupar para o dia chuvoso após a reforma. Isto geralmente resulta na incapacidade de lidar com a vida com sucesso após a reforma. Como tal, um pai pode não ter nada significativo para deixar como legado ou herança para os seus filhos. E o ciclo da pobreza repete-se novamente.

Enquanto os negros lutam para pagar os seus empréstimos, os brancos já estão a construir o seu futuro para usufruir de uma melhor estabilidade financeira durante a reforma. Esses pais podem facilmente deixar algum legado para os seus filhos terem uma aterragem suave no futuro.

» ***Menores possibilidades de receber assistência financeira de um membro da família***

A capacidade dos brancos para obter uma herança e contribuições financeiras dos seus familiares é cinco vezes maior do que a mesma oportunidade para os negros. Portanto, um branco pobre pode receber uma herança transformadora ou apoio financeiro de um membro da família mais rico que lhe dará um novo arrendamento de vida fora do limiar da pobreza.

Por outro lado, os negros não beneficiam de oportunidades semelhantes, porque os seus familiares também estão a tentar fazer face às despesas e não podem prestar qualquer assistência financeira. Esta é uma das razões pelas quais os negros da diáspora continuam a lutar para satisfazer as suas necessidades financeiras básicas sem a oportunidade de lhes quebrar o reduto da pobreza.

» *Os brancos recebem rendimentos mais altos do que os negros*

Por algumas razões, os brancos geralmente recebem rendimentos mais elevados do que os seus homólogos negros. Às vezes, a disparidade é causada por alguns fatores fora do controlo dos negros. Por exemplo, por algumas razões, os alunos brancos formam-se na escola mais cedo do que os alunos negros. Em longo prazo, o primeiro conseguirá um emprego antes deste último e isso traduzir-se-á em mais rendimentos para os estudantes brancos.

Um homem negro que vive na diáspora enfrentará todos estes desafios que podem contribuir para o seu lucro mais baixo em comparação com os seus companheiros brancos.

Como resultado, as famílias negras da classe média continuarão a lutar financeiramente até encontrarem uma saída para a sua armadilha financeira e lançarem uma boa base para as próximas gerações.

É verdade que o efeito colateral mais óbvio da pobreza é a falta de habitação ou a desnutrição. Estes são os únicos efeitos colaterais da pobreza? Não. Há muitos efeitos que cobrem todas as ramificações da vida dos negros. Mencionarei alguns destes um após o outro no próximo capítulo.

CAPÍTULO DOZE

OS EFEITOS DA POBREZA ENTRE OS AFRICANOS

As altas taxas de pobreza entre os negros vêm com um monte de impactos negativos que têm transformado o continente em um centro de crime e outras atividades antisociais. Uma vez que, os humanos são criados com a necessidade de sobrevivência, alguns membros dos africanos pobres tentam garantir a sua sobrevivência através do crime.

A taxa de criminalidade na África é alarmante. De Lagos na Nigéria, Luanda em Angola, Kinshasa na RD Congo até Joanesburgo na África do Sul, a história é a mesma. Do Norte ao Sul, de Leste a Oeste, há um aumento do crime em todo o continente. Mais pobres estão a tentar encontrar a solução para as suas dificuldades financeiras e preocupações ao envolverem-se em:

- **Rapto:** O rapto foi alheio à África no século passado. Agora, é um dos maiores desafios que ela enfrenta. O rapto tornou-se gradualmente um negócio multimilionário na África, com raptores a recolher milhões de dólares por ano deste ato. Embora as taxas de sequestro em algumas partes de África ainda estejam baixas, o mesmo não se pode dizer de alguns países da parte ocidental do continente, como a Nigéria. Um estudo recente atribui esta tendência perturbadora ao nível de pobreza na terra face ao desemprego e à má liderança, que dificulta a vida de um homem comum. Alguns jovens que estão menos do que impressionados com os programas de erradicação da pobreza dos seus países encontram o rapto como forma de se aproximarem dos líderes políticos e de outros ricos que estão a oprimir os pobres. Isso é responsável pelo público-alvo destes sequestradores: os políticos e a classe rica. Apesar dos esforços do governo para educar as pessoas a não dançarem ao som dos sequestradores, as pessoas sempre pagaram o resgate exigido por medo das suas vidas e segurança, dando a esses desempregados acesso ao dinheiro, enquanto outros são encorajados a juntarem-se aos sequestradores para ganhar a vida.

- ***Prostituição:*** Nunca na história da África as mulheres africanas foram levadas mais à prostituição do que agora. Depois de vários anos fora da universidade sem um emprego decente e uma família para cuidar, algumas senhoras preferem seguir o caminho mais fácil: a prostituição. Se visitar qualquer hotel em qualquer grande cidade de África, ficará espantado com o nível de prostituição em todo o continente. Algumas destas senhoras estão na adolescência até aos 30 anos. São na sua maioria licenciadas, ou com o ensino medio feito, desempregadas; e algumas mulheres que têm de entrar na prostituição para sustentar os seus salários escassos. Sem considerar os riscos envolvidos numa tal profissão, estão prontos a praticar o comércio. De acordo com alguns deles, o medo da fome é mais poderoso do que o medo dos riscos.

- ***Assalto à mão armada:*** Assalto à mão armada em África costumava ser uma notícia ocasional. Recentemente, algumas grandes cidades em África não são poupadas dos ataques destes criminosos do diabo. Normalmente visam os bancos e outras instituições financeiras onde podem ter acesso a dinheiro para as suas operações. O seu modus operandi de comando é um reflexo da sua seriedade. No processo, estão prontos para se envolverem em tiroteios com agentes da lei que tentam detê-los. Ocasionalmente, também visam indivíduos de riqueza e livram-nos do seu dinheiro, joias e carros. Não te esqueças de que o falecido artista de Reggae, Lucky Dube, foi assassinado por assaltantes armados quando quiseram roubar o seu motor na África do Sul.

- ***Suborno e corrupção:*** Esta é uma ameaça crescente na África. E atravessam todas as classes de negros.

I n d e p e n d e n t e m e n t e da filiação religiosa, formação educativa ou estatuto social, o suborno e a corrupção são males gémeos que se tornaram um fator comum entre os africanos. Muitos fatores são responsáveis por isso. Alguns são vítimas de salários atrasados, enquanto outros usam da aliciação para aumentar os seus salários escassos.

Estes atos são tão predominantes que tens de subornar a tua saída se precisares de um favor do governo ou dos indivíduos. Infelizmente, nenhum sector da economia é poupado deste ato, conseguir um emprego sem suborno ou conhecer que uma pessoa influente se torna impossível, não se pode prosseguir a sua carreira política sem a aceitação e recomendação de uma pessoa ou pessoas ricas e influentes (conhecidas na África como padrinhos), e também não pode receber qualquer ajuda do governo sem a contribuição de um padrinho ou madrinha. Isto é patético. Está a matar a moral de centenas de milhões de africanos que são habilidosos, mas não conseguem encontrar os seus caminhos para a grandeza porque não têm recursos para subornar o seu caminho ou o padrinho certo para dar o apoio necessário.

- ***Terrorismo:*** Embora muitos fatores, incluindo o ego, as ideias culturais e o espírito de rebeldia sejam fatores importantes por detrás do terrorismo, a importância dos ganhos financeiros para os terroristas também não pode ser sublinhada. Devido ao fascínio das recompensas financeiras associadas a esses ataques, muitas pessoas consideram uma forma conveniente de colocar comida nas suas mesas sem questionar a sua decisão e as possíveis implicações nas suas vítimas e nas suas famílias. Como resultado, todo o continente está agora coberto de terrorismo, custando ao continente à perda de biliões de dólares para tais ataques, à parte da perda de vidas que o acompanham.

- ***Violência entre membros de gangues rivais:*** A violência é uma tendência comum entre os países pobres, especialmente entre aqueles que vivem em misérias ou guetos. Para se darem a oportunidade de sobreviver, formam grupos de gangs com o objetivo de ajudarem-se mutuamente a resistir em qualquer situação que se encontrem. Para se sustentarem financeiramente, estes grupos praticam pequenos crimes, como o furto de lojas; roubar bolso, e roubo mesquinho. Por vezes, disputas territoriais, argumentos e lutas ocasionalmente se misturam entre gangues rivais, levando a ferimentos graves, cicatrizes e morte em alguns casos. Ironicamente, durante as lutas entre rivais, as comunidades não são poupadas da sua raiva. As suas batalhas podem levar à destruição de casas e propriedades, saques e outras atividades criminosas, transferindo a sua raiva para as suas comunidades de acolhimento.

Para além do aumento das taxas de criminalidade, a pobreza desempenha também alguns papéis importantes noutras áreas, como a saúde, a educação, a vida social e outros. Alguns destes desafios são:

- ***Desnutrição:*** A desnutrição é uma característica comum entre as crianças de famílias pobres. A sua situação financeira dificulta o acesso a alimentos nutritivos. Mesmo quando esses alimentos estão prontamente  disponíveis para venda, a sua incapacidade de os pagar ainda expõe os seus filhos à desnutrição. Geralmente, os alimentos saudáveis são muito caros e estão fora do alcance das massas. São a reserva exclusiva dos ricos, enquanto os pobres vão atrás de tudo o que puderem sem se darem ao luxo de considerar a implicação sanitária de tais alimentos não nutritivos.

- ***Má saúde:*** O acesso a instalações sanitárias adequadas é um sonho em muitos países africanos. A maioria dos hospitais e clínicas estão mal equipados para lidar com a saúde dos seus clientes. Há também o problema da falta de água potável, que é a principal fonte de muitas doenças transmitidas pela água. Isto é especialmente verdade nas zonas rurais onde o verme anelar e outras doenças relacionadas são frequentes. Mesmo com o médico mais competente presente, a sua experiência torna-se inestimável quando são confrontados com a situação de vida ou morte que exigem o uso de equipamentos médicos sofisticados, que o hospital não pode pagar. A sua deplorável condição de vida também não ajuda. Uma vez que os pobres são forçados a viver em misérias, as hipóteses de contrair uma doença são elevadas devido às más práticas sanitárias que são uma marca da sua pobreza. Além destes, a maioria das pessoas necessitadas tem a saúde vulnerável, devido à sua incapacidade de se alimentar de maneira nutritiva, que irá aumentar a sua imunidade natural contra doenças e doenças.

- **Morte prematura:** A morte prematura é também uma fonte de preocupação na África, devido ao mau estado de vida e à falta de acesso a bons cuidados médicos. A mortalidade infantil e a esperança de vida também são afetadas pela pobreza. De acordo com as estatísticas, as pessoas nos países ricos têm mais chance de viver além dos 30 anos do que os seus homólogos em países pobres, onde 13,5 % das crianças não vivem o suficiente para celebrar os seus cinco anos de aniversário. Embora este número possa ser alarmante, é apenas o valor médio para o continente. Alguns países têm uma taxa de mortalidade infantil de 20 %. Isso é muito mau.

- **Os adultos não se saem melhor.** Quando o acesso a boas instalações de saúde é inexistente e os alimentos nutritivos tornam-se um tabu devido às restrições financeiras, os adultos desenvolvem imunidade fraca que os torna suscetíveis a todo o tipo de doenças. Sem tratamento adequado e oportuno, a morte torna-se inevitável.

- **Mau padrão de educação:** O acesso a uma boa educação é um dos vários resultados da pobreza em África. Algumas crianças que vivem nesses países não vão à escola devido à incapacidade dos seus pais de patrocinar a sua educação. Aqueles cujos pais podem dar-se ao luxo de enviá-los para a escola raramente são encorajados a estudar muito, uma vez que estão cientes das taxas de desemprego no continente. Sem diligência académica, alguns abandonos escolares dificilmente estão preparados para viver fora das quatro paredes da sua escola. Sem boas notas e valiosas habilidades, tornam-se um incómodo para a sociedade. Apenas alguns deles têm a sorte de ter aquilo em que podem viver depois da

sua educação. Outro problema é o baixo nível de instrução no continente. A maioria das melhores escolas do mundo estão em países desenvolvidos. Considere as melhores universidades de África e compare-se com as melhores universidades do mundo e veja o enorme abismo entre elas. Por exemplo, nenhuma universidade na África está listada entre as melhores 150 universidades no mundo. QS World University Rankings 2017-2017 classifica a Universidade da Cidade do Cabo como a melhor universidade da África. No entanto, esta universidade é a única africana entre as 200 melhores do mundo, ocupando a 191ª posição. Isto é um reflexo do nível de pobreza no continente. O acesso a uma educação boa e qualitativa é evasivo devido à pobreza e as instalações inadequadas na escola para o ensino e a aprendizagem qualitativos. Isto não se limita apenas à educação universitária. A maioria das escolas na África não pode competir com outras da Europa e da América.

Não é uma visão incomum em África ver estudantes sendo ensinados em estruturas degradadas chamadas de escolas, com alguns destes alunos sentados no chão nu para receber palestras. Faltam-lhes também os materiais pedagógicos necessários para a educação qualitativa, enquanto a maioria dos alunos não se pode dar ao luxo de comprar os livros necessários para melhorar o que lhes é ensinado na escola. Esta é uma prova da profundidade do impacto da pobreza no continente. Em longo prazo, a pobreza impedirá muitas pessoas de terem a educação necessária para escaparem essa condição. A sua incapacidade de escapar à penúria também os impedirá de obter uma boa educação, e há uma repetição contínua desse ciclo à medida que os seus filhos crescem para cumprir um ciclo ininterrupto de miséria.

- **_Efeitos sociais:_** A pobreza também tem impactos sociais no continente. As crianças são sobretudo vítimas do impacto social da indigência. A maioria destas pobres pessoas são sem-abrigo, a viver nas ruas. Devido à constante humilhação e opressão que enfrentam durante a infância, crescem para desenvolver uma pele espessa aos sentimentos dos outros. Desligam automaticamente seu senso de sentimentos e tornam-se apáticos e alheios ao seu ambiente, sem qualquer consideração pelas emoções das pessoas.

Aprenderam a resistir às ruas com o seu instinto de sobrevivência. Como resultado, crescem para se tornarem agressivos, sem amor, com o desejo de sobreviver a todo o custo, não se importando com os dedos que pisam no processo. Tal atitude antissocial cria uma condição que é propícia a alimentar o ódio e a apatia. Quando tal atitude é trazida para o círculo familiar, leva inúmeros pais a criar crianças não amadas, numa sociedade sem amor. Então, o círculo é repetido uma e outra vez. Em longo prazo, a maioria das pessoas tornar-se-á egocêntrica e pouco amada, em resultado da sua educação influenciada pela pobreza. A menos que esse círculo seja quebrado, a sociedade sentirá o efeito de tal.

É triste ver o gigante nesta luz. A pobreza tem corroído as pessoas de bom pensamento, negando-lhes uma boa educação, matando as suas capacidades empresariais, e transformando o seu sonho de viver em paz e segurança numa miragem. O continente é hoje motivo de chacota na comunidade global, onde os negros são vistos como criminosos pobres. A situação é muito má e parece inútil. No entanto, a situação é realmente infrutífera? Poderá a África alguma vez quebrar o azar da pobreza e encontrar-se entre os países desenvolvidos e industrializados do mundo?

Há passos práticos que a África pode tomar para se libertar dos fotters da pobreza. Alguns desses passos são discutidos aqui, para dar aos africanos um raio de esperança da sua difícil necessidade.

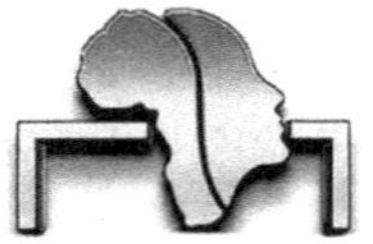

CAPÍTULO TREZE

POBREZA ENTRE OS AFRICANOS: A saída

É claro que o continente africano não goza de imunidade à pobreza e os seus líderes pouco fizeram para impedir a prevalência da pobreza entre os povos. Os seus melhores esforços não foram suficientes para ter um impacto apreciável no estatuto económico das massas. É evidente, aliás, que ainda há muitos esforços para desenvolver a África e os africanos, com o objetivo de reduzir o número de pobres no continente. Algumas das medidas práticas que podem ser tomadas para corrigir esta anomalia são discutidas aqui:

• **_Capacitação económica:_** O empoderamento económico refere-se a um programa que é implementado pelo governo, quer pelas organizações empresariais, quer por indivíduos bem-dispostos, para dar a oportunidade a homens e mulheres de melhorarem a sua situação financeira, dando-lhes toda a assistência necessária para serem bem-sucedidos. Ao criar um ambiente favorável e prestar a assistência necessária a esses indivíduos, é-lhes dado os instrumentos, motivação e recursos adequados para encontrar uma solução permanente para os seus desafios económicos.

Há muitas formas de demonstrar o empoderamento económico. Algumas destas formas são:

• **Agricultura:** Apoiar a agricultura é uma boa forma de ajudar algumas pessoas a alcançar a liberdade financeira. As pessoas podem ser encorajadas a assumir a agricultura como um meio de empoderamento económico. Note-se que ela não se limita apenas à plantação de culturas. Existem diferentes formas de agricultura que os indivíduos podem tirar partido de depender das suas preferências. Alguns destes métodos são discutidos abaixo:

» **Criação de aves de capoeira:** É definida como "o processo de criação de aves domesticadas, como galinhas, patos, perus e gansos, com o objetivo de cultivar carne ou ovos para alimentação". Devido à crescente procura de ovos e outros produtos de aves de capoeira, a criação delas é lucrativa e é uma boa forma de capacitar os jovens a tornarem-se financeiramente independentes no futuro. Isto reduzirá gradualmente o número de indivíduos que não são autossuficientes, uma forma eficaz de reduzir a pobreza entre as populações.

» **Pescaria:** Este é um ramo da agricultura que envolve a criação de peixe para consumo humano. O clima da África é propício à pescaria. Isto faz com que seja uma boa opção de empoderamento económico para muitas pessoas que querem fugir da pobreza e deixar um legado para os seus filhos.

» **Criação animal:** Criação de animais domesticados para o consumo é outra técnica agrícola que é financeiramente gratificante. Ao encorajar as pessoas a entrar em criação de animais, o continente terá indivíduos suficientes que a praticam como fonte de subsistência com rendimentos suficientes para cuidar das necessidades financeiras das suas famílias sem procurar ajuda por parte do governo.

O objetivo de encorajar isto é oferecer às pessoas uma plataforma para se tornar autossustentável. À medida que mais pessoas são encorajadas a entrar na agricultura, o continente irá gradualmente encontrar uma solução para a sua perene escassez alimentar, criando oportunidades de emprego para milhões de licenciados desempregados e outros sem meios de subsistência. Quando isto for alcançado, o nível de pobreza entre os negros será drasticamente reduzido.

PEQUENAS E MEDIAS EMPRESAS (PME)

Esta definição é utilizada em toda a Europa e em algumas organizações internacionais, como as Nações Unidas, o Banco Mundial e a Organização Mundial do Comércio para significar em-presas com menos de 250 trabalhadores . Por conseguinte, ao ajudar as pessoas a criar PME, os governos africanos podem criar empregos para um grande número de cidadãos, ajudando-os a serem financeiramente independentes. Quando a maior percentagem da população estiver envolvida em algo produtivo, apoiará a busca dos africanos para sair da pobreza.

A essência das PME para o desenvolvimento de África assenta na elevada taxa de desemprego na região. De acordo com um estudo recente, mais de 5 milhões de africanos formam-se anualmente nas universidades sem qualquer perspetiva de conseguir um emprego para atender às suas necessidades financeiras. Com uma população superior a 1,3 mil milhões (a maioria tem menos de 30 anos) e continua a crescer, é um desafio continental.

Sem um sistema de PME funcional, o crescimento do continente é um hercúleo, se não uma tarefa impossível. Isto porque as PME desempenham um papel crucial no desenvolvimento nacional em toda a América e na Europa. São a força por detrás do avanço da nação e da inovação. Sem eles, o desenvolvimento de África continuará a ser uma miragem, o crescimento africano continuará a ser um mito, as mudanças socioeconómicas serão impossíveis e a erradicação da pobreza será, na melhor das hipóteses, teórica.

Com o crescimento urbano que se prevê que cresça entre 4 e 5% na próxima década, é importante que haja uma mudança para as PME para satisfazer as necessidades diárias dos habitantes urbanos, proporcionando simultaneamente uma fonte de rendimento estável para os intervenientes.

Na maioria dos casos, as pequenas empresas são geridas por indivíduos sem empregados. Na América, mais de 25 milhões de pessoas estão em propriedade exclusiva, abrangendo diferentes sectores da economia, tais como especialistas em TI, consultores, telhados e outros artesãos. Estima-se que estes indivíduos ganhem o suficiente para permanecerem no negócio enquanto o considerarem adequado.

Algumas outras pessoas na categoria PME incluem limpeza a seco, operadores de táxi, pessoal de reparação de automóveis e outros prestadores de serviços. Estes indivíduos oferecem serviços que são cruciais para a existência da classe média.

A mesma mentalidade deve ser encorajada também em África. Com quase 1,3 mil milhões de pessoas, África tem mão de obra para apoiar as PME. Podem envolver-se em diferentes tipos de PME para ganhar a vida.

Na maioria dos casos, entrar em PME requer aprender um ofício. Há uma abundância de ofícios na África que podem ser aprendidos. As pessoas podem aprender alguns ofícios importantes como carpintaria, alfaiataria, mecânico automóvel, entre outros, que irão fornecer serviços que irão atender às necessidades das pessoas. Com um pouco de capital inicial, podem criar algo que lhes garanta um rendimento regular que seja suficiente para cuidar das suas famílias. A boa notícia é que tais trocas dão espaço para a expansão. Com um bom nível de conhecimento e integridade, o único proprietário pode decidir expandir o seu negócio para apoiar os seus rendimentos.

Além de proporcionar aos jogadores uma fonte regular de rendimento, também podem desempenhar um papel importante na condução de uma economia competitiva e inovadora. Isto para além do seu potencial de apoio à mobilidade social que contribuirá numa grande medida para o crescimento económico de qualquer país.

No entanto, o sucesso das PME em África dependerá de muitos fatores, incluindo:

- **Formação De Potenciais Operadoras De PME:** Por vezes, pode ser necessário requalificar e atualizar para que um operador das PME tenha êxito no terreno escorregadio do investimento.

- **Um plano de negócios sólido é essencial:** Um plano de negócios sólido deve estar disponível para conduzir o programa. O plano deverá incluir metas de cerca de 3 a 5 anos, com o objetivo de usar esses objetivos para impulsionar o negócio e garantir o seu sucesso. Sem um bom plano, o empresário das PME pode não ter noção; desperdiçando o seu precioso tempo no que é a desgraça para o fracasso.

- **Boas práticas contabilísticas:** As boas práticas contabilísticas também são cruciais. Isto garante que o negócio é gerido sem enfrentar uma crise financeira. Só então é que o êxito de uma PME pode ser garantido.

- **O networking é importante:** É importante que os intervenientes no sector das PME trabalhem com instituições estabelecidas e experientes que os possam ajudar a transformar as suas competências no empreendedorismo.

- **Informação relevante:** O acesso a informações relevantes sobre uma determinada PME também é importante. Com as constantes mudanças no mundo dos negócios, é importante que os empresários das PME estejam a par de novos desenvolvimentos e inovações nas suas áreas de interesse. Isto irá ajudá-los a permanecer relevantes e continuar a estar no negócio. Caso contrário, aqueles com vantagem de informação irão ultrapassá-los, deixando-os obsoletos. Se isto não for rapidamente tratado, poderão ser forçados a abandonar o negócio. O papel do governo aqui será discutido quando tratar a disponibilização das infraestruturas necessárias como um instrumento de redução da pobreza.

*   ***FInanciamento adequado:*** O financiamento deve estar prontamente disponível. Os atores do sector das PME também devem ter acesso a facilidades de crédito, como as suas congéneres de grandes empresas. O governo deve disponibilizar empréstimos de baixo custo para apoiar os sonhos dos operadores das PME.

Quando tudo isto for disponibilizado aos empresários das PME, encontrarão a motivação para continuarem a trabalhar para alcançar os seus objetivos de ter uma fonte regular de rendimento satisfatório para atender às suas responsabilidades financeiras.

DEMOCRACIA DA EDUCAÇÃO

Os países pobres têm muitos desafios: escassez de alimentos, não fornecimento de água potável, falta de vacinação para combater doenças mortais e elevado nível de analfabetismo. A combinação destes fatores pode levar qualquer nação para trás da afluência à pobreza. No entanto, ao abordar um destes desafios, os outros irão encaixar-se. Ao

abordar a questão do analfabetismo, outros problemas podem ser resolvidos de forma eficiente, tornando a educação o instrumento mais importante para a erradicação da pobreza. Infelizmente, é o elemento mais ignorado pela maioria dos países pobres, incluindo os africanos.

Ser educado dá a um indivíduo a licença para dizer adeus à pobreza. Oferece também a uma nação a oportunidade de lutar contra a penúria até ao impasse; é uma licença para se libertar das dificuldades económicas à afluência. Esta educação pode vir de duas formas: formal e informal.

» ***Educação Formal:*** A educação formal envolve ir para uma escola convencional para obter uma licenciatura ou um diploma. Isto dá-lhe a oportunidade de prosseguir uma carreira na sua área de especialização. É uma das muitas oportunidades para escapar à pobreza. Com um bom grau e conhecimento para apoiar a sua licenciatura, você pode encontrar um trabalho bem pago que lhe dará uma vantagem sobre a sua necessidade.

O compromisso com a educação formal pode facilmente alcançar os objetivos realçados pelo Livro Branco Norueguês 25 sobre Educação para o Desenvolvimento, assim "Um esforço global renovado para que todos possam alcançar uma educação de boa qualidade, uma educação relevante ou tudo, para abordar o papel da educação na luta contra a pobreza, na criação de empregos, no fomento do desenvolvimento das empresas e na melhoria da saúde e da nutrição". A importância disto é realçada pelo facto de as famílias com elevado nível de analfabetismo pertencerem ao escalão de baixos rendimentos, as suas taxas de esperança de vida serem baixas e enfrentarem uma má nutrição do que os outros membros da população.

Quando a educação é direcionada para a população pobre, muitos dos fatores sistémicos responsáveis pela pobreza serão alterados. Pode igualmente impedir a transmissão da pobreza de uma geração para outra. Se os pais são analfabetos e pobres, os seus filhos educados podem aproveitar a sua educação para tirar os pais da pobreza. Isso também garante às gerações que ainda não nasceram o acesso a uma boa educação e poder financeiro.

Por exemplo, quando o acesso à instrução é aumentado na África, a redução da pobreza pode ser alcançada. Alguém que adquiriu algumas habilidades básicas como a escrita, a leitura e a numeracia tem uma melhor hipótese de aumentar o rendimento do que alguém sem essas competências. Haverá oportunidades para trabalhar em instituições governamentais, empresas privadas e conglomerados internacionais. Podem também aproveitar outras oportunidades de autoemprego em que a educação é importante. Algumas destas oportunidades incluem tornar-se um programador profissional, web designer, artista gráfico, ou um freelancer com toneladas de oportunidades para obter rendimento passivo de blogging, vlogging, marketing afiliado, entre outros. Com a educação certa, as oportunidades são infinitas.

Educar a criança também é uma boa forma de reduzir a pobreza.

As raparigas educadas podem reduzir as taxas de natalidade, o que pode controlar a população do país. Por exemplo, na África Subsariana, as mulheres analfabetas têm cerca de 6 nascimentos, em média. As mulheres com o ensino primário básico dão à luz uma média de 5 crianças. Aqueles com ensino secundário têm uma média de menos de 4 crianças.

Isto mostra que quanto maior for a educação dessas mulheres, menor é o número de filhos que têm. Isso pode ajudar uma família com rendimentos decentes a espalhá-lo para cobrir as necessidades básicas da família.

Ao implementar uma educação formal para alcançar a erradicação da pobreza, os africanos e os negros em geral devem criar as suas próprias escolas com um currículo destinado a acomodar as necessidades da comunidade negra, e não em função da América, do currículo britânico ou europeu, que é moldado após a cultura e as necessidades dessas regiões. A comunidade negra também tem as suas culturas. Quando tiverem os seus próprios métodos educativos e currículo, contribuirão para o desenvolvimento da comunidade mais rapidamente do que quando dependendo de programas estrangeiros.

Os nossos programas devem ser adaptados para aumentar o nosso sentido de autossuficiência, em vez do espírito de dependência das nações avançadas, como sugere o currículo atual. O nosso currículo deve olhar para dentro e ensinar os africanos a maximizar as suas potencialidades para libertar a região da sua marca como sede mundial da pobreza. Temos de canalizar os nossos esforços para aquilo com que nos dotam, como os nossos recursos naturais, e prestar pouca atenção a outras coisas que nos possam distrair de fazê-lo.

» ***Educação Informal:*** Para além da educação formal, a educação informal também pode ser usada para reduzir a pobreza entre a comunidade negra, especialmente aqueles que vivem na África. Com o nível informal certo, os africanos podem aprender a resolver a maioria dos problemas que contribuem para as suas dificuldades e grau de pobreza. Um dos grandes desafios dos países africanos é a escassez de alimentos. Significa que os africanos não conseguem produzir comida suficiente para satisfazer as suas necessidades? Não. Na sua maioria, carecem da educação certa para a agricultura, a preservação dos alimentos e a gestão. Embora existam milhões de agricultores no continente, eles mal têm o suficiente para sustentar o país, porque não têm competências básicas de preservação, uma melhor compreensão de como a produção pode ser melhorada, e outras formas eficazes de resolver a crise alimentar no continente. Embora o mundo avançado utilize a sua educação para melhorar as técnicas agrícolas, a falta de uma educação formal e informal adequada continua a ser responsável pela técnica de cultivo de sustento por uma maior percentagem de agricultores da região. Como resultado, a produção dos seus esforços não é suficiente para fornecer os alimentos necessários para os outros. Uma consideração das toneladas de alimentos perdidos para as pragas e a falta de instalações de armazenamento adequadas sublinha a importância de ter a educação adequada para melhorar a produtividade.

Outros problemas que a educação adequada também pode ajudá-los a superar é a morte de homens e mulheres capazes por doenças evitáveis, crise da água durante a estação seca, e outros desafios que são inimigas para o continente. Todos estes problemas podem ser corrigidos com a educação, como demonstram os países avançados que colocaram estes desafios para trás quando colocam a sua educação e as suas competências em prática.

A educação é um dos maiores presentes que a humanidade tem. Ironicamente, é uma das coisas mais negligenciadas por países extremamente empobrecidos. Sem uma educação adequada, esses países não têm uma oportunidade sustentável de escapar da pobreza. Pelo contrário, permitir-se-ão mergulhar numa pobreza abjeta provocada pelas suas elevadas taxas de analfabetismo.

PARTICIPAÇÃO POLÍTICA

Embora o crescimento económico sempre tenha sido encarado como o instrumento potente para reduzir a pobreza entre os negros, há uma mudança gradual na importância da governação como um instrumento igualmente eficaz para consegui-lo. No discurso da pobreza no continente, a governação é hoje considerada uma questão-chave. A desigualdade, a penúria e a governação são hoje consideradas estreitamente relacionadas, devido ao potencial de uma má política para desestabilizar a

sociedade, criando desigualdades e miséria no processo. Algumas más políticas no passado fazem parte dos muitos fatores que agravaram a pobreza entre os negros em vez de a aliviarem.

Num estudo realizado por Mbaya Kankwenda et al para o United Programa de Desenvolvimento das Nações (PNUD), Mbaya destacou algumas áreas que a participação política dos pobres pode ajudar o continente a avançar. Disse que "o seu baixo nível de participação em processos políticos e a sua falta de influência na vida política dos seus países são grandes obstáculos", ao abordar a questão da governação e da política. Segundo ele, o baixo interesse das pessoas nos acontecimentos políticos nos seus países é um dos muitos fatores responsáveis pela continuação da pobreza na África.

A baixa participação dos pobres na política pode ser explicada por estes fatores:

» Carecem dos recursos materiais, tais como a educação, o rendimento discricionário e o estatuto profissional que são necessários para participar.

» Também lhes falta os recursos culturais necessários para participar na política. Estes podem ser desenvolvidos através da participação cívica.

» Algumas atitudes sociais, como a eficácia e o interesse pessoal, são importantes para a participação política. Infelizmente, a maioria dos pobres não possuem estes.

» De acordo com Mark Hansen e Steven Rosen stone, a culpa também é das elites políticas. Os pobres não são encorajados por estas pessoas a participar na política.

» Há também a questão das barreiras estruturais. A estrutura implementada em algumas pessoas desencoraja a participação dos pobres na política.

Por exemplo, na Nigéria, deve ser rico e bem-educado com as ligações políticas certas antes de poder participar na política. Sem o poder financeiro e o padrinho, a participação política para os pobres é impossível.

Muitos pobres mantêm a política à distância devido a estes fatores. No entanto, tal decisão não se revelou eficaz para melhorar as suas vidas. Só ofereceu a alguns cabalas ricos que transformassem os pobres nas suas marionetas, uma vez que manipulam as políticas e as leis governamentais a seu favor.

Estas questões devem ser seriamente abordadas para motivar mais pessoas pobres a participarem na sua política local. São eles que sentem os efeitos, mais do que os políticos ou os membros mais afortunados da população. Em vez de se sentirem despreocupados, deviam motivar-se a ter plena participação na política. Desta forma, podem representar as massas e levar as suas vozes para o corredor do poder, onde podem fazer mudanças que favoreçam os pobres e diminuam o seu nível de pobreza.

O governo também deve colocar alguma estrutura que seja tolerante com os pobres para encorajá-los a contribuir com a sua pequena quota para o desenvolvimento nacional. Não devem deixar a governação para os poucos ricos.

Descobriu-se que, devido à atitude indiferente dos pobres à política, os poucos ricos que, à frente dos assuntos na maioria dos países africanos, não têm qualquer interesse nas massas. Estão sobretudo interessados em satisfazer a sua ambição política e o seu interesse egoísta sem que ninguém os chame à ordem. Os pobres negam-se desse privilégio.

PODER DOS MEDIA

Os meios de comunicação também têm muito a fazer para ajudar este gigante a ultrapassar o seu problema de pobreza. Ao longo dos anos, os meios de comunicação social têm sido vistos como a voz dos sem voz, e podem ser utilizados eficazmente para promover o crescimento nacional em diferentes países do mundo. Na era moderna, há um acesso crescente à rádio, aos jornais, à televisão e à Internet. Isto tornou os meios de comunicação social um instrumento muito potente para promover e contribuir para o crescimento nacional e reduzir a pobreza à disposição das massas. Através das páginas do jornal, posts de blog, páginas do Facebook, alças do Twitter e similares, o impulso para uma economia melhor pode ser iniciado. Os meios de comunicação social também podem ajudar o governo a colocar algumas políticas que reduzam as taxas de pobreza entre as pessoas em vigor, fazendo boas sugestões ao governo e divulgando informações úteis para o desenvolvimento nacional e auto-crescimento para as pessoas. É uma boa maneira de usar o poder do medial social para tais causas.

Ao discutir o potencial papel do poder mediático a este respeito,

Pippa Norris escreveu que: "Mas os meios de comunicação são, provavelmente, mais eficazes no fortalecimento do processo de democratização, boa governação e desenvolvimento humano, onde funcionam colectivamente como um cão de guarda sobre o abuso de poder, como um fórum cívico para o debate político e como um setter de agenda para os decisores políticos, reforçando a resposta do governo aos problemas sociais. No seu papel de cão-relógio, os meios de comunicação podem idealmente promover a transparência do governo, a responsabilidade e o escrutínio público dos decisores. Podem destacar falhas políticas, má administração por parte de funcionários públicos, corrupção no poder judicial e escândalos no setor empresarial."

Como arma potente para o desenvolvimento nacional, os meios de comunicação podem ajudar o eleitorado a fazer a escolha certa durante as eleições. Durante as campanhas políticas, os meios de comunicação social têm a responsabilidade civil de fornecer aos cidadãos informações valiosas que possam usar para estabelecer uma comparação entre os aspirantes. Os meios de comunicação podem fornecer políticas prospetivas, registos retrospetivos e as características de liderança dos participantes que ajudarão o eleitorado a tomar decisões e escolhas informadas.

No geral, uma boa análise das funções dos meios de comunicação social mostra que eles podem desempenhar um papel significativo na transformação da taxa de pobreza da comunidade africana, sensibilizando as pessoas para escolherem uma liderança credível e orientada para as pessoas em relação a quaisquer políticas antipessoais, independentemente da filiação política que apoiam.

Quando a imprensa for eficaz como cão de guarda, terá um grande impacto em ajudar as pessoas a acabar com a corrupção nos seus países. Chamando a atenção para os males sociais, podem influenciar o governo para melhorar a sua eficácia. Quando se considera o papel da corrupção no desenvolvimento do continente, se os meios de comunicação social conseguirem alcançar o objetivo de acabar com a corrupção do continente, têm mais hipóteses de erradicar a pobreza nele.

Geralmente, as redes sociais podem ajudar a aliviar a pobreza de algumas maneiras:

» As redes sociais podem tornar possível a partilha de recursos. As pessoas terão a oportunidade de compartilhar os seus conhecimentos, apoios e conhecimentos especializados para alcançar um objetivo comum. Também podem partilhar informações como conselhos de benefícios, oportunidades de emprego e influência.

» Podem também promover o apoio mútuo entre as pessoas, e dar-lhes oportunidades para desenvolverem as suas competências ou aprenderem novas habilidades que possam utilizar para gerar uma fonte regular de rendimento.

» O ditado de que há força em número também é verdade com o apoio das redes sociais. Podem ser utilizados para campanhas sociais, contribuindo tanto para as questões políticas como sociais, e para a educação geral das massas, de forma a superar a pobreza e a criar oportunidades de emprego para si próprios.

Em termos de criação de emprego, as redes sociais criaram muitas oportunidades para as pessoas em todo o mundo. Cinco das oportunidades do trabalho criadas pelas redes sociais incluem:

- ***Marketing digital:***

A elevada procura de websites para promover produtos e serviços exigiu marketing digital. Não importa o que um web designer coloca na elaboração de um site e a qualidade dos produtos ou serviços oferecidos nesses sites, sem que as  pessoas visitem os websites para fazer compras ou encomendar serviços, todos os esforços não têm qualquer valor.

Um marketer digital estuda a tendência global e faz uso dos seus conhecimentos para conduzir o bom tráfego a um site específico. Isto levará a mais vendas ou patrocínios para a empresa enquanto o marketer digital é pago pelos seus serviços. Esta é mais uma oportunidade oferecida pelas redes sociais para as pessoas viverem.

- ### *Web design:*

O mundo tornou-se digital e muitos empreendedores estão prontos a aproveitar a Internet para promover as suas marcas. Como resultado, há uma procura cada vez maior para web designers que são habilidosos para projetar sites compatíveis com o utilizador e com o dispositivo móvel. Atualmente, existem milhões de websites em todo o mundo e muitos mais são adicionados diariamente. Alguém com uma boa habilidade de web design aproveita a oportunidade oferecida pelo mundo da Internet para ganhar uma vida decente e tirá-lo da pobreza.

- ### *App development:*

Facebook e Instagram levaram as redes sociais para outro nível. Felizmente, as redes sociais não mostram sinais de declínio num futuro previsível devido à necessidade crescente de satisfazer as bases de utilizadores através de um número de usúarios cada vez maior. As mudanças nas redes sociais não são automáticas; são impulsionados por pessoas, desenvolvedores experientes e programadores com perspetivas e ideias brilhantes.

Se você é uma pessoa criativa e precisa da motivação certa para experimentar o seu desenvolvimento prático de aplicativos, leia as histórias de sucesso destes jovens desenvolvedores de aplicações que transformaram a sua paixão em milhões de dólares: Nick A'loisio, Brian Wong, Robert Nay e Chad Mureta. Tem alguma hipótese?

De acordo com os relatos, o mercado IOS e android está a crescer a um ritmo alarmante. O mercado acolhe novas ideias que podem impulsionar a inovação. Em 2012, o mercado de aplicações móveis valia 53 mil milhões de dólares.

Esse valor subiu para 143 mil milhões de dólares em 2016. Estima-se que serão necessários mais de 20 milhões de programadores de aplicações para impulsionar o mercado em 2020. Esta é uma grande oportunidade para os jovens africanos desenvolverem ideias criativas que possam lançar as suas carreiras e tirá-las da pobreza.

- ### *Blogging:*

O mundo está cheio de informação do que antes. É claro que esta informação está prontamente disponível na ponta dos dedos das pessoas do que antes. Seja através do Google ou de outros motores de busca, pode ter acesso a informações ilimitadas sob forma escrita. Estas peças são reunidas por escritores humanos com uma paixão pela escrita. Alguns deles escrevem tais artigos por uma taxa, uma boa maneira de transformar as suas habilidades em dinheiro. Naturalmente, este artigo que está a ler pode ser obra de um redator. É assim que a informação é produzida e espalhada por todo o mundo por autores competentes e eficientes.

Por outro lado, pode levar as suas habilidades de escrita um pouco mais alto e tornar-se um bloguista. Com as estratégias de marketing certas, você ganhará o suficiente para complementar o seu rendimento. Quando eventualmente se tornar um blogger profissional, o rendimento mensal do seu blog será suficiente para cuidar das suas necessidades sem aceitar qualquer trabalho de lado. Alguns bloguistas de sucesso ganham milhares de dólares todos os meses com os seus blogs. Confira os gostos de John Chow, Neil Patel e outros bloguistas de sucesso e aprenda com as suas histórias de sucesso. O mesmo se pode dizer de alguns autores bem-sucedidos também.

- ### *Freelancing*

Se você tem algumas habilidades, como escrita, design gráfico, e o resto, você pode tornar-se um freelancer em alguns sites de trabalho e ganhar dinheiro com o conforto de sua casa, fornecendo estes serviços a indivíduos que precisam deles e sendo pago pelo seu tempo e serviços. Esta é uma boa forma de os jovens africanos poderem aproveitar as redes sociais e a Internet para reduzirem as taxas de desemprego entre elas.

Existem toneladas de sites de freelancing onde potenciais freelancers podem conseguir empregos que lhes darão um rendimento regular. Podem experimentar alguns websites como:

» ***www.upwork.com***

» ***www.freelancer.com***

» ***www.peopleperhour.com***

» ***www.toptal.com***

» ***www.guru.com***

» ***www.simplyhired.com***

Estes são apenas seis dos numerosos sites de freelancing que um freelancer pode aproveitar. As oportunidades são ilimitadas. Muitas pessoas recorrem agora a freelancers para fazerem o seu trabalho, e as partes interessadas estão a ganhar dinheiro suficiente para se cuidarem de si próprias sem deixarem o conforto das suas casas.

Com um sistema informático, uma ligação à Internet ou um modem, e as habilidades certas, um freelancer determinado vai envolver-se e tornar-se financeiramente independente. Gradualmente, a lista de desemprego perderá um membro.

• Especialista Em Hacking/Segurança

Embora Hollywood tenha descrito o hacking como um campo glamouroso, é bastante desafiante, uma vez que envolve agrupe ficheiros ultrassecretos e destruí-los quando necessário, extorquir dinheiro de instituições governamentais e grandes empresas. Enquanto os hackers  em filmes usam principalmente a sua experiência de hacking para atividades criminosas, um hacker de trabalho real encontra vulnerabilidades de segurança e bugs num sistema e corrige-os. Isto contribuiu significativamente para a segurança da internet. Como hacker/especialista em segurança, pode rentabilizar esta habilidade para instituições governamentais ou grandes empresas que estejam interessadas em aumentar a sua segurança.

ABOLINDO A GUERRA

As contribuições de guerras e distúrbios civis para a taxa de pobreza na África já foi discutida anteriormente. Através da destruição de vidas e propriedades, o continente está exposto à pobreza. Quando as guerras acontecem, homens capazes que podem contribuir para o crescimento dos seus países são mortos no seu auge. As suas potenciais contribuições para os seus países morrem juntamente com eles. O dinheiro que deveria ter sido usado na erradicação da pobreza é gasto em armas de guerra. O resultado é o aumento do nível de pobreza e negligência que mergulha o continente mais profundamente na crise e na pobreza.

Devido à avalanche de provas que provam os contributos das guerras para a pobreza, é razoável sugerir que a abolição delas pode conduzir à redução da pobreza. Durante décadas, o continente está a combater guerras e distúrbios civis causados por vários fatores, incluindo a ganância e a sede de poder.

Apesar da devastação da pobreza em todo o continente, é surpreendente que os governos africanos continuem a

orçamentar milhares de milhões de dólares por ano para apoiar os seus militares e participar em guerras desnecessárias que não oferecem nada de positivo para o continente, exceto a destruição de vidas e propriedades. Angola que é um dos países mais pobres da África é o que mais gasta em armas, gastando mais de 11 mil milhões de dólares por ano para fortificar o seu exército. De acordo com um relatório da BBC, os conflitos armados na África, por um período de 15 anos, custaram ao continente cerca de 300

mil milhões de dólares. São cerca de 20 biliões de dólares por ano. Este tipo de investimentos em conflitos armados está a agravar a fome na África. Por conseguinte, os países africanos queixam-se de fundos insuficientes para o desenvolvimento económico apenas para gerir mal os recursos do país, em vez de criarem uma estratégia adequada para o programa de desenvolvimento. É patético.

Noutra veia, as guerras travadas na África geralmente resultam em muitas pessoas deslocadas. Estas pessoas perderão a sua fonte de subsistência, casa, propriedades e outros valores. Sem nada de que depender para o rendimento, tornam-se destituídos, esticam-se a viver do dia-a-dia. Devido à intensidade de uma guerra, as pessoas podem ter de abandonar os seus países e tornar-se refugiados noutros países. Na maioria dos casos, isto pode causar dificuldades económicas ao país anfitrião que ainda está a fazer o pouco que tem. Tanto para os refugiados como para os anfitriões, as suas dificuldades económicas serão agravadas. É o caso dos refugiados sírios no Líbano.

Segundo o Banco Mundial, cerca de 92% destes refugiados não têm um emprego estável, enquanto os poucos que se viram suficientemente afortunados para conseguir um emprego ganham o que mal é suficiente para os sustentar. Segundo o Banco Mundial, "Embora os agricultores e empresários do

Líbano e da Turquia possam ter podido lucrar com mão de obra barata, os trabalhadores locais perderam. A economia do Líbano também não se beneficiou dos preços baratos do petróleo devido à pressão de acolher mais de 1 milhão de refugiados sírios, com o Banco a estimar uma queda do crescimento real do PIB de 2,9 pontos percentuais por ano entre 2012 e 2014, empurrando mais de 170.000 libaneses para a pobreza, e duplicando a taxa de desemprego do país para mais de 20 %". Imagine o doloroso resultado da guerra da Síria. Esta triste experiência pode ser evitada abolindo a guerra no continente.

Se a guerra for abolida na África, o elevado número de homens perdidos para os combates anualmente será evitado, deixando o continente com pessoas com a capacidade de contribuir para o crescimento dele. Além disso, pense na destruição de propriedades e outros recursos durante as guerras. As terras que podem ser utilizadas para fins agrícolas serão poluídas com produtos químicos nocivos, tornando-os inúteis para a agricultura. Isso também leva ao aumento da pobreza entre os negros. Reconstruir um país devastado pela guerra é bastante desafiante, uma vez que o governo pode não ter recursos para reconstruir tal país. Como rescaldo de tal guerra, as necessidades básicas da vida estarão ausentes, dificultando a vida das pessoas e o nível de pobreza no país aumentará tremendamente.

Por outro lado, se esses países puderem passar sem guerras, as terras destruídas durante as guerras serão utilizadas para fins agrícolas, para empresas de construção, e outros fins que impulsionem a economia dos seus países em particular, e do continente em geral. O dinheiro gasto em guerras será utilizado para impulsionar a economia dos países africanos, construir mais infraestruturas, criar mais empregos, conceder empréstimos às PME e fazer o que for necessário para impulsionar a economia, libertando assim as pessoas do controlo da pobreza.

CORRUPÇÃO:

A Corrupção deve ser limpa entre funcionários do governo.

Ela é um dos maiores problemas dos países africanos.

Ao longo dos anos, funcionários corruptos do governo têm ordenhado países africanos secos. Ao desviar biliões de dólares por ano, as verbas destinadas ao desenvolvimento nacional são convertidas para uso pessoal. Este ato insensível deixa as massas à mercê dos funcionários corruptos que se representam a si próprios e às suas famílias em vez de defenderem a causa das pessoas que dizem representar.

Para além da apropriação indevida financeira, funcionários corruptos do governo também são culpados de nepotismo. As posições-chave nas instituições governamentais são reservadas aos membros das suas famílias, concubinas e coortes para ocupar, enquanto as massas comuns são confrontadas com uma situação de desemprego desolador. Acrescente-se isto ao problema da administração pródiga e da má gestão dos recursos naturais, a destruição do continente por funcionários governamentais corruptos matou o continente, mergulhando-o em mais pobreza do que a trabalhar seriamente para salvá-lo de tal confusão financeira.

Num comunicado do Relatório da União Africana, o continente perde mais de 148 mil milhões de dólares por ano para a corrupção. Isto é corroborado por um ex-vice-presidente do Banco Mundial, Oby Ezekwesili. Ela alegou que "A Nigéria perdeu uns surpreendentes 400 mil milhões de dólares para a corrupção no setor petrolífero durante um período de 33 anos (1966-1999). Só em 2015, a Nigéria perdeu 32 mil milhões de dólares para apropriação indevida de fundos na Nigéria National Petroleum Corporation, NNPC."

A atitude destes funcionários corruptos ao suborno e à corrupção pode ser perturbadora. O continente só combate a corrupção nas páginas dos jornais e nas estações de televisão. Em alguns casos escandalosos e aterradores, esses funcionários recebem mais nomeações políticas depois de terem pagado a sua pequena multa.

Se o continente quer um caminho para sair deste problema, devem ser aplicadas sanções severas aos funcionários corruptos culpados, em vez da atual atitude em relação a eles. Quando forem obrigados a pagar mais do que aquilo que desviam, estarão menos inclinados a roubar fundos públicos. Servir a nação deve basear-se na prontidão para servir o povo, e não o contrário. Não deve ser para autossatisfação, mas um serviço altruísta para a melhoria da condição de vida das massas. Se essa mentalidade for promovida entre o povo, especialmente os governantes, os fundos públicos serão utilizados para melhorar o lote de pessoas, em vez de esses fundos na bolsa de algumas cabalas sem escrúpulos que estão a fazer o continente recuar através da sua corrupção.

Outra forma eficaz de eliminar a corrupção dos funcionários do governo é criar transparência nas despesas do governo. Algumas das formas pelas quais o governo gere os fundos públicos são isenções fiscais, subsídios, créditos suaves, contratos públicos de bens e serviços, e sob fundos orçamentais que são controlados pelos políticos. Para angariar capital, os governos tocam nos mercados de capitais, cobram impostos e recebem ajudas externas. Os fundos são agora atribuídos para satisfazer diferentes necessidades da população através de alguns mecanismos desenvolvidos pelo governo. Funcionários corruptos do governo capitalizam lacunas no processo para desviar fundos. Isto pode ser interrompido se um elemento de transparência for introduzido nos processos. Portanto, quanto maior for o nível de transparência entre estes funcionários do governo, menor será o grau de corrupção que irão demonstrar.

Para apoiar estes esforços, há de perceber que existe uma dimensão moral para a corrupção entre as pessoas. Esta é outra área em que a luta contra a corrupção deve ser focada. Cada país deve levar isto a sério e tomar algumas medidas para sensibilizar os seus cidadãos para a importância de se manterem moralmente castos, independentemente da situação. Os fundamentos éticos e morais das pessoas devem ser reforçados para terem um impacto positivo nos indivíduos. Desde casa, as crianças devem ser ensinadas que a honestidade e a integridade são virtudes que não devem ser comprometidas. Na escola, este deve ser incluído no seu currículo ao longo da sua educação formal. Uma base moral tão forte aumentará a vontade das pessoas de serem moralmente dignas e responsáveis, especialmente, as titulares de cargos públicos.

EMPRÉSTIMOS PARA EMPRESAS INICIANTES DEVEM ESTAR DISPONÍVEIS

Um dos maiores contribuintes para a pobreza generalizada entre os negros é a elevada taxa de desemprego. Isto inclui a incapacidade dos empresários e outros empresários do sector das PME de angariarem pessoalmente capitais para lançarem as suas empresas ou garantirem o empréstimo necessário para angariar capital para as suas empresas. Como tal, as pessoas com grandes ideias não podem executá-las devido à falta de dinheiro. Felizmente, este problema pode ser resolvido se o governo e outras instituições financeiras puderem conceder empréstimos para que as pessoas prossigam os seus sonhos, investindo nas suas ideias. Com estes empréstimos, algumas pessoas deixarão a lista de desemprego e trabalharão arduamente para gerar rendimento para si mesmas, reduzindo assim as taxas de desemprego no continente e contribuindo para o crescimento económico de África.

Por vezes, obter um empréstimo de tais instituições financeiras e do governo pode ser difícil devido a alguns princípios e protocolos

rigorosos que devem ser seguidos para obtê-los. Felizmente, há muitas empresas e fundações de empréstimos não governamentais que estão prontas para colocar sorrisos nos rostos de aspirantes a empresários africanos. Independentemente da sua localização na África, pode ter acesso a um empréstimo que pode usar para perseguir os seus sonhos.

ALGUMAS DESTAS EMPRESAS DE EMPRÉSTIMO SÃO:

1.   FUNDO DE DESENVOLVIMENTO JUVENIL ZÂMBIA:
O objetivo desta organização é dotar os jovens zambianos de grandes ideias com recursos financeiros para transformarem os seus sonhos em realidade. Desde 2010, o Ministério da Juventude e Desporto tem vindo a implementar o fundo adequado para conceder subsídios sociais e empréstimos às empresas e a pessoas, com uma duração de reembolso flexível de 36 meses.

2.   FUNDO AFRICANO PARA O DESENVOLVIMENTO DAS MULHERES: Este é o primeiro plano de financiamento africano para as mulheres na África. Desde que começou a operar no continente, em 2001, forneceu mais de 800 organizações femininas de mais de 42 países do continente, um total superior a 17 milhões de dólares. Embora a organização não conceda subvenções a indivíduos, pode conceder entre 8.000 e 50.000 dólares a grupos de mulheres elegíveis.

3.   **VC4AFRICA:** Ao longo dos anos, o VC4Africa conta com os maiores empresários online que se dedicam a construir empresas que vão mudar o panorama do continente. Como aspirante a empreendedor, pode contar com esta plataforma para lhe conceder empréstimos para iniciar o seu negócio. Você também tem acesso a oportunidades de mentoria e ferramentas online gratuitas como membro desta plataforma.

4.   PROGRAMA DA FUNDAÇÃO TONY ELUMELU PARA O EMPREENDEDORISMO: Este programa foi fundado por Tony Elumelu, um banqueiro reformado, empresário e filantropo. A fundação foi criada para incentivar o espírito de empreendedorismo em jovens africanos e fornecer um terreno de desembarque suave para a próxima geração de empreendedores. Com o objetivo de apoiar 1.000 empreendedores todos os anos durante 10 anos, a fundação de 100 milhões de dólares destina-se a criar 1 milhão de novos postos de trabalho nesse período de tempo e gerar mais de 10 mil milhões de receitas anuais para o continente.

5.   FUNDO ACUMEN: Esta é uma organização de caridade que foi incorporada há alguns anos pela Fundação Rockefeller e pela Fundação Cisco Systems. Três outros filantropos individuais também contribuíram para a criação desta fundação. Esta organização especializa-se em investir em empreendedores que possam oferecer soluções sustentáveis para alguns dos grandes problemas que assolam o continente.

Além de ter uma solução sustentável, você deve residir na África Ocidental, África Oriental, América Latina, Paquistão ou Índia para se qualificar para o empréstimo.

6.   FUNDAÇÃO AFRICANA PARA O DESENVOLVIMENTO: A Fundação Africana para o Desenvolvimento é um subsector do governo dos Estados Unidos criado como uma agência federal independente para prestar assistência ao desenvolvimento liderado pela África, fornecendo apoio técnico e capital de sementes. Com a assistência, acredita-se que as empresas na África podem ser sustentadas para melhorar o rendimento, cuidar das necessidades de desenvolvimento humano e apoiar a agricultura, para uma maior segurança alimentar no continente. Em 2014, a agência concedeu 336 subvenções a pessoas no valor de 50 milhões de dólares, com impacto na vida de mais de 1,3 milhões de africanos. Se você é um jovem agricultor, uma menina ou uma mulher, você pode contactar a organização para financiar a sua prática agrícola.

7.   **BAMBOO FINANCE:** A Bamboo Finance é uma empresa privada especializada no apoio a pequenos modelos de negócio que são principalmente estabelecidos para atender às necessidades de pessoas de baixos rendimentos em alguns mercados emergentes da África. Com escritórios em Bogotá, Genebra, Luxemburgo e Nairobi, concederam mais de 250 milhões de dólares a pessoas em todo o mundo.

8.   **ENDEAVOUR:** A Endeavour foi fundada em 1997 e tem ajudado as pessoas a atingirem os seus objetivos empresariais desde então, fornecendo-lhes assistência financeira. A organização interessa-se por empreendedores com potencial para transformar o continente com as suas competências e ideias. Independentemente da sua nacionalidade, sexo, formação, ou outros, a organização está pronta para dar às pessoas com as habilidades certas uma oportunidade de sucesso financeiro, apoiando os seus sonhos.

9.   **FUNDAÇÃO FORD:** Desde a sua criação, em 1936, a Fundação Ford tem vindo a conceder subsídios a pessoas na América Latina, Estados Unidos, Ásia, Oriente Médio e África. Estima- se que a fundação tenha fornecido mais de 16,3 mil milhões de dólares em subvenções a investidores e empresários em todo o mundo, onde quer que a fundação exista. Se tiver as ideias, pode obter o financiamento com a ajuda da Fundação Ford.

10.   **CAF:** A Charities Aid Foundation (CAF) é outro grande nome entre os prestadores de subvenções do que um empresário africano pode contar com a assistência financeira. Esta fundação sediada no Reino Unido tem apoiado instituições de caridade com subvenções que ascendem a mais de 3 mil milhões de libras desde

a sua criação em 1924. Quando grupos de pessoas qualificadas têm dificuldade em obter empréstimos de instituições financeiras locais, a CAF está prontamente disponível para conceder tais empréstimos, se o grupo conseguir convencer a organização a apoiar o seu sonho.

Existem toneladas de outros fornecedores de empréstimos que estão prontos para apoiar o seu sonho, fornecendo-lhe o capital de arranque para lançar a sua carreira, colocar o seu negócio em boa forma ou criar oportunidades de emprego para os outros. Você pode aproveitar estas oportunidades se você cumprir os requisitos, especialmente se você achar difícil obter subsídios ou empréstimos do governo ou outras empresas de créditos locais.

Quando as pessoas aproveitarem melhor esta oportunidade, a taxa de desemprego do continente reduzir-se-á drasticamente. Os aspirantes a empresários deixarão de estar preocupados com onde e como angariar o capital para o seu investimento. Em longo prazo, as taxas de desemprego na África diminuirão à medida que mais pessoas estiverem habilitadas a trabalhar e a ganhar a vida. A condição económica do continente irá melhorar gradualmente. Se não cumprir os requisitos básicos das organizações aqui mencionadas, pode procurar outros cujos requisitos se alinham consigo.

ELIMINAÇÃO DE CRENÇAS SUPERSTICIOSAS

As crenças supersticiosas são outro desafio que os negros enfrentam, especialmente aqueles que vivem na África. Isto está profundamente enraizado nas suas culturas e tradições, levando a fortes crenças no cristianismo, islamismo, voodoo, bruxaria, marabou, e juju, etc. Isto contribuiu para o subdesenvolvimento do continente de uma forma ou de outra.  Alguns eventos que podem ser facilmente abordados por um simples raciocínio têm superstição ligada a eles. Isto os impede de tomar medidas práticas para evitar a reincidência de um incidente tão infeliz.

Pelo contrário, preferem apaziguar o seu criador ou antepassados com itens caros para proteção e orientação. A maioria das famílias pobres que lutam para pagar as despesas irá até ao fim, incluindo empréstimos, para comprar artigos sacrificiais para apaziguar estes antepassados.

Outro impacto das crenças supersticiosas é a obsessão com os mortos que é apoiada pela superstição. Acreditando que os mortos têm poderes sobrenaturais, os africanos ocidentais não deixarão pedra sobre pedra para dar "enterro adequado" aos falecidos, para "deixá-los confortáveis na sua viagem para o além". Na maioria dos casos, dinheiro, tempo e outros recursos que devem ser usados para algo valioso que pode melhorar as condições de vida de algumas pessoas são desperdiçados em funerais/enterros extravagantes, apaziguando o espírito dos mortos, e outros festivais que são principalmente projetados para acomodar as suas crenças supersticiosas.

Outras crenças supersticiosas incluem atribuir qualquer ocorrência a forças sobrenaturais. Quando as pessoas estão a passar por algumas dificuldades devido a erros pessoais, preferem atribuí-la a uma força sobrenatural em vez de abordar a génese do problema. Além da sua busca por respostas, procuram a ajuda de líderes religiosos que agravam as suas aflições financeiras, atribuindo-lhes o que normalmente não podem pagar.

Ao escrever sobre a questão da superstição em África, o Príncipe Kwensi, um ganês escreveu: "Na sexta-feira passada, ouvi uma mulher do mercado na rádio a dar um testemunho "milagroso", o que me fez pensar se havia algo de errado com ela. Incapaz de pagar um empréstimo de 2.000 gh¢2.000 que ela levou do banco, ela contactou um pastor que lhe pediu para trazer GH¢500, lenços brancos, uma caixa de água engarrafada, mais outros itens que não consigo lembrar. Perguntei-me; Não poderia esta mulher ter servido metade do empréstimo com este valor? Este é o verdadeiro problema dos africanos supersticiosos. Em vez de usar o dinheiro para pagar o empréstimo, a sua crença supersticiosa vai fazê-la pensar o contrário. Como resultado, as suas dificuldades financeiras continuarão até quando finalmente perceber que nada pode ser eficaz o suficiente para apagar a sua dívida." Esta é uma demonstração perfeita da gulabilidade dos africanos sob a influência da superstição.

Estas crenças supersticiosas continuaram a ser um forte opositor do desenvolvimento. O Professor Kasim Kasanga, um antigo Ministro do Ambiente e da Ciência no Gana, afirmou que tais rituais e crenças supersticiosas são os maiores obstáculos que impedem o progresso do Gana e de outros países na África Ocidental.

Uma vez que isto também agrava o grau de pobreza na África, devem ser tomadas medidas práticas para exorcizar o espírito de superstição dos africanos. Uma das armas mais eficazes contra crenças supersticiosas é a educação. Os africanos precisam ser educados para distinguir entre realidade e falácia. Devem compreender que haverá resultados para as ações das pessoas e deixar de ver tudo como obra de algumas forças não vistas. Quando tais crenças são apagadas, podem facilmente confiar num bom raciocínio, ao invés de permitir que algumas forças não existentes controlem as suas vidas.

PROMOÇÃO DO ESTADO DE DIREITO

De acordo com o Projeto Justiça Mundial, o Estado de Direito estipula que ninguém está acima da lei. Isto significa simplesmente que a lei de uma nação é um princípio universal que é vinculativo para todos os cidadãos desse país. Neste caso, as leis não têm ambiguidade, são devidamente promulgadas, protegem os direitos fundamentais, e são justas. Cada cidadão de um país  está sob esta lei e é guiado por ela, sem exceções.

O Secretário-Geral das Nações Unidas modificou a definição quando se dirigiu às Nações Unidas. Definiu o Estado de Direito como "um princípio de governação em que todas as pessoas, instituições públicas e privadas, incluindo o próprio Estado, são responsáveis pelas leis, de forma igual, justa e independente. E as leis devem refletir as normas internacionais em matéria de direitos humanos".

Infelizmente, o Estado de Direito não é implementado por algumas pessoas na África. Cada país tem algumas cabalas que acreditam estar acima da lei e não estão vinculados às regras e regulamentos inscênteses estabelecidos pelo governo de hoje, para gerir os assuntos do país e ver que tudo é regido com regras e regulamentos estabelecidos. Consideram-se as vacas sagradas que estão fora do âmbito da lei. Isto se reflete na impunidade com que alguns líderes dirigem os assuntos dos seus países. Os funcionários corruptos do governo também têm pouca ou nenhuma consideração pelo Estado de Direito, considerando a sua insensição e desobediência flagrante às leis em todas as oportunidades que têm. Esta é uma das razões pelas quais o combate à pobreza na região pode ser um desafio. As pessoas desviam fundos públicos sem uma medida adequada para fazê-los pagar pelos seus crimes. Os recursos destinados ao desenvolvimento nacional são desviados para uso pessoal sem dar a mínima para o que as leis dizem. Este é o estado lamentável do continente.

No entanto, uma execução completa do Estado de direito pode ajudar a reduzir o grau de pobreza na África. Como é possível?

Em 2007, as Nações Unidas proclamaram o Segundo United Década das Nações para a Erradicação da Pobreza que estava prevista para 2008-2017. O tema do projeto foi "Pleno Emprego e Trabalho Digno para Todos". Salientou-se que a pobreza é o antidesenvolvimento, enquanto o desenvolvimento é reconhecido como um direito humano fundamental. O n.º 1 do artigo 11.o do Pacto Internacional sobre os Direitos Económicos, Sociais e Culturais indica que todos os cidadãos das nações membros devem ter acesso a um bom nível de vida tanto para si como para a sua família. Isto inclui ter as necessidades básicas, como vestuário, alimentação adequada e habitação. Necessidades que contribuirão para a melhoria das condições de vida dessas famílias. No fundo, a lei está a defender o direito à pobreza como um direito humano fundamental que deve ser obedecida por todos os governantes sem qualquer exceção.

O Pacto Internacional sobre Economia, Social e Cultural estabeleceu direitos para impedir que os líderes violem os direitos económicos, culturais e sociais dos seus cidadãos. Felizmente, mais de 30 países africanos ratificaram esta lei e prometeram implementá-las. Por conseguinte, quando as pessoas de um país vivem abaixo do limiar da pobreza, trata-se de uma violação dos seus direitos fundamentais.

É igualmente interessante notar que a observância dos direitos políticos e civis do povo ajudará um país a alcançar a paz e a segurança, condições que oferecerão às pessoas uma ampla oportunidade de trabalharem para alcançar o crescimento económico. Isto se deve ao facto de os países que governam o Estado de direito lhes recordar a necessidade de criarem um ambiente propício à produção económica. Quando isso for feito, as pessoas terão uma fonte de subsistência que ajudará a erradicar a penúria da sociedade. O Relatório de Desenvolvimento Humano 2000 (HDR 2000) argumentou que "a redução da pobreza requer uma implementação bem-sucedida dos direitos sociais e económicos, bem como dos direitos civis e políticos". Ao criar estabilidade num país, o Estado de Direito pode ser usado para erradicar a pobreza se for plenamente executado.

Outra área em que o Estado de Direito é útil é quando a igualdade antes da lei é implementada. Como referido anteriormente, alguns líderes africanos viraram-se para semideuses que são vistos como acima da lei. Isto viola o Estado de Direito que liga as pessoas indiscriminadamente. De acordo com a lei, os indivíduos são responsáveis pelas suas ações/inações e erros. Por ordem, estes governantes corruptos que são impotentes, suprimindo a minoria, alimentando os seus egos com o dinheiro dos contribuintes, usando indevidamente recursos e abusando da soberania do povo são abusadores e violadores do Estado de direito. Tais atitudes negativas impedem o desenvolvimento da região, contribuindo simultanemente para as elevadas taxas de desemprego e para o nível de pobreza no continente. Eles, através do seu desrespeito pelas leis, tornam o continente economicamente fraco e o cobrem com um cobertor de pobreza. Não há como os líderes corruptos traçarem um rumo que conduza ao desenvolvimento nacional. Cumprir o Estado de direito é a única forma de tal sonho se tornar realidade.

Quando um país respeita o Estado de direito, as leis locais e internacionais são aplicadas de forma eficaz e sem discriminação. Em tal ambiente, tanto os ricos como os pobres são responsáveis perante a lei. Os líderes não estão isentos de tais leis e também não há cabalas que se consideram acima delas. A igualdade dos cidadãos é aplicada para que ninguém se sinta superior aos outros. Isto impede que os líderes atuem fora das suas jurisdições, os empresários não podem reter consumidores para pedir resgate, e nem a classe baixa pode ser explorada, agravando assim o seu problema económico.

A aplicação do Estado de direito também dá liberdade à imprensa para operar. Podem criticar construtivamente o governo e oferecer soluções para os problemas nacionais. Serão livres de expor pessoas corruptas cujas ações estão a minar os esforços do governo para erradicar a pobreza sem qualquer medo de intimidação. Jornalistas e organismos de radiodifusão serão protegidos contra ameaças a vidas e outras formas de intimidação imprudente. Os seus esforços coletivos podem criar a consciência certa que apoiará os esforços do governo.

Isto não é possível quando o Estado de Direito é desobedecido à vontade.

Jornalistas e outros meios de comunicação social receiam ser atirados para as prisões por se depararem com um tirano corrupto ou por se terem atrevido a travar uma guerra contra a corrupção e os tiranos corruptos.

Um país onde o Estado de Direito é respeitado e obedecido é o ambiente certo onde o crescimento nacional é possível. Os funcionários do governo não se podem esconder sob o guarda-chuva da impunidade para ordenhar o estado seco, o ambiente que é propício ao desenvolvimento pessoal é criado para as massas. É a condição ideal para reduzir a corrupção quando os funcionários corruptos estão cientes das sanções severas que os esperam por apropriação indevida de fundos públicos. Suborno e corrupção são eliminados por medo de serem apanhados. A lista é interminável.

Quando os africanos, especialmente os líderes, puderem obedecer às regras da lei, o continente terá recursos suficientes para construir o continente quando não há desfalques para lidar, os fundos são criteriosamente utilizados, e as pessoas que se encontram em falta são obrigadas a enfrentar todo o peso da lei. Então, a pobreza será reduzida a um nível razoável. Imaginem como teria sido o continente se esses biliões de dólares não estivessem a roubar e os recursos não fossem mal geridos. É isso que a aplicação do Estado de Direito vai conseguir.

REMUNERAÇÃO ADEQUADA PARA OS TRABALHADORES

A situação financeira das pessoas é um reflexo do seu rendimento. Os ricos são assalariados de alto rendimento e podem pagar as coisas boas que a vida tem para oferecer sem qualquer questão de acessibilidade. Por outro lado, os pobres são trabalhadores com baixos rendimentos, que dificilmente satisfazem as suas necessidades. Por outras palavras, a má remuneração produzirá uma sociedade pobre. Quando os trabalhadores não são devidamente pagos pelos seus esforços, a pobreza não pode ser excluída devido à restrição financeira que torna impossível satisfazer as suas necessidades básicas.

Para reduzir o impacto da pobreza no continente, os empregadores do trabalho têm de intensificar os seus jogos e pagar aos seus trabalhadores o que merecem pelas suas competências e esforços. Enquanto os intervenientes no sector privado são os maiores culpados, o governo também não está a ajudar as coisas. Alguns funcionários do governo encurtam os seus funcionários enganando o sistema e pagando aos seus empregados muito abaixo da estrutura de pagamento regular, através de meios duvidosos. Os poucos que estão inclinados a obedecer têm uma atitude pouco saudável de atrasar o pagamento em alguns casos. Não é invulgar, em alguns países de África, o governo dever salários aos trabalhadores durante meses. Isto implica que, durante esse tempo, os trabalhadores não receberão salários. Isto geralmente contribui para a pobreza entre algumas famílias com crianças para atender e outras responsabilidades financeiras a cumprir. O que acontece a uma família onde tanto o marido como a mulher são empregados pelo governo, e estão sem pagamento por alguns meses? Como estes trabalhadores sobrevivem sem salários durante tanto tempo é algo melhor imaginado do que vivido.

Uma boa solução para este problema é uma remuneração

adequada dos trabalhadores. Eles devem ganhar de acordo com os seus esforços, qualificações e outros parâmetros que possam ser utilizados para medir essa ou qualquer estrutura salarial universal aprovada pelo governo federal de um país. Os empregadores devem também assegurar que os seus empregados sejam pagos rapidamente sem demora. Dessa forma, podem cumprir as suas responsabilidades sem acrescentar mais preocupações financeiras a uma situação já má.

Devem ser promulgadas leis que punam os empregadores que exploram os seus empregados, seja através de salários baixos, irregularidades nos pagamentos, quer utilizando qualquer outra técnica para pagar aos trabalhadores menos do que realmente merecem. Isto servirá de dissuasão para aqueles que já não estão a praticar tal não se juntarem ao vagão.

Quando os trabalhadores são remunerados adequadamente, contribui para o desenvolvimento da sociedade, uma vez que conduz à motivação. Os trabalhadores motivados cooperam para o crescimento de uma sociedade de várias formas, que aqui se discutem:

• **_Alto Desempenho:_** Quando os trabalhadores são motivados por uma remuneração adequada, têm a tendência para melhorar os seus contributos, o que pode levar ao crescimento da organização. Quando as organizações crescerem, a comunidade crescerá, o que levará gradualmente ao desenvolvimento nacional.

• **_Sabotagem:_** Isto envolve trabalhar deliberadamente contra uma empresa para reduzir a sua produtividade. Isto surge em consequência da falta de relação mútua entre o empregador e os trabalhadores. Os trabalhadores podem sabotar as suas empresas através de sabotagem económica, como suborno e corrupção. Na maioria dos casos, esta é uma das muitas razões pelas quais a África está repleta de corrupão e suborno. Algumas pessoas querem complementar os seus salários escassos, aceitando subornos para trabalhar contra os seus empregadores ou prejudicar qualquer organização que representem por raiva. Esta atitude pode ser desencorajada quando os trabalhadores são pagos como quando são devidos. A sua tendência para se envolver em sabotagem será reduzida.

• ***Absentismo evitável:*** Os empregados descontentes podem embarcar num absentismo evitável. Isto ocorre quando estão ausentes do trabalho sem razões concretas para fazê-lo. O absentismo do trabalho não é automático. Começa com o atraso para o trabalho, que se não for mordido no botão gradualmente vai formar-se em demasiado absentismo. Em longo prazo, a produção será impactada negativamente. A produtividade global da empresa reduzirá, levando à perda de rendimento no processo.

Este é outro problema evitável com uma solução simples: pagar aos trabalhadores aquilo a que têm direito no momento certo.

Em 2014, a Occupational Care South Africa informou que: "Uma média estimada de 15 % do pessoal está ausente em qualquer dia

-        e apenas uma em cada três pessoas que não vão trabalhar estão fisicamente doentes." De acordo com a organização, a África do Sul perde cerca de 16 mil milhões de R16 mil milhões de rands (cerca de 1,3 mil milhões de dólares) anualmente para trabalhadores ausentes. Se apenas um país perder esse montante anualmente para o absentismo evitável, quanto é que todo o continente perderá para o mesmo problema? Obviamente, quando os trabalhadores não são devidamente pagos pelos seus esforços, os empregadores perdem mais. Isto refletir-se-á na economia do país, uma vez que as horas produtivas perdidas provocarão uma diminuição drástica dos rendimentos das empresas, o que também reduzirá os rendimentos tributáveis, fonte de rendimento para o governo gerir o país.

• ***Volume de negócios do trabalho:*** O volume de negócios do trabalho foi definido pela Sule (2012) como "a taxa a que o empregador ganha ou perde os trabalhadores. Uma forma simples de descrever isto é "quanto tempo os empregados tendem a ficar" ou a taxa de tráfego através da porta giratória do emprego." Os trabalhadores que não estão satisfeitos com os seus baixos rendimentos encontrarão um emprego melhor para preencher a necessidade de um melhor rendimento. Ao longo da linha, as empresas perdem trabalhadores num final de tarde alarmante. Muitas horas de produção perder-se-ão quando se tenta encontrar um substituto competente para o trabalhador perdido. Tal como no caso do absentismo, a produtividade será afetada negativamente e a empresa perderá mais rendimento, um mau mercado para o governo.

Para sublinhar a importância de uma boa remuneração para os trabalhadores africanos, Agburu (2012) escreveu: "os não só devem ser adequados, como também devem mostrar algum elemento de equidade; isto é particularmente verdade do ponto de vista dos empregados. Qualquer coisa menos que um salário ou recompensa justo e equitativo pode rapidamente atrair a ira dos empregados numa economia como qualquer país africano. Para qualquer trabalhador africano médio, pagamentos são questões muito críticas. São decisivos porque sem eles em quantidades suficientes, a vida torna-se extremamente precária para o trabalhador e membros da sua família. Como recompensas financeiras diretas, os salários são os mais salientados pelos trabalhadores, por isso, assumem um lugar central no esquema das coisas no que diz respeito às recompensas pelo trabalho."

Quando as remunerações se alinham com a taxa de trabalho dos trabalhadores, encontrarão felicidade no que fazem. Essa satisfação no trabalho também conduzirá a um aumento da produtividade, uma vez que os trabalhadores serão motivados para justificar os seus salários ou rendimentos. Terão também rendimentos suficientes para cuidarem de si e das suas famílias. Em longo prazo, o aumento da produtividade e da satisfação do emprego conduzirá gradualmente ao crescimento da empresa ou instituição, o que promoverá o crescimento nacional. Se cada um dos países na África crescer, o continente receberá um desenvolvimento drástico que acabará por reduzir a taxa de pobreza no continente.

- ***Criação de ambiente de capacitação para pequenas empresas***

O papel das PME no crescimento económico já foi discutido.

Infelizmente, as PME não são encorajadas na África. Os pequenos empresários do continente têm de enfrentar muitos problemas que vão desde o financiamento à criação de infraestruturas adequadas para criar um ambiente favorável ao crescimento dessas empresas.

Sem um ambiente favorável, as PME não podem prosperar. Estarão sempre a lutar para sobreviver com as suas hipóteses de declínio todos os dias. Isto exige a intervenção do governo e de outras partes interessadas para criar o melhor ambiente para os próximos empreendedores mostrarem as suas grandes ideias e fomentarem tal sucesso.

Existem várias formas de ajudar as pequenas e médias empresas a sobreviver e a alcançar o objetivo de utilizá-las para atender às necessidades das pessoas na comunidade local. Para o sustento das PME, devem ser previstos os seguintes investidores de PME:

- **_Infraestrutura:_** As pequenas e médias empresas precisam de algumas infraestruturas para o crescimento. Na África, alguns dos desafios que as PME enfrentam são a falta de fornecimento constante de eletricidade, as redes rodoviárias ruins, a falta de acesso a sistemas de telecomunicações decentes e outras infraestruturas que são cruciais para a sobrevivência das PME. Se os governos puderem fornecer tais comodidades à população, os pequenos empresários terão a certeza de que as infraestruturas adequadas estarão disponíveis, ajudando-as a canalizar os seus esforços para a melhoria dos seus produtos ou serviços, em vez de pensarem em como gerar pessoalmente tais infraestruturas.

- **_Capacidade:_** Para um melhor crescimento das PME, a melhoria do seu capital humano não pode ser ignorada. No plano básico, deve haver normas e instruções em alguns domínios, como a estratégia, a contabilidade e a comercialização que as PME podem implementar para garantir o seu sucesso. Há alguns anos, uma empresa, a GroFin, realizou um inquérito a mais de 5.000 jogadores de PME em África. A empresa percebeu que a maioria dos pequenos e médios empresários do continente estão desprovidos destas estratégias e informações cruciais. É necessário estabelecer uma maquinaria com o objetivo de sensibilizar os empresários para a importância de terem as competências e conhecimentos básicos para transformarem os seus sonhos em sucesso financeiro.

- **Financiamento:** A maioria dos aspirantes a empresários vê os seus sonhos encurtando devido à falta de fundos suficientes para levá-los até ao fim. Aqueles que começaram mal conseguiam sustentar o seu negócio durante alguns meses antes de sofrerem uma morte prematura às mãos de fundos inadequados. Consequentemente, as pessoas com potencial de trabalho continuam a manter-se na lista de desemprego. Este é um grande desafio para os africanos. A maioria das pessoas está desencorajada a rebocar o caminho dos empreendedores bem-sucedidos em resultado da falta de capital. Segundo uma investigação, mais de 70 % das PME do continente não têm acesso ao capital para crescer. É triste.

Para incentivar estas pessoas, os governos, as organizações empresariais e os filantropos devem disponibilizar-lhes fundos adequados. Se estas entidades puderem estar à altura da ocasião e proporcionarem uma saída para este problema, o número de jogadores de PME aumentará e isso acabará por desencadear uma diminuição das taxas de desemprego no continente. O resultado é a melhoria da economia e a redução da pobreza em todo o continente. A maioria dos aspirantes a empresários vê os seus sonhos encurtando devido à falta de fundos suficientes para levá-los até ao fim. Aqueles que começaram a calçar mal conseguiam sustentar o seu negócio durante alguns meses antes de sofrerem uma morte prematura às mãos de fundos

- **Regulamentações:** em alguns países, registar um negócio é muito difícil. Com muitas políticas rígidas e rígidas, os proprietários de PME são desencorajados a perseguir os seus sonhos. Por vezes, o custo e o tempo necessários para passar pelo processo e as questões legais podem, na melhor das hipóteses, ser desencorajadores. Para incentivar as PME, os governos devem apresentar políticas que aliviem o fardo das partes interessadas no mundo das PME.

• *UM BANCO CONTINENTAL É NECESSÁRIO*

Precisamos Precisamos de um sistema bancário funcional para fazer face à desvalorização das nossas moedas e de outros fatores económicos que contribuam para a elevada taxa de pobreza na região. É imperativo que um banco que controlará as nossas moedas tenha um plano eficaz para reduzir a desvalorização das nossas moedas. Se possível, o continente pode adotar uma moeda única, na imitação dos países europeus, o Euro, há alguns anos, a fim de reforçar a nossa economia. Se África fornece a maior parte do petróleo utilizado noutros países e tem mais reservas de petróleo e diamantes, porque é que as suas moedas estão tão desvalorizadas que as moedas estrangeiras são mais fortes do que as suas?

Quando as suas moedas são desvalorizadas face ao dólar, ao euro e à libra esterlina, a implicação económica é a inflação e um elevado custo de vida. No essencial, enquanto dependermos de bancos e governos estrangeiros para determinar o valor das moedas locais africanas, existe a possibilidade de as moedas continuarem a desvalorizar e agravar as condições económicas dos cidadãos.

No entanto, um banco continental terá algumas políticas que reduzirão a influência estrangeira nas moedas locais. Esta medida ajudará a apreciação de qualquer moeda acordada como moeda única para a troca e transações em todo o continente. Como resultado, existe uma forte tendência para que o continente reduza gradualmente a inflação que vem com a depreciação da moeda, como um valor cambial estável é essencial para que a pobreza seja reduzida em África.

As nações africanas sofreram fortemente as mãos da pobreza e dos seus problemas socioeconómicos. É importante compreender que estas são algumas sugestões práticas que ajudarão os negros, tanto no país como no estrangeiro, a travar uma guerra contra a pobreza, com potencial de sucesso.

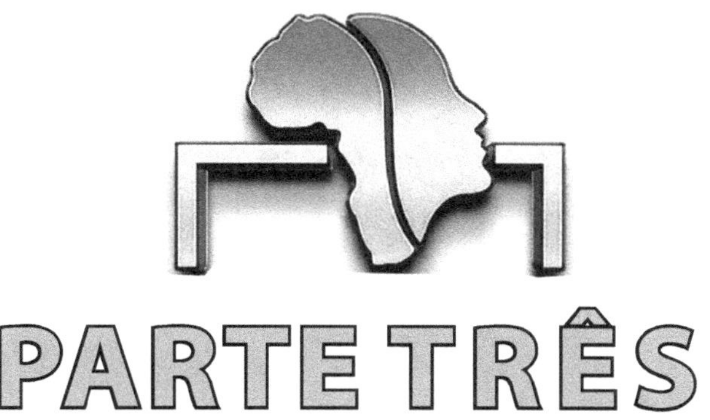

PARTE TRÊS

VIA AFRICA 1998

VIAFRICA 2020

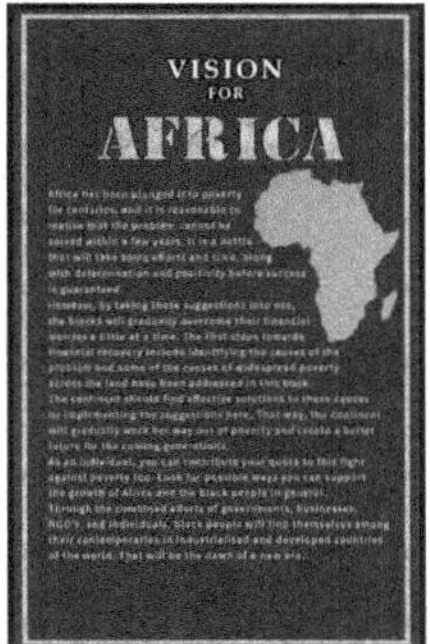

22 YEARS IN THE MAKING

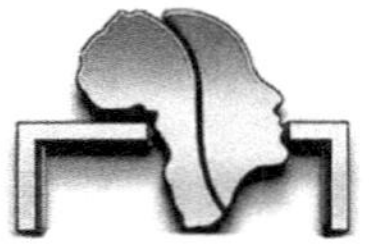

CHAPITRE CATORZE

COMO O EMPREENDEDORISMO GERARÁ CRESCIMENTO ECONÓMICO SUSTENTÁVEL NA ERA DE INTEGRAÇÃO DA ÁFRICA

De acordo com a Investopedia – um site de educação financeira e empresarial mundialmente reconhecido – o empreendedorismo é crucial, por que pode melhorar a qualidade de vida e gerar riqueza, não apenas para o empreendedor, mas também para negócios relacionados.

O empreendedorismo tem o poder de transformer o estado do continente Africano. Na verdade, como pode-se observar historicamente, os empreendedores sempre foram os catalisadores da industrialização e da inovação em todas as regiões do mundo.

O empreendedor reconhece um problema, o organiza e coloca capital, mão-de-obra e outros recursos que serão utilizados de forma correta para criar desenvolvimento sustentável e fornecer soluções utilizáveis para o consumidor.

Como continente em desenvolvimento, a África está em ascensão para tomar seu lugar na plataforma global como uma região empreendedora, mas estamos longe de alcançar resultados tangíveis. O empreendedorismo ao lado de políticas bem pensadas e estratégicas pode criar alavancar mudanças nas economias dos 55 países plantados dentro dos limites da África.

De empregos mais sustentáveis a melhores padrões de vida, o empreendedorismo africano é central para a prosperidade futura da região.

Ao longo deste capítulo, veremos a África em seus anos anteriores e atuais e exploraremos o poder do empreendedorismo em seus países durante este período de Integração para transformar a África como um continente. Um meio de melhorar as condições de vida de seus cidadãos.

O ESTADO ATUAL DA ECONOMIA AFRICANA

No período de 2001 a 2008, a África esteve entre as regiões que mais cresceram na economia mundial. É interessante notar que essa melhora no desempenho do crescimento foi generalizada entre os países. Apesar dos avanços feitos pela região na última década, o atual padrão de crescimento não é inclusivo e nem sustentável.

As razões para isso não são muito rebuscadas.

Os países africanos são fortemente dependentes dos recursos naturais como impulsionadores do crescimento econômico. Mas a maioria desses recursos - petróleo, diamantes, combustíveis fósseis, minerais metálicos e não metálicos - não são renováveis, e estão sendo esgotados a uma taxa acelerada, trazendo consequências negativas para o crescimento future e a sustentabilidade.

No geral, a economia africana na última década tem se inclinado para o consumismo. Há excesso de dependência de commodities. Cerca de 67% da economia africana é impulsionada pela demanda interna de bens, commodities ou serviços, com as exportações sendo principalmente recursos não renováveis.

As exportações sempre presentes de recursos não renováveis levaram a consequências desastrosas. Nos acostumamos tanto a negociar e vender esses recursos que os confundimos com produção.

Pior ainda é a nossa negligência contínua por uma abordagem produtiva do crescimento econômico, e que tem impactado negativamente a economia do continente africano, tornando-o um dos mais pobres do mundo. É interessante que você saiba que essa contínua ausência de medidas proativas para o desenvolvimento da economia manufatureira (ou produtora) fez com que a África perdesse a revolução industrial que levou à ascensão da China.

Infelizmente, ainda estamos cometendo esses erros antigos, continuando o ciclo de declínio econômico no continente africano. Na ausência de petróleo e outros recursos naturais dados por Deus, nosso continente se degenerará em uma república de bananas.

Na maior parte, os governos africanos ainda precisam começar a aproveitar os recursos presentes para avançar em direção à diversificação. O foco sempre foi e ainda é exportar recursos naturais não renováveis.

Seguindo a história econômica do continente, podemos dizer que, sem o desvio adequado da simples extração de recursos, as perspectivas de desenvolvimento da África estão longe de serem alcançadas no futuro próximo.

A menos que diversifiquemos de uma abordagem econômica centrada no consumidor para uma economia impulsionada pela produção e pelo empreendedorismo, a realidade da prosperidade futura da África é sombria.

A África precisa de líderes mais capazes para criar políticas que impulsionem a economia e impulsionar atividades de pequenas e médias empresas para comercializar e transformar produtos - simplesmente, empreendedorismo. A liderança e a mentalidade de produtor devem ser aprendidas desde a tenra idade.

Por enquanto, todos os países precisam adotar uma abordagem de diversificação. Precisamos passar das mono-economias que patrocinam o consumismo para uma economia que incentiva a produção.

As perguntas então se tornam: "como podemos diversificar?" Se estamos indo em direção à abordagem do produtor, "como capacitamos nossos jovens a aproveitar as oportunidades que o empreendedorismo oferece?".

EMPREENDEDORISMO. A CHAVE?

De acordo com um estudo das Nações Unidas, a maioria das nações africanas está diversificando-se das fontes tradicionais de renda, com as mudanças em direção ao empreendedorismo aumentando continuamente. Até agora, o empreendedorismo produziu  grandes retornos para os empreendedores e, de acordo com especialistas, existe um potencial inexplorado considerável para levar o continente africano à sua próxima fase de desenvolvimento. O empreendedorismo também é visto como uma das ferramentas de geração de emprego mais sustentáveis da África.

Após a miríade de mudanças de políticas nos países do continente, também ficou claro que as soluções para a pobreza extrema na África terão que vir dos próprios africanos.

O raciocínio por trás disso é simples. Os africanos, por meio de esforços progressivos de mudança social indígena (como o empreendedorismo), poderiam trazer mudanças institucionais que, por sua vez, favoreceriam a criação de regras de cooperação social. Veríamos ganhos do comércio por meio de atividades empresariais.

O poder do empreendedorismo tem resultados válidos que não podem ser contestados. Se você olhar para estudos anteriores, pode-se observar que o rápido crescimento da produção das economias do BRIC (Brasil, Rússia, Índia, China) e outros tigres asiáticos emergentes foram mais impulsionadas pelo zelo empreendedor e iniciativas apoiadas pelo governo.

CRIANDO UM AMBIENTE ADEQUADO PARA O EMPREENDEDORISMO

Mesmo que o empreendedorismo seja o fornecedor de soluções mais acessível para os diversos desafios econômicos e multifacetados que o povo africano enfrenta, existem requisitos básicos para entender o que poderia fazer com que essa abordagem falhasse.

Isso inclui amplamente políticas educacionais, fiscais e monetárias. Iniciativas de desenvolvimento rural que envolvem fornecimento confiável de energia, água, estradas acessíveis e telecomunicações funcionais. Eles devem ser um componente de todo o processo para o empreendedorismo funcionar com sucesso.

Para enfatizar ainda mais, aqui está um artigo encontrado no site das Nações Unidas:

"Para o empreendedorismo impactar fortemente a economia da África, os governos devem enfrentar alguns dos desafios mais significativos que impedem seu progresso, incluindo falta de fundos, orientação relevante e políticas governamentais reduzidas". Além disso, os governos africanos devem considerar dar incentivos ao setor privado por meio de redução de impostos para criar mais empregos. Leis e regulamentos devem favorecer empreendedores.

"Para colher os frutos do empreendedorismo, são necessárias estratégias e políticas práticas para criar mais oportunidades de emprego nas pequenas e médias empresas".

O objetivo principal é aplicar iniciativas lideradas por empresas para criar uma nova safra de jovens empreendedores, que não são sobrecarregados por estruturas governamentais, mas capacitados por novos e aprimorados sistemas de apoio que fornecem alternativas funcionais aos problemas do empreendedorismo no continente. Isso incentivará a liderança desenvolvimento, colaboração, unidade e crescimento entre os africanos.

Uma maneira de fazer isso é através da integração da África e do incentivo ao comércio regional.

INTEGRAÇÃO REGIONAL PARA IMPULSIONAR O COMÉRCIO E EMPREENDEDORISMO NA ÁFRICA

O desejo de crescer juntos como um continente sempre foi uma idéia valorizada pelo povo africano. No entanto, esse objetivo sempre foi mais ou menos um sonho sem fim. Isso é especialmente visível no espaço econômico do continente.

Faltam sistemas de transporte adequados nos países africanos, não há infraestrutura apropriada, ausência de reforma institucional para organizações regionais, falta de coordenação entre os setores público e privado. Todos esses problemas impedem as vantagens montanhosas que a integração regional entre os países africanos pode trazer.

Por exemplo,

» A integração regional oferece mercados regionais mais amplos e abre mais oportunidades para produtores e consumidores africanos, mesmo além dos mercados dentro de suas fronteiras.

» Reduz os custos necessários para desenvolver infraestruturas vitais, como transporte, comunicações, energia, sistemas de água e pesquisa científica e tecnológica, que geralmente estão além dos meios de cada país.

» A integração regional também facilitará o investimento em larga escala, reforçando a atratividade de nossas economias e reduzindo os riscos.

Todos esses benefícios têm um propósito: aumentar as oportunidades para uma economia focada na produção, alimentada pelo espírito empreendedor dos jovens africanos, o que, por sua vez, melhoraria a vida dos cidadãos do continente.

O recente acordo de todos os 55 países africanos do continente para o AfCFTA (Área de Livre Comércio Continental Africana) é um sinal de esperança para os países africanos e para o seu povo em geral. Serve para abrir os corredores de todos os países do continente e fazer negócios através das fronteiras, o mais fácil possível.

O ACORDO AFCFTA E OS SEUS BENEFÍCIOS

De acordo com tralac.org, o AfCFTA reunirá todos os 55 estados membros da União Africana, cobrindo um mercado de mais de 1,3 bilhão de pessoas, incluindo uma classe média crescente e um produto interno bruto (PIB) combinado de mais de US $ 3,4 trilhão.

Em termos de número de países participantes, o AfCFTA será a maior área de livre comércio do mundo desde a formação da Organização Mundial do Comércio. Estimativas da Comissão Econômica para a África (UNECA) sugerem que o AfCFTA tem o potencial de aumentar o comércio intra-africano em 52,3%, eliminando os direitos de importação, e dobrar esse comércio se as barreiras não tarifárias também forem reduzidas.

Os principais objetivos do AfCFTA são criar um mercado continental único de bens e serviços, com livre circulação de pessoas de negócios e investimentos, e assim abrir caminho para acelerar o estabelecimento da União Aduaneira. Também expandirá o comércio intra-africano através de uma melhor harmonização e coordenação da liberalização e facilitação do comércio e instrumentos nas CERs e em toda a África em geral. Espera-se também que o AfCFTA melhore a competitividade no nível industrial e empresarial, explorando oportunidades para produção em escala, acesso ao mercado continental e melhor realocação de recursos.

DE QUE FORMA O AFCFTA BENEFICIARIA JOVENS EMPRESÁRIOS?

» ***Um mercado maior:*** Um dos benefícios proeminentes do AfCFTA é que ele dá aos empreendedores acesso a um mercado maior. Isso levaria a mais competição e inovação entre empreendedores, produtos e serviços, o que, por sua vez, melhoraria a aparência das empresas em todos os países do continente, além de melhorar a qualidade de vida de seus cidadãos em longo prazo.

»   Além de proporcionar às empresas e empreendedores um mercado muito maior, o AfCTA aumenta a probabilidade de acessar capital inicial e empréstimos para empresas .Esse fator tem sido um dos maiores obstáculos ao sucesso de pequenos e médios empreendimentos.

»   Haveria maior colaboração entre empresários de diferentes países, melhor acesso ao apoio dos setores público e privado e, em geral, melhorando a face dos negócios na África.

Com o AfCFTA. Há esperanças de que a qualidade de vida melhore. A receita fiscal também aumentaria e os ganhos com a formalização do contrato serão maximizados.

A África está em um período privilegiado, onde ações deliberadas para promover seu crescimento renderiam o máximo impacto. O aumento do interesse em empreendedorismo entre sua população jovem, o acesso à tecnologia da nova era e as informações representam outra oportunidade para a África e os africanos aproveitarem os benefícios de cada um de seus Estados membros.

Quando uma oportunidade como essa ocorreu na história, a China a maximizou. Esta é a oportunidade da África de emitir seu próprio ruído transgeracional através da integração regional e de passos conscientes na direção do empreendedorismo entre as gerações mais jovens.

CAPÍTULO QUINZE

EMPREENDEDORISMO

Embora a definição do que significa ser empreendedor tenha permanecido constante durante décadas, as possibilidades para aspirantes a empreendedores têm evoluído.

Imaginem que possibilidades um empresário poderia ter tido há 100 anos: se não pudesse fazer alguma coisa e não tivesse capital para comprar bens, certamente não teria tido sorte.

Existem muitas opções disponíveis para os empreendedores de hoje.

Graças a tecnologias como Shopify e Oberlo, as barreiras para entrar no empreendedorismo foram eliminadas.

Este post dá uma olhada mais atenta no que significa ser um empreendedor. Também vai ler a opinião de alguns empresários modernos que explicam como e quando se torna empreendedor e como pode ser.

O QUE SIGNIFICA SER UM EMPREENDEDOR?

Empreendedorismo significa criar uma ou mais empresas à escala para gerar lucro.

No entanto, como definição básica de empreendedorismo, é um pouco limitante. A interpretação mais moderna do empreendedorismo é também transformar o mundo resolvendo grandes problemas, como iniciar uma mudança social, criar um produto inovador, ou apresentar uma nova solução que mude a vida das pessoas.

A definição de empreendedorismo não diz que o ele é o que as pessoas fazem para levar as suas carreiras e sonhos para as suas mãos e guiá-los na direção da sua escolha. Trata-se de construir uma vida nos seus termos. Sem chefe. Sem planos restritivos. E ninguém te impede. Os empreendedores podem dar o primeiro passo para fazer do mundo um lugar melhor para todos.

QUEM É O EMPRESÁRIO?

Empresário: quem é? Um empreendedor é uma pessoa que cria um negócio que pretende obter lucro.

Esta definição de empreendedor e empreendedorismo pode ser um pouco vaga, mas por uma boa razão: Qualquer um pode fazer negócio, seja uma pessoa que cria a sua primeira loja online ou freelancer no início.

A razão pela qual eles caem no negócio, embora alguns discordem, é que onde começas não é onde vais acabar. O empreendedorismo inclui pessoas que iniciam um negócio secundário que pode, em última análise, criar um negócio a tempo integral e sustentável com  os colaboradores. O mesmo se aplica ao freelancing. Se a sua mentalidade empreendedora está focada em criar um negócio rentável, faz parte do grupo de empreendedores.

No entanto, o significado do empreendedorismo implica muito mais do que ser um empreendedor ou um criador de emprego. Os empresários são alguns dos transformadores mais potentes do mundo.

De Elon Musk, que envia pessoas para Marte, para Bill Gates e Steve Jobs, que fazem dos computadores parte de todas as famílias, os empresários imaginam o mundo de forma diferente.

E a definição de empreendedorismo raramente fala do impacto considerável que os empreendedores têm no mundo.

Aqueles que fazem parte do mundo dos negócios vêem possibilidades e soluções onde a pessoa média só vê aborrecimentos e problemas.

Compreender o que é um empreendedor e os requisitos para se tornar um empreendedor pode ajudar mais pessoas a reconhecer o valor que o empreendedorismo traz ao mundo.

TORNAR-SE UM EMPREENDEDOR: o significado do empreendedorismo

O significado do termo empreendedorismo diz respeito a um empreendedor que está ativo na mudança do mundo. Quer seja um empreendedor digital que resolve um problema com o qual muitas pessoas se debatem todos os dias, o que une as pessoas de uma forma que nunca ninguém tentou antes. Ou quem constrói algo revolucionário que avança a sociedade, todos os jovens empreendedores (e não) têm uma coisa em comum: a ação.

Não é uma ideia que permaneça em mente sem nunca ser posta em prática. Empreendedorismo significa pegar nessa ideia e concretizá-la. Empreendedorismo é a execução de planos.

COMO SE TORNAR UM EMPREENDEDOR: PALAVRA PARA OS ESPECIALISTAS

Vamos ver o que os verdadeiros empreendedores têm a dizer sobre o significado do empreendedorismo e como o definem.

O que significa empreendedorismo? Altimese Nichole, a fundadora de NicholeNicole, diz: "Muitos estão entusiasmados por se tornarem empreendedores, mas estão desencorajados com a realidade dos factos. Empreendedorismo significa manter-se comprometido em alcançar os seus objetivos para além de sentimentos de entusiasmo. "Mantenha-se no caminho certo e tenha o seu "porquê" em mente.

Qual é o significado do empreendedorismo? O fundador e CEO da NeuroFlow diz: "Fazer negócios significa ser aquele que está disposto a dar um salto, trabalhar o suficiente para sacrificar tudo à sua volta, tudo em nome da resolução de problemas porque ninguém mais é capaz ou possui o desejo".

O significado do empreendedorismo é ligeiramente diferente para Jolijt Tamanaha, diretor de marketing e finanças da Fresh Prints, que diz: "Os empreendedores fazem o seu caminho através de uma lista interminável de problemas com determinação, paixão e energia — embora intensos, ser empreendedor significa viver a vida aprendendo uma quantidade incrível de coisas e maximizando o seu impacto no mundo. Tens de enfrentar os problemas mais desafiantes".

O que significa empreendedorismo para Nicole Faith, fundadora de 10 Criações de Quilates? Eis como explica: "Ser empreendedor significa ter um plano e uma visão, e continuar a ter sucesso ou tentar ter sucesso mesmo quando o plano se desmorona, e só resta a sua visão. Também significa saber quando desistir, especialmente se a sua ideia não funcionar por causa de forças externas fora do seu controlo."

O que significa empreendedorismo? De acordo com James

Sandoval, fundador e CEO da Measure Match: "Ser empreendedor significa mergulhar de cabeça numa empresa [provavelmente muito arriscada] que se faz, trabalhando arduamente, durante muitas horas, muitas vezes sozinho, para abrir caminho para o sucesso e nunca desistir".

Mike Kim, cofundador e COO da KPOP Foods, partilha o significado do empreendedorismo. E diz: "O empreendedorismo não é para os fracos de coração. Sou um veterano do exército americano. Lutei e sofri muitas situações difíceis. No entanto, posso dizer com sinceridade que iniciar um negócio foi igualmente desafiante, embora de formas diferentes. Mesmo que não haja vidas humanas em jogo, as batalhas que enfrentas na tua jornada empresarial podem durar anos sem nunca ter um momento de descanso. Criar um negócio de sucesso requer uma tremenda quantidade de ação, perseverança e convicção. Se entender isto e optar por prosseguir, verá que esta experiência está cheia de recompensas".

A IMPORTÂNCIA DO EMPREENDEDORISMO

O que é empreendedorismo? E por que é tão importante? O empreendedor é a pessoa que vê um problema no mundo e foca imediatamente na solução. São os líderes que lutam para melhorar a sociedade. Quer estejam a criar postos de trabalho ou um novo produto, estão continuamente a trabalhar para garantir o progresso global.

À medida que tentamos perceber quem é o empreendedor e como ser bons empreendedores, examinamos por que razão os eles são essenciais na sociedade.

Os empresários criam emprego: sem empreendedorismo, não existiriam postos de trabalho. Os empresários correm o risco de se

contratarem. A sua ambição de continuar a crescer o seu negócio leva à criação de novos postos. À medida que os seus negócios continuam a crescer, estão a ser criados ainda mais postos de trabalho. Desta forma, reduzem as taxas de desemprego ajudando as pessoas a alimentarem as suas famílias.

Os empreendedores inovam: algumas das tecnologias mais significativas da atualidade provêm do empreendedorismo. O progresso tecnológico decorre da necessidade de resolver um problema, criar eficiências ou melhorar o mundo. É por isso que os períodos em que há progressos tecnológicos mais significativos devem-se geralmente ao trabalho de um empresário.

O empreendedorismo cria mudança: os empresários sonham grande, por isso, naturalmente, algumas das suas ideias fazem o mundo mudar. Poderiam criar um novo produto que resolvesse um problema ou aceitasse o desafio de explorar algo nunca antes explorado. Muitos acreditam em melhorar o mundo com os seus produtos, as suas ideias ou as suas atividades.

Os empresários doam à sociedade: embora algumas pessoas tenham esta noção de ricos que são maus e gananciosos, os ricos muitas vezes fazem mais pelo melhor do que a pessoa média. Ganham mais dinheiro e, por isso, pagam mais em impostos que ajudam a financiar os serviços sociais. Os empresários estão entre os maiores doadores a instituições de caridade e associações sem fins lucrativos por diversas razões. Alguns procuram investir o seu dinheiro na criação de soluções para ajudar comunidades mais pobres a terem acesso a coisas que muitas vezes damos por garantidas, como água potável e bons cuidados de saúde.

O empreendedorismo contribui para o rendimento nacional: o empreendedorismo gera nova riqueza numa economia. Novas ideias e melhores produtos ou serviços de empreendedores permitem o crescimento de novos mercados e a criação de novas riquezas. Além disso, o aumento do nível de emprego e dos rendimentos contribui para o rendimento nacional.

O empreendedorismo reduz a pobreza: no espírito de partilhar as boas notícias, mais pessoas estão a ser retiradas da dívida hoje do que nunca. Isto se deve, provavelmente, à globalização. Sendo capaz de se conectar a milhões, biliões de pessoas na Internet permite que novos empreendedores encontrem clientes em todo o mundo. Assim, aqueles que querem ganhar dinheiro online podem fazê-lo para sair da pobreza.

PORQUÊ TORNAR-SE EMPREENDEDOR

Qual é o encanto do empreendedorismo? Com mais de 400 milhões de empreendedores, o empreendedorismo tem um apelo internacional. Todos os empresários têm o seu próprio "porquê", o que os levou a serem empresários de si mesmos. Quer os empresários precisem de mais liberdade ou façam do mundo um lugar melhor, todos assumem o controlo das suas vidas vivendo nos seus termos. Eis algumas das razões pelas quais as pessoas entram no mundo dos negócios:

Para mudar o mundo: muitos empresários esforçam-se por tornar o mundo melhor.

Quer os empresários acreditem na exploração do espaço, na eliminação da pobreza, ou na criação de um produto prático, mas isso muda a vida das pessoas, no final, o que fazem é criar uma marca ao serviço dos outros.

Alguns empresários usam o seu negócio como forma de

angariar capital para as suas causas rapidamente. Para os empreendedores sociais, construir um império significa criar um mundo melhor para todos.

Não querem um chefe: os empresários muitas vezes lutam para ter um chefe. Muitas vezes sentem-se sufocados, limitados e retidos. Alguns empresários podem pensar que têm uma forma mais eficaz de fazer as coisas. Outros podem não gostar da falta de liberdade criativa. No final, são atraídos pelo empreendedorismo para terem sucesso nos seus termos. Ser um empresário pode ser mais gratificante do que ter um chefe que te comanda.

Querem horários flexíveis: O empreendedorismo é muitas vezes popular entre aqueles que precisam de horários flexíveis. Muitas pessoas com deficiência geralmente adoram empreendedorismo porque lhes permite trabalhar quando podem fazê-lo. Os pais com filhos pequenos também podem preferir o empreendedorismo porque lhes permitirá criar crianças em casa ou buscá-las na escola sem se sentirem culpadas. Os alunos também podem gostar da flexibilidade do empreendedorismo, uma vez que a carga horária não lhes permite trabalhar em horário normal de trabalho.

Querem trabalhar a partir de qualquer lugar: para além da flexibilidade do tempo de trabalho, o empreendedorismo é muito apreciado por aqueles que não querem estar ligados a um lugar específico, os nómades digitais agora difundidos. Os empresários podem não querer trabalhar na mesma casa todos os dias porque pode ficar aborrecido. Então, se procura a liberdade de trabalhar em qualquer lugar do mundo, talvez o estilo de vida empresarial seja o certo para si.

Não conseguem encontrar um emprego: muitos encontram-se no empreendedorismo quando não conseguem arranjar emprego. O despedimento, a falta de experiência ou registo criminal são fatores que podem impedir uma pessoa comum de encontrar um emprego quando está desesperado. Em vez de serem derrotados pela sua situação, criam-se novas oportunidades. Um recém-licenciado pode iniciar uma loja online no verão após a graduação para construir o seu currículo. Um pai que é despedido sazonalmente todos os invernos pode começar um negócio para garantir que ele pode continuar a alimentar a família mantendo um telhado sobre a cabeça.

Não se enquadram no ambiente corporativo: os empresários não prosperam muitas vezes em ambientes corporativos. É geralmente muito limitador para o seu crescimento. Podem não gostar da falta de controlo que têm no seu papel ou na política de escritórios. Em geral, é possível localizar um empresário num ambiente corporativo, uma vez que normalmente tenta ganhar mais controlo no seu papel e aprender as responsabilidades dos seus colegas para perceber melhor como tudo se encaixa.

São curiosos: os empresários adoram descobrir a resposta à pergunta "o que vai acontecer se…". Eles adoram aprender. Lêem regularmente livros de negócios para adiantar os seus conhecimentos. Portanto, é claro que o empreendedorismo é perfeito para eles porque lhes permite aprender mais no menor tempo possível. A sua curiosidade permitir-lhes-á continuar a crescer.

São ambiciosos: aqueles que gostam de atingir objetivos e marcos desafiantes são feitos para serem empreendedores. Não há limite para o que um empresário pode fazer e, portanto, podem sempre trabalhar para níveis mais elevados de grandeza.

Como não há limite para o que podem alcançar, os empreendedores estão continuamente a crescer e a atingir mais do que alguma vez imaginaram. Quando surgem obstáculos à sua frente, encontram formas de contornar o alvo. Os empresários são imparáveis.

EXEMPLOS DE EMPREENDEDORES

O que significa ser um empreendedor? Vamos dar uma olhada em alguns exemplos de empreendedores para descobrir:

Walt Disney é cofundador da Walt Disney Company, um dos principais estúdios de cinema do mundo. Foi também o visionário que criou parques temáticos como a Disneyland e o Walt Disney World. A sua marca começou com a criação do personagem Mickey Mouse e acabou por se expandir para incluir personagens como

Branca de Neve, Cinderela, entre outros. Como empresário, teve de ultrapassar várias adversidades, como pessoas que tentavam roubar-lhe o emprego, falências comerciais e muito mais. No entanto, continuou a insistir em manter-se fiel à sua visão.

Mark Zuckerberg criou vários produtos antes de construir o Facebook. Criou uma ferramenta de mensagens instantâneas que o pai usou no consultório dentário para comunicar com a rececionista. Zuckerberg também criou software de música que a Microsoft e a AOL estavam interessadas em comprar, apesar de serem apenas adolescentes. No ano em que fundou o Facebook, já tinha um milhão de utilizadores. Hoje, Mark Zuckerberg tem uma rede de 68,3 mil milhões de dólares.

Sara Blakely iniciou a sua marca Spanx em 1998. Foi uma das primeiras criadoras de leggings femininos. A sua marca é especializada em roupa de modelação e inclui também soutiens, cuecas, meias e muito mais. Ela também é a criadora de collants de braço, que permitem que as mulheres usem as suas roupas de verão durante todo o ano. A certa altura, o Blakely era a mulher bilionária independente mais jovem.

DICAS PARA EMPRESAS NOVAS DE EMPREENDEEDORISMO JUVENIL

Vamos analisar as melhores dicas para o empreendedorismo partilhado por jovens empreendedores. Como superar os desafios que podem surgir?

O empresário do Instituto de Saúde Radiante dez Stephens diz: "O único conselho que daria a quem quer ser empreendedor é iniciar o seu negócio sem dívidas e despesas adicionais. Foi assim que iniciei a minha empresa há seis anos, o que aumentou drasticamente o meu inevitável sucesso."

Uma das melhores citações para o empreendedorismo vem do empresário em série Swati Davidson, que diz: "Confie na sua intuição. A razão é simples: para vencer a competição e multiplicar-se, é preciso ser capaz de identificar oportunidades-chave e agir, mesmo quando é arriscado. Isto requer "instinto" e confiança para agir. Alguns chamam de sorte, mas não é. Atreve-se a confiar nos seus instintos".

O empresário da Codal Inc. Keval Baxi diz: "Um conselho que daria a quem quer ser empreendedor é ser de confiança. Se dizes que vais fazer alguma coisa, faça." Os líderes e gestores que não seguem este conselho não conseguem ganhar respeito pela sua equipa e inspirar confiança. Certifica-te que a tua equipa sabe que vais estar lá quando fores necessário.

Chrys Media, empresário da Chrys Tan, diz: "O único conselho que daria a um empresário seria aceitar a falência. A falência é garantida quando se é um empreendedor, quer se trate de uma falha em atingir um determinado número de vendas, quer se trate de uma falência da empresa. Mas se sabe que viver uma falência é garantido quando se gere um negócio, não tem medo da falência, aceite a falência. Quando abraças o fracasso, corres mais riscos e superas as deficiências mais rapidamente".

CITAÇÕES PARA O EMPREENDEDORISMO

Vamos analisar algumas das famosas citações de empreendedores de onde você pode inspirar-se na sua viagem ao mundo do empreendedorismo.

"Se o que estás a tentar fazer é ser uma cópia dos teus rivais, é improvável que consigas alcançar um verdadeiro sucesso."

"O empresário procura sempre a mudança, responde-lhe e usa-a como uma oportunidade."

"Os empresários são simplesmente aqueles que entendem que há pouca diferença entre obstáculo e oportunidade, e podem aproveitar ambos a seu favor."

"Desde o meu primeiro dia como empreendedor, senti que a única missão que vale a pena prosseguir no mundo dos negócios é melhorar a vida das pessoas."

"Quem vê um problema é um ser humano; quem encontra uma solução é um visionário; quem sai e faz algo é um empreendedor. "- Naveen Jain

"Um empresário é alguém que salta de um penhasco e constrói um avião no caminho para baixo."

"A principal razão pela qual as pessoas falham na vida é que ouvem os seus amigos, família e vizinhos."

"Se te atreves a começar, atreves-te a ter sucesso."

"Não se trata de ideias. Trata-se de tornar as ideias realidade. "- Scott Belsky

"Há muitas razões ruins para começar uma empresa. Mas só há uma razão boa e legítima, e acho que sabe o que é: é mudar o mundo. "- Phil Libin

"Ser empreendedor é uma forma de ser. Tens de ver sempre as coisas como oportunidades. Gosto de entrevistas. Gosto de pressionar as pessoas sobre certos assuntos. Gosto de pesquisar

histórias onde não há necessariamente uma resposta certa ou errada. "- Soledad O'Brien

"Os seus clientes mais insatisfeitos são a sua maior fonte de aprendizagem."Bill Gates

IDEIAS PARA O EMPREENDEDORISMO

É possível ser empreendedores de sucesso a partir de qualquer tipo de negócio. Aqui ficam algumas ideias a partir das quais pode começar ou que pode usar para encontrar a inspiração certa:

Proprietário de uma loja de eCommerce

- Freelancer
- Professor (cursos online, autor)
- Criador de aplicativos (chatbot, aplicativos de redes sociais)
- Atividades de serviço (entrega de alimentos, limpeza, passeios para cães)
- Consultor de negócios (organizador de casamentos, treinador de vida)
- Apartamentos para alugar (Airbnb)
- Atividades de marketing (empresas de RP, influenciadores, marcas SEO)
- Marketing afiliado (Amazon, Clickbank, etc.)
- Blogger (Avaliações de produtos, blogs de nicho, revista)
- Vlogger (Inicie um canal no YouTube, Twitch)
- Pinball (nome de domínio, website)
- Tradutor
- Gig Economy (motorista)
- O agente imobiliário (condomínios, casas, comerciais)
- Fotógrafo (fotografia de produtos, venda de fotos)
- Corretor de Ações (compra e venda de ações)
- Revendedor

COMO SER UM EMPREENDEOR DE SUCESSO

Há muitas habilidades necessárias para começar um negócio. As profissões mais populares no empreendedorismo são o desenvolvimento de marketing, negócios e planos de negócios, atendimento ao cliente, liderança, execução, resiliência, concentração, determinação, aquisição de talento, aprendizagem contínua.

Neste capítulo, aprendeu o que é o empreendedorismo, quem é o empreendedor, e descobriu a definição de empreendedor a partir dos contos de empreendedores de algumas das empresas mais populares. Se há algo a aprender com este capítulo, é que a maioria dos empresários tem tanto no coração a sua causa ou missão que podem criar um império para resolver alguns dos problemas mais insidiosos. Se procura uma forma de deixar a sua marca, resolver um problema ou fazer avançar a sociedade, considere o empreendedorismo. Podes ser o próximo empresário a mudar o mundo. Tudo o que tens de fazer é ter uma ideia e trabalhar para que isso aconteça.

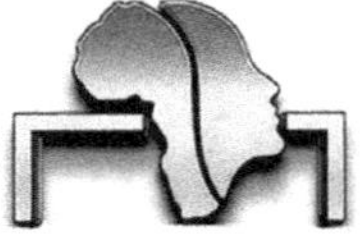

CAPÍTULO DEZESSEIS

PASSOS A TOMAR AFIM DE TER SUCESSO COMO UM EMPREENDEDOR

Há algum tempo, num artigo sobre milionários, foram noticiadas as sete dicas para se tornar um empresário de Christopher Michel. A publicação apareceu inicialmente num artigo no Huffington Post America, revelando o que Michel disse serem os passos a tomar para ter sucesso como empreendedor.

Os conselhos provaram, sem dúvida, ser úteis, mas não podemos defini-lo como certo ou errado. Cada um tem a sua própria história, e em cada grande passo, como se tornarmos empreendedores, temos de ser nós a convencermo-nos de que somos ou não somos capazes, com todos os riscos associados e ligados.

Em Quora, podemos ler as experiências de muitas pessoas que conseguiram, que falharam e recomeçaram, ou que lentamente conseguem alcançar os seus sucessos. O segredo está em fazer, tentar, testar, experimentar e não ter medo de falhar, porque não ter sucesso na primeira tentativa pode revelar-se uma grande lição.

QUAIS SÃO AS MELHORES DICAS PARA QUE SE QUER TORNAR EMPREENDEDOR?

De acordo com a experiência de Michele, com já duas empresas no cinto, alguns pontos podem fazer a diferença no sucesso ou fracasso de um projeto.

- ***TEMPO:*** UTILIZA O QUE PRECISAS PARA FAZER NEGÓCIOS

Uma empresa também pode ser construída à noite, depois de dias intermináveis no escritório. Ainda temos de acreditar, apesar do tempo disponível, parece pouco. Muitos são incapazes de conciliar o trabalho com a criação de algo próprio, e depois de terem deixado o seu antigo emprego, investem tudo no projeto.

Não importa como, você precisa arranjar o tempo necessário para melhorar, experimentar e preencher lacunas no projeto. Não

existe prazo certo ou errado.

Na primeira vez que não consegui concentrar-me no que poderia fazer o negócio crescer. Concentrei-me em aspectos irrelevantes. Estudei muito o mercado, mas pouco como fazer negócios.

Em suma, perdi tempo, apesar de ter menos disponível. E tendo pouco disso, não fui capaz de fazer um caminho de crescimento pessoal, mesmo antes do da minha empresa.

A primeira dica é, portanto, aproveitar o tempo para fazer negócios.

- **_COMPETÊNCIAS:_** ENCONTRAR AS PESSOAS CERTAS PARA COLABORAR

As habilidades certas não são só as deles, mas sim as de toda a equipa.

A primeira vez fomos duas pessoas com o mesmo treino e experiências. Nenhum cofundador técnico, mesmo que tudo girasse em torno de uma aplicação móvel. O segundo era eu, um programador, um designer e um marketer.

Como dizem os teóricos da Lean Startup, para fazer negócios, é preciso ter três competências internamente:

Saber desenvolver o produto (se é um software precisa de um programador, se for uma cadeira, um carpinteiro, etc.); tornando-o bonito e utilizável; e saber vendê-lo.

O resto é um extra, mas pensar desde o dia zero para subcontratar estas funções é errado, porque não se trata apenas de construir algo uma vez e parar. Fazer negócios é uma longa jornada, e colocar nas mãos de forasteiros componentes fundamentais da sua empresa é muito arriscado.

A segunda dica é, portanto: encontrar pessoas com as habilidades certas para apoiá-lo, e estudar arduamente para aprender a geri-las com uma visão geral.

- **_PROXIMIDADE AO ECOSSISTEMA:_** INTERAGIR COM O MAIOR NÚMERO POSSÍVEL DE PESSOAS

Na primeira experiência com uma empresa buscamos conselhos de advogados, contabilistas e outras figuras de topo, que no entanto, pouco ou nada compreendiam sobre tecnologia e sobre empresas.

No segundo, perguntámos às pessoas que faziam negócios como é que cresciam. Vivíamos em Berlim. Voluntariámo-nos em eventos relacionados com empresas e entrevistámos 60 empreendedores italianos em todo o mundo. Em suma, tentámos aproximar-nos deste mundo observando-o com os olhos daqueles que já faziam parte dele.

Isto ajudou muito a compreender as necessidades e as

prioridades. A beleza deste mundo é que podes chegar a qualquer um com dois graus de ligação, e qualquer um está disposto a falar contigo sem problemas.

Tirar partido desta coisa, na Itália e no estrangeiro, significa ter um equipamento extra para usar e explorar para o seu negócio.

Em suma, falar com o maior número de pessoas possível, tentando roubar informações vitais para não repetir erros que mais ou menos todos neste sector cometem.

- **_TER DADOS:_** AJUDA A DEFINIR OBJETIVOS CONCRETOS E MENSURÁVEIS.

Os teus clientes fazem o produto, não tu. Se quer oferecer valor e ser pago, dê às pessoas o que precisam, e a melhor maneira de o fazer é perguntar -lhes diretamente o que produzir ou compreender a partir  dos dados que pode e deve recolher.

No primeiro caso, saímos com um app cheio de funções inúteis de que gostávamos, no segundo fizemos um mini protótipo (o grande MVP), e depois começámos a:

- » traçar os dados que são importantes para nós em cada nível do funil na plataforma;

- » ligue para todas as pessoas que se inscreveram para saber como se encontravam, o que gostavam e o que não quiseram.

Com base em dados qualitativos e quantitativos, permitiu-nos compreender como cada melhoria teve impacto no processo, descartar o que não funcionou, e melhorar os pontos de sucesso.

"O PREÇO É O QUE SE PAGA; VALOR É O QUE SE CONSEGUE."

Tens de ser pago pelo valor que oferece, não por acaso. É a única forma de perceber se, como e quanto valor estamos a oferecer; é ter plena consciência de como as pessoas interagem com o bem ou serviço prestado.

Desde o início, dê a si mesmo objetivos concretos e mensuráveis. Então deve ter a coragem de seguir as indicações que os dados recolhidos lhe fornecem, em vez de confiar apenas no seu instinto.

- ***EXPERIÊNCIA:*** SUJAR AS MÃOS!

Evitar os erros dos 5 pontos anteriores foi o resultado de uma reflexão pós-falência. Sem falhar, não sei se teria havido aprendizagem, e acho que foi necessário cometer erros antes de criar algo mais duradouro.

Por que cometer erros me impulsionou em vez de me derrubar.

O estudo do fracasso de um projeto confirma que pretende fazer negócios mais do que qualquer outro trabalho. Ter uma boa ideia e muito entusiasmo não é suficiente.

É, portanto, necessário falhar? Não. É essencial experimentar, saltar, procurar confirmação do mercado, e não de uma folha excel com o plano de negócios. Tome cada queda como o resultado simples de uma experiência que nos permite crescer.

Então, se quer fazer negócio, comece agora! Sujar as mãos, obter experiência, tentar entender em suma se é a pessoa certa para desenvolver a sua ideia.

LUTARCONTRAOSPROBLEMASAFRICANOSUTILIZANDOO EMPREENDEDORISMO

Nos países desenvolvidos, o capital humano é a principal componente do mecanismo económico de reprodução da riqueza social. A qualidade do capital humano é formada através do investimento no nível e qualidade de vida, atividades intelectuais e capacidades empresariais. O empreendedorismo de pequena e média escala é uma forma de realização económica da componente de capital humano empresarial. O presente capítulo levanta o problema da determinação da contribuição do sector

empresarial no PIB e dos métodos de melhoria da eficiência dos elementos da riqueza nacional nas pequenas e médias empresas de Angola e de outros países africanos.

A reprodução (acumulação e utilização) da riqueza nacional é realizada por diferentes agentes deste processo: famílias, pequenas e médias empresas, grandes organizações empresariais. O objetivo deste capítulo é identificar e justificar o papel do sector empresarial na reprodução da riqueza nacional.

A riqueza nacional é necessária para distinguir entre recursos naturais renováveis e não renováveis do país e o facto de existirem mudanças como os fatores de produção. Os recursos não renováveis são subsolos e minerais, ar e água (poluição irreversível). Ao escolher e implementar a estratégia de desenvolvimento económico de um país, deve entender-se o que espera um país que está a construir o seu bem-estar económico com base em recursos naturais não renováveis.

À   medida que uma sociedade pós-industrial desenvolve recursos como o conhecimento, o know-how, a maioria dos produtos de informação criados por atividades criativas e muitos outros mais competitivos tornam-se ilimitados, por exemplo, a informação não pode ser destruída durante o consumo, são um produto do trabalho criativo, e cada vez que ambos satisfazem e criam uma nova necessidade.

As mudanças qualitativas estão a ocorrer nos fundamentos da vida económica, as tecnologias da informação substituem as tecnologias industriais, o trabalho industrial reprodutivo é substituído por atividade criativa, serviços, educação, etc. No lugar da produção de materiais. A estrutura da produção social está também a mudar não só o sector dos serviços, mas também o papel da economia intensiva da informação, entre os incentivos e limitações essenciais da atividade económica, não só as considerações de lucro, mas também os valores e problemas globais (ambientais, humanitários, geopolíticos, etc.) são decisivos.

O sistema de relações económicas também está a mudar significativamente. Os verdadeiros fundamentos do modelo abstrato de um mercado perfeito (concorrência, equivalência de câmbio, etc.) são minados, o produto do trabalho criativo é inalienável, os custos de produção de produtos de informação são distribuídos de forma diferente e formam-se estruturas empresariais "adaptativas" com natureza "pós-capitalista".

Assim, nas condições atuais, as pessoas, o seu trabalho e o seu intelecto são o principal componente do mecanismo económico de reprodução da riqueza nacional. A inteligência nacional no sentido económico materializa-se sob a forma de sectores de conhecimento intensivo da economia. O conhecimento de uma pessoa, da população, educação e moralidade é o recurso mais valioso e reprodutível do país.

O capital humano é uma componente essencial do processo de produção moderno. Deve ser considerado como um dos fatores ativos do desenvolvimento socioeconómico do país com base no seu crescimento qualitativo e quantitativo em todas as estruturas da sociedade, incluindo em entidades empresariais.

Consequentemente, a implementação económica do componente empresarial

Do capital humano pode ser considerado um exemplo do desenvolvimento das pequenas empresas, incluindo a inovação.

O intelecto das pessoas e as suas capacidades utilizadas nas atividades das grandes empresas têm uma relação distinta com a riqueza nacional do país (região), o que se reflete nos indicadores estatísticos relevantes. Quanto à determinação da contribuição das pequenas e médias empresas para a riqueza nacional, tanto de natureza teórica como metodológica têm dificuldades.

O lugar e o papel das pequenas empresas na economia nacional podem ser determinados utilizando indicadores quantitativos, além disso, aqueles que são cruciais para a economia. Um único sistema de indicadores universalmente reconhecido que caracteriza o Estado e o desenvolvimento das pequenas e médias empresas em termos da sua contribuição para a riqueza nacional do país, bem como métodos para uma avaliação global do nível do seu desenvolvimento, ainda não existe na região. As abordagens de vários autores para medir o desenvolvimento de pequenas empresas num país ou zona baseiam-se na utilização de indicadores estatísticos-padrão para avaliar os progressos realizados pelas pequenas e médias empresas em diferentes países. Diferem principalmente apenas no número de símbolos utilizados ou nas suas combinações. Na fase inicial do desenvolvimento das pequenas empresas russas, a concentração delas num território específico, calculada como o número de empresas por 1000 habitantes, foi considerada como um indicador universal da sua avaliação no país e na região. É geralmente aceito que este indicador reflita o grau de autorregulação de uma economia de mercado.

Com o crescente papel das pequenas empresas na economia do país, começou a ser aplicado um conjunto de indicadores para avaliar o seu nível de desenvolvimento. Assim, para medir o nível de desenvolvimento das pequenas empresas utiliza-se um sistema de indicadores que caracterizam, por um lado, a produção e as atividades comerciais das pequenas empresas (7 símbolos), e, por outro, a eficiência da utilização dos recursos (5 indicadores).

» A escala de desenvolvimento e densidade de distribuição (pela parte das pequenas empresas no seu número total e pelo número de pequenas empresas por 1000 habitantes);

» Contribuição para a esfera social do país (de acordo com

a quota de pequenas empresas no número de trabalhadores);

» Contribuição para a economia do país (de acordo com a quota das pequenas empresas no PIB);

» Atividade empresarial (pela parte das receitas das pequenas empresas no total das receitas);

» Contribuição para o futuro desenvolvimento s ocioeconómico do país (de acordo com a quota de investimentos de pequenas empresas no capital fixo do Estado).

Em nossa opinião, o nível de desenvolvimento das pequenas empresas e o seu papel económico no país devem ser avaliados utilizando três grupos de indicadores que medem:

1) O nível quantitativo de desenvolvimento das pequenas empresas (por exemplo, o número de empresários sem entidade jurídica por cada 1000 residentes em idade ativa, a percentagem de trabalhadores em pequenas empresas na população ativa total, a proporção de pequenas empresas entre as empresas de um país ou de uma região);

2) A eficácia do funcionamento das pequenas empresas, por exemplo, o volume de produção por trabalhador nas pequenas empresas, a atividade de investimento dos trabalhadores, o lucro por trabalhador, o lucro por produtos produzidos;

3) Contribuição das pequenas empresas para os indicadores financeiros e económicos de um país ou região (parte das pequenas empresas no volume de produção, em lucro, percentagem em investimentos).

Uma tarefa urgente consiste em envolver pelo menos metade da população capaz de fazer negócios n a s pequenas empresas, tendo em conta a presença de uma população desempregada e obstáculos na fase inicial. Há que ter em conta que, no futuro, a economia russa tornar-se-á cada vez mais complicada, uma vez que o afluxo de novos conhecimentos, ferramentas de gestão, estilos de gestão conduzirá à obsolescência de muitos produtos e serviços. Por isso, na formação da "enzima" empresarial, o papel de melhorar o clima empreendedor no sentido de mudar o foco educativo no campo da atividade empreendedora inovadora e aumentar o nível de confiança empresarial no governo com base na sua efetiva interação é forte.

Os problemas existentes de utilização dos elementos da riqueza nacional em Angola não reduzem a sua importância estratégica nas condições atuais. Isto se deve principalmente à solução de algumas tarefas, incluindo:

- Alteração da estrutura qualitativa do PIB no sentido de aumentar a quota de indústrias leves e alimentares, serviços, serviços ao consumidor;

- Aumento da produção de produtos industriais e agrícolas;

- Introdução de novas tecnologias de informação;

- Assistência às pequenas e médias empresas na colocação de encomendas em empreendimentos com equipamentos tecnológicos mais avançados e em conceção de engenharia;

- Aumentar a competitividade das pequenas e médias empresas;

- Introdução de novas tecnologias e alta tecnologia equipamentos no domínio das pequenas e médias empresas;

- Aumentar a eficiência das atividades e melhorar o nível de qualidade de uma pequena empresa;

- Atrair investimento estrangeiro em pequenas e médias empresas;

- Implementação de medidas de apoio às pequenas empresas inovadoras;

- Organizar o acesso das pequenas empresas às capacidades descarregadas e às zonas não utilizadas das grandes e médias empresas;

- Crescimento do rendimento populacional;

- Proporcionar à produção em larga escala componentes, materiais, desenvolvimentos científicos e técnicos necessários.

Tudo isto indica a importância de criar condições favoráveis para a concretização do potencial significativo das pequenas empresas em áreas prioritárias, incluindo o aumento do seu contributo para o Angolano e o PIB. Isto será possível graças à participação do Estado no desenvolvimento delas. A política estatal no domínio das pequenas empresas deve ter como objetivo final um aumento da eficiência da utilização de elementos da riqueza nacional nas pequenas empresas.

Os princípios básicos do apoio estatal às pequenas e médias empresas incluem a preferência por formas indiretas de apoio, o desenvolvimento de medidas que nivelem o ambiente de negócios para vários grupos de empresários, uma regionalização consistente do apoio. O mais famoso continua a ser a direção do apoio estatal às pequenas empresas, como serviços de consultoria e formação nos fundamentos do empreendedorismo.

É necessário transferir o foco da formação das condições subjacentes ao desenvolvimento das pequenas empresas para áreas e medidas específicas para aumentar a competitividade, aumentando a produtividade do trabalho, a segurança técnica das empresas, reforçando a interação com o Estado, as instituições financeiras, as grandes empresas e a constituição de um sistema estatal para garantir o pequeno negócio de risco de crédito, etc...

Uma abordagem de cluster pode ser usada para apoiar as pequenas empresas. A aplicação dela sugere que a base estratégica do cluster económico é um grupo de empresas competitivas dentro de indústrias individuais que ocupam posições de mercado líderes. Para o funcionamento eficaz do cluster industrial na sua composição deve ter:

- Empresas líderes principais que produzem e importam as suas mercadorias fora do território em causa;

- Uma rede de fabricantes-fornecedores intraterais, fornecendo aos líderes matérias-primas, componentes, serviços, logística, informação e outros serviços;

- Clima empresarial: infraestruturas (produção e transportes), acesso a recursos limitados, sistema fiscal, presença de institutos e centros de investigação.

Assim, o cluster económico no modelo moderno de gestão de mercado é uma rede de agentes comerciais e entidades de atividade comercial, industrial e infraestruturas socioeconómicas que concretizam o potencial empresarial regional ou territorial, assente em interesses económicos partilhados no processo de criação de produtos competitivos. Consequentemente, a interação das grandes, pequenas e médias empresas, com o apoio das autoridades estatais e locais e a utilização efetiva do potencial existente, pode alterar fundamentalmente o conteúdo das políticas industriais regionais e territoriais.

As novas tendências e prioridades para o desenvolvimento das pequenas e médias empresas em longo prazo exigirão a atualização dos instrumentos de apoio, a transferência da ênfase de uma forma para outra e o reforço da natureza específica do apoio. É necessário melhorar a política estatal no domínio das pequenas e médias empresas. Acreditamos que ao fazê-lo, as seguintes atividades tornam-se essenciais:

- Desenvolvimento e implementação de princípios gerais de uma política focada na formação de um ambiente de negócios unificado em Angola;

- Participação no apoio às pequenas e médias empresas em municípios e territórios deprimidos com graves condições de desenvolvimento socioeconómico;

- Orientação metodológica sobre a elaboração de programas municipais de apoio às pequenas e médias empresas;

- Criar um sistema de monitorização unificado para as pequenas e médias empresas, melhorando o apoio estatístico da política estatal no domínio do seu desenvolvimento e apoio;

- Organização de investigação relevante sobre o desenvolvimento de médias e pequenas empresas.

Em nossa opinião, é necessário desenvolver e implementar uma espécie de mecanismo organizacional e económico para as essas empresas -uma forma de gerir e organizar um tipo empresarial, com um sistema cie nti f ica m en t e baseado em formas e métodos industriais e organizativos para a sua regulamentação. As principais funções do mecanismo empresarial e económico do empreendedorismo são a realização do potencial empresarial inerente aos empresários, às pequenas e médias empresas, à concorrência frutífera e à interação e cooperação eficazes entre eles, e a assegurar o equilíbrio e a proporcionalidade intra-produção entre as ligações estruturais da produção numa base moderna inovadora.

Para passar do "modelo de exportação-cru" do desenvolvimento para uma economia moderna inovadora, o nosso país precisa de um clima de investimento favorável. Caso contrário, o potencial criativo da Angola transformar-se-á em matérias-primas intelectuais para os países economicamente desenvolvidos e não se tornará um fator de desenvolvimento da sua economia.

É impossível acelerar o

desenvolvimento socioeconómico do país, melhorar a qualidade do crescimento económico, expandir a atividade empresarial da população e, consequentemente, aumentar a eficiência da utilização dos elementos da riqueza nacional nas pequenas e médias empresas angolanas sem uma melhoria drástica do investimento e do clima empresarial.

O empreendedorismo na África é atraente, e aqueles que o praticam são honrados e muitas vezes tornam-se celebridades de um dia para o outro. Mas nem todos são empresários. Nem todos se tornarão um. Nem todos têm coragem, sorte ou paixão por implementar uma ideia em particular. Mas isso não significa que não te possas tornar num empreendedor, o que estamos a falar é de cultivar o espírito da inovação.

O empreendedorismo foi um tema central na recente Cimeira de Inovação em África, que decorreu no Quénia. Discutiu como o sistema educativo em África está se desenvolvendo para dotar os nossos alunos das competências necessárias para um futuro trabalho. Com a Quarta Revolução Industrial a introduzir um novo conjunto de competências essenciais no local de trabalho, precisamos incentivar o empreendedorismo entre os jovens africanos, sejam eles empregados ou independentes. E começa com as habilidades que aprenderam desde os primeiros estágios da sua escolaridade. A tecnologia desempenha um papel vital nesta área, facilitando a aprendizagem imersiva para melhorar experiências e resultados de aprendizagem.

O FOCO NO CONHECIMENTO ESPECIALIZADO E NO CONHECIMENTO GERAL

Embora o foco principal seja nas competências STEM (ciência, tecnologia, engenharia e matemática) para preparar os alunos para carreiras impulsionadas pela tecnologia digital e inteligente, há outra área igualmente importante que precisa ser abordada: a concentração. Os jovens têm muitas vezes o talento e a vontade, mas não têm competências essenciais para colmatar o fosso entre a educação e o mundo profissional. Por isso, é necessário dotar os alunos das competências necessárias para terem sucesso na construção das suas futuras carreiras.

As competências necessárias incluem aptidões básicas como a leitura, a matemática, a fala e a escuta; capacidades de pensamento, incluindo pensamento crítico, criatividade, resolução de problemas e tomada de decisão; competências interpessoais, tais como comunicação, negociação, liderança e colaboração; bem como qualidades pessoais como autoestima, gestão do tempo e sentido de responsabilidade.

PROMOÇÃO DO EMPREENDEDOR

O desenvolvimento destas competências incentiva um espírito que vai além do conhecimento académico. Estas competências abrem caminho para uma mentalidade empreendedora - porque ser empreendedor é muito mais do que iniciar um negócio baseado no know-how técnico. Pelo contrário, envolve formas inovadoras de pensar para criar novos produtos, novos mercados e novas ideias em todas as circunstâncias.

Ter estas competências abre inúmeras possibilidades para os jovens candidatos a um emprego, em vez de os fazer iniciar o seu negócio em resposta à incapacidade de trabalho. Com uma compreensão de si mesmo e dos outros e um espírito inovador, as suas hipóteses de encontrar um emprego são maiores - especialmente em empresas que tentam mover as linhas e desafiar o status quo. Este conceito relativamente novo é conhecido como "espírito empresarial". Centra-se nos colaboradores que têm muitos atributos empresariais, mas que podem trabalhar dentro da infraestrutura existente de uma empresa para resolver problemas específicos.

Começar como um Intra empreendedor é menos arriscado para um recém-licenciado do que iniciar um novo negócio do zero e enfrentar a burocracia que o acompanha. Quem o faz também tem a oportunidade de ganhar experiência num grupo de pessoas talentosas, com recursos já em vigor; E no seu tempo, poderiam usar esta experiência para ampliar as suas ideias ou até mesmo lançar as suas empresas. Estas empresas são mais propicias a ter sucesso, baseando-se em encontrar soluções reais em vez de serem apenas vistas como fontes de rendimento.

10 EMPRESAS AFRICANAS A CONSIDERAR

O continente considerado "o berço da vida" também conseguiu gerar grandes empreendimentos. Mostramos-lhe 10 empresas africanas que vale a pena considerar.

Embora muitos não acreditem, o continente africano é um dos principais motores da criatividade e da inovação. Foi configurado de uma forma muito diferente do ecossistema de empreendedorismo europeu, norte-americano e asiático, devido aos problemas que enfrenta diariamente.

» *NJOKU - CAMARÕES*

Esta plataforma foi lançada para facilitar a procura de emprego para países africanos. Njoku é um diretório onde as pessoas podem procurar emprego em 8 países do continente, incluindo Camarões, Nigéria, Egito e África do Sul.

Através do seu motor de busca, as pessoas podem encontrar trabalho através de palavras-chave, posições ou empresas em cada uma das regiões disponíveis. Da mesma forma, os empregadores podem publicar perfis em Njorku para encontrar pessoas adequadas para as suas empresas.

O modelo de negócio da Njoku funciona graças a um sistema de subscrição (de candidatos a emprego) e dinheiro proveniente de empresas que procuram obter uma fonte de novos trabalhadores na plataforma.

» *USHAHIDI – QUÉNIA*

Uma empresa que aposta no poder da multidão. Ushahidi, que significa "testemunho" em Suaíli, surgiu como um site focado em "mapeamento" de atos de violência no Quénia após as eleições de 2008, graças à ajuda de jornalistas quenianos para facilitar ações para ajudar as vítimas.

Hoje, Ushahidi atua como uma empresa de tecnologia global que dirige os seus esforços para os benefícios que a "open source" pode ter para o mundo. O seu software de recolha e processamento de dados e o software de visualização que utilizaram desde a sua criação estão abertamente disponíveis no GitHub.

Além de oferecerem serviços de aconselhamento para organizações que queiram usar o código Ushahidi, têm instalações como o Ping, uma aplicação concebida para fazer check-ins, no estilo do Foursquare, mas para desastres, tornando mais fácil a localização de parentes ou conhecidos e simplificando a tarefa dos socorristas na procura de pessoas desaparecidas.

» *SYNAQ - ÁFRICA DO SUL*

Esta empresa baseou-se na ideia de alcançar um melhor ecossistema entre empresas e tecnologia, graças a iniciativas de código aberto.

Oferece serviços de e-mail para empresas, desde a segurança até estratégias de branding, hospedando informações de negócios na nuvem e gestão remota de plataformas de e-mail.

Por trás do Synaq está o principal objetivo de dar mais opções ao ecossistema de empreendedorismo sul-africano através da utilização de software aberto, o que pode ajudar significativamente o crescimento do sector tecnológico neste e noutros países da África.

» *MPAWA - QUÉNIA*

Esta plataforma funciona como um 'casamenteiro', mas não gira em torno do amor, mas do trabalho. Mpawa usa uma extensa base de dados de empregadores e pessoas que fazem trabalho manual, como construção, canalização, carpintaria, ou mesmo garçons ou chefs, e os liga a um jogo de trabalho ideal.

Várias empresas no Quénia e no Gana estão inscritas no sistema. Para que o jogo ocorra, as diferentes empresas ou empregadores recebem perfis de trabalhadores que podem ser ideais para as suas necessidades. Os candidatos a emprego recebem notificações via SMS, um dos recursos mais produtivos do continente africano.

» *IROKO TV -NIGÉRIA*

Já ouvimos falar de Hollywood e de Bollywood, mas muitas pessoas não sabem que existe também uma indústria audiovisual robusta na Nigéria e no Gana. Alguns referem-se a eles como Nollywood e Ghollywood, respectivamente.

O IROKO é um site que funciona como o Netflix: baseia-se num modelo de subscrição dos seus utilizadores, e transmite programas e filmes online exclusivamente destes dois países.

A plataforma é para uso geral e foi criada para impulsionar a indústria cinematográfica na Nigéria e no Gana.

» *MARA - UGANDA*

Com presença em 22 países do continente e 24 a nível internacional, é hoje uma das empresas mais relevantes dedicadas ao empreendedorismo no ecossistema africano.

Hoje, o que começou como uma pequena empresa de TI expande o seu mercado não só para o sector tecnológico, mas também para as indústrias agrícola, financeira e manufatureira. O seu objetivo é promover o ecossistema de empreendedorismo, de mãos dadas com vários parceiros, como uma incubadora.

Além do empreendedorismo, Mara criou uma fundação que procura apoiar e consolidar empreendimentos sustentáveis em África através de várias iniciativas.

» *UM FUNDO ACRE -QUÉNIA*

Um Fundo Acre está focado no sector que talvez tenha o mais importante para o território africano: a agricultura.

A maior parte da pobreza em África compreende as populações rurais porque, apesar do seu grande número, muitas delas não dispõem dos recursos necessários para tornar as suas atividades sustentáveis.

Um Fundo Acre é responsável por ajudar em todos os aspetos necessários, desde a concessão de crédito a fertilizantes e sementes até à ajuda às famílias agrícolas com a sementeira e distribuição dos seus produtos.

Desde 2009 e até este ano, pouco mais de 200 mil famílias foram acolhidas pelo Fundo One Acre: as suas atividades com os agricultores conseguem aumentar a produção a um nível suficiente para que comunidades inteiras beneficiem. O melhor destes resultados é que, ao oferecer formação em torno de técnicas dependendo dos territórios onde é plantada, mais famílias podem replicar o modelo e, assim, reduzir a pobreza no continente.

» *FORGET ME NOT - ZIMBABWE*

Esta empresa procura melhorar as comunicações no território africano utilizando uma das suas plataformas mais populares: SMS.

Forget Me Not conseguiu transformar e-mails, mensagens de diferentes conversas como Messenger ou GTalk, e até publicações no Facebook ou Twitter para mensagens de texto, expandindo consideravelmente o espectro de utilizadores destes serviços no Zimbabué. Neste país, o acesso à Internet, como em muitos outros países do continente, é limitado.

A grande vantagem é que o eTXT, como é chamado o serviço, é

Estabelecido como um canal de entrada e saída, isto é, funciona em telefones celulares e na internet, o que garante conexões melhores. Além disso, tirando alguns investidores interessados no sistema, Forget Me Not possui varias iniciativas através das quais, graças ao fato de sua política ser estabelecida em APIs abertas, busca por mais pessoas para desenvolver cada vez mais aplicativos para o eTXT.

» *SPOTT - SOUTHAFRICA*

O principal objetivo da Spottm é criar bairros que estejam ligados e comprometidos com a sua segurança.

Através de uma plataforma web e de uma aplicação móvel, o Spottm permite criar redes de comunicação entre vizinhos para que possam ajudar em casos de roubo, animais ou pessoas perdidas e melhorar as condições dos seus bairros.

Embora a segurança seja parte integrante desta plataforma, também se presta a gerar uma comunidade ativa em vários aspetos, desde a organização de vendas de garagem até à criação de uma guarda comunitária constituída por quem vive no mesmo bairro.

» *PROJETO ISIZWE - ÁFRICA DO SUL*

Criado como uma organização sem fins lucrativos, o projeto Isizwe tem como principal objetivo garantir o acesso gratuito à Internet em áreas de baixo rendimento da África do Sul.

O projeto não requer custos substanciais, uma vez que se centra na criação de redes de Internet a partir de estruturas que já existem nas áreas a intervir. Para isso, a organização trabalha com empresas locais e instituições governamentais e distritais para garantir o planeamento, operação e manutenção de redes Wi-Fi em todo o país.

O foco principal é facilitar a procura e a obtenção de empregos através da promoção das comunicações, e abrir um ecossistema em que o acesso à educação é gratuito para os estudantes que vivem em comunidades que não têm uma ligação à Internet.

NECESSIDADE DE REFLEXÃO SOBRE O EMPREENDEDORISMO

Em toda a África, temos de refletir sobre o empreendedorismo nos governos, nos sectores sem fins lucrativos e privados, para encontrar soluções para os problemas que o continente enfrenta. Isto está muito relacionado com a ascensão do empreendedor, que é em parte impulsionado por uma jovem mão de obra preocupada, desejosa de ter um impacto real no trabalho que fazem. Várias organizações em todo o mundo já tomaram isto em atenção e têm programas formais para incentivar os seus colaboradores a criarem novos projetos e papéis no âmbito dos seus empregos existentes. Mais organizações devem começar a pensar desta forma para atrair jovens talentos que apreciam a liberdade de inovar sem os constrangimentos do negócio.

Para superar o duplo desafio de combater o desemprego e incentivar a inovação para resolver os problemas específicos da África, precisamos criar pensadores empreendedores. Que têm competências e liderança para fazer crescer economias e criar uma nova indústria. Quer o façam por si mesmos ou dentro de uma organização maior, é irrelevante. O essencial é assegurar que possuam a capacidade neccesária e os conhecimentos técnicos para que possam assumir a responsabilidade pelas suas carreiras e pelo benefício do continente. Se não nos concentrarmos nos empreendedoresa partir da escola, não facilitaremos a forma correta de pensar ou inovar para assegurar o progresso.

REFERÊNCIA PARA O EMPREENDEDORISMO QUE OFERECE SOLUÇÕES PARA VÁRIOS PROBLEMAS QUE OS PAÍSES AFRICANOS ENFRETAM

É essencial o desenvolvimento de uma estratégia nacional de empreendedorismo que determine a interação de todos os intervenientes no ecossistema empresarial, nomeadamente autoridades públicas, organizações internacionais, não governamentais (ONG), escolas, universidades, organizações do sector público-privado, investidores, estabelecimentos financeiros, empresas novas e já estabelecidas, empresas transnacionais e laboratórios de investigação, de acordo com o plano nacional de desenvolvimento.

Além disso, a otimização do quadro regulamentar a favor dos jovens deve limitar os constrangimentos administrativos que contribuem para o sucesso das novas empresas. Nesta perspetiva, uma adaptação dos regulamentos e normas no domínio do empreendedorismo, o apoio aos jovens durante a fase administrativa de arranque do negócio e a criação de mecanismos de processamento acelerados para facilitar a criação de empresas são da maior importância.

A criação de um fundo de estímulo e de garantia para jovens

agrupados em cooperativas e num banco e a criação de um banco de investimento para os jovens.

A educação para o empreendedorismo e o desenvolvimento das competências empresariais dos jovens deve ser reforçada.

Seria necessário determinar as necessidades dos jovens e conceber programas de aprendizagem adequados, incluindo a formação extracurricular, tendo em conta a dimensão comportamental do autoemprego e do empreendedorismo e as questões relacionadas com o desenvolvimento de competências; Alinhar os programas de desenvolvimento empresarial com o nacional de educação e realizar programas de formação especificamente para os jovens trabalhadores formados que trabalharam em empresas e professores sobre como desenvolver o empreendedorismo entre os jovens;

Sem dúvida que uma das principais soluções continua a ser a melhoria do acesso dos jovens ao financiamento, simplificando os mecanismos de seleção para a concessão de empréstimos não garantidos para melhorar o acesso dos jovens empresários aos serviços financeiros de que necessitam; promover o acesso do sector público-privado ao financiamento de parcerias destinadas a reforçar as capacidades da indústria financeira no domínio da assistência às jovens empresas; concessão de subvenções e apoio técnico para aumentar a capacidade e desenvolver atividades de concessão de empréstimos, bem como formação industrial para jovens empreendedores capacitarem-se.

Os governos africanos devem também facilitar o intercâmbio de tecnologia e de inovação entre os jovens, lançando campanhas de sensibilização e de reforço das capacidades relativas à utilização das ICTs, a contribuir para uma maior disseminação das ICTs para o sector privado.

Além disso, as campanhas de sensibilização destacam o interesse que o empreendedorismo tem para com a sociedade, remediam os preconceitos culturais e a promoção pública do empreendedorismo durante os encontros com os cidadãos e divulgam informação sobre casos bem-sucedidos. A criação de associações profissionais, plataformas de intercâmbio, portais e clubes profissionais para jovens empreendedores deve facilitar a criação de redes entre eles.

Política do estado: política regional e federal do Estado e a sua aplicação sobre o sistema fiscal, a regulação e a gestão do Estado, a sua dependência (ou independência) sobre a dimensão das empresas, bem como sobre a forma como as políticas económicas acima referidas apoiam o desenvolvimento ou dificultam o desenvolvimento de novas empresas;

Programas do governo: a disponibilidade de programas de apoio direto a novas e em desenvolvimento a todos os níveis — Estadual, regional e municipal, bem como acessibilidade e qualidade dos programas governamentais; competência das estruturas dos funcionários públicos e a sua capacidade de gestão de programas específicos; eficiência do serviço;

Educação e formação: o sistema de formação e educação existente para a criação e manutenção de um negócio novo ou em crescimento está incluído no sistema educativo geral e na formação a todos os níveis;

Introdução de desenvolvimentos científicos e técnicos: um nível de desenvolvimento da investigação e do desenvolvimento, a criação de novas oportunidades de negócio no país e a disponibilidade de desenvolvimentos científicos e técnicos para as pequenas e médias empresas em desenvolvimento;

Infraestrutura comercial e profissional; um nível de desenvolvimento dos serviços e organizações comerciais, contabilísticos e jurídicos que apoiem pequenas e crescentes empresas;

Barreiras de abertura/entrada no mercado; estabilidade das relações comerciais e uma oportunidade para que as novas e crescentes empresas possam competir com os fabricantes, subcontratados existentes e tomar o seu lugar;

Acesso a infraestruturas físicas; disponibilidade e qualidade dos recursos materiais, incluindo redes de comunicação - telefone, correio, Internet; utilidades essenciais; transporte (rodoviário, aéreo e ferroviário) escritório, lugares de estacionamento, arrendamento; disponibilidade e qualidade das matérias-primas e dos recursos naturais;

Normas culturais e sociais; as normas socioculturais existentes que apoiam as ações dos indivíduos conduzem ao surgimento de novas formas de fazer atividade empresarial e económica, bem como à atitude geral em relação ao empreendedorismo e aos empresários.

O governo deve deixar de importar produtos agrícolas e outros bens que possam ser produzidos localmente para dar espaço aos agricultores locais e jovens empresários na África.

A agricultura na África pode ser um motor essencial de um crescimento e desenvolvimento económico imenso e sustentável. O aumento sustentado da produtividade e da produção agrícola abre grandes oportunidades para atrair investimento do sector privado, fontes privadas de capital, criação de emprego, aumento dos rendimentos dos agricultores e estímulo ao crescimento global na África rural. Isto contribui para um nível mais elevado de segurança alimentar e é fundamental para contrariar a volatilidade dos preços.

CONCLUSÃO

Apesar dos problemas mencionados em África, que podem levar a crer que é uma luta já perdida, a questão de África ainda é resolvível com a participação de todas as estruturas envolvidas. Os governos africanos têm de empreender várias iniciativas destinadas a acabar com as dificuldades em África e aumentar o espírito empreendedor entre os jovens, embora o trabalho continue a ser enorme.

O livro 'Visão para África' foi escrito para fins educacionais e de apoio informativo, uma ferramenta importante que o esclarece sobre África e os seus desafios.

A minha opinião passava por produzir um documento para desmistificar o consenso global de que África é sinónimo de pobreza. Tendo em conta que cerca de 50% da população vive abaixo do limite de US $1 por dia, e o número crescente de pessoas pobres no continente, a situação é realmente preocupante. Estas estatísticas alarmantes mostram o grau de pobreza em África e dão crédito às declarações do Banco Mundial, que descrevem a África como o continente "mais pobre dos pobres".

Existem várias razões que empurram o continente africano para a pobreza, como expliquei em toda a 'Visão para a África'. Os africanos têm certos valores culturais e crenças que podem ser responsabilizados, em parte, pelo alto nível de pobreza. Na verdade, concentram-se em culturas ultrapassadas e práticas religiosas que os conduzem aos seus problemas financeiros, ao contrário dos seus colegas com melhores valores culturais – como honestidade, a importância da família e do trabalho como motor do desenvolvimento individual e coletivo. O abandono e a rejeição destas excelentes virtudes resultará sempre numa falta de autoconfiança, numa falta de confiança e criará um mau relacionamento entre as

pessoas. A longo prazo, isto pode ter consequências económicas, pois alguns clientes em potencial não desejam correr o risco de fazer negócios com estes indivíduos. Promover e usar bons valores culturais como pilar moral é a base para um futuro melhor!

Além disso, apesar da abundância de recursos, os quais seriam suficientes para tirá-la da pobreza, a falta de educação e conhecimento coloca certas dificuldades para o desenvolvimento de África, em comparação com outros continentes onde há maior devoção e participação de cidadãos instruídos. A educação,

em estreita colaboração com outros setores sociais, desempenha um papel crucial na erradicação da pobreza.

A sua ausência torna a situação africana preocupante, pois o continente poderá continuar a testemunhar o aumento da miséria, caso a descolonização da educação, através de um melhor conhecimento, não seja acessível às massas.

Africa continua a promover um sistema educativo da era colonial,

que prepara os estudantes para passar exames, o que é deplorável. África necessita de criar o seu próprio sistema de educação, que responde aos desafios da sociedade, preparando os alunos para a vida.

Por exemplo, a maioria dos potenciais empreendedores africanos não possui planos de negócios viáveis, já que não possuem o conhecimento necessário para preparar um plano de negócios suficientemente desenvolvido e preciso, que lhes garanta um negócio sustentável.

A educação é um ponto-chave que nos permitiria desenvolver África de maneira sustentável, a fim de colocá-la em pé de igualdade com outros continentes.

Falando em empreendedorismo, este está longe de ser facilmente acessível no continente africano. As pequenas e médias empresas consideram muito difícil florescer neste ambiente desfavorável, onde a infraestrutura e o financiamento são escassos para a maioria da população, que vê os sonhos e inovações dos jovens empreendedores a desaparecer.

Também podemos abordar a corrupção como uma causa inegável do atual estado de pobreza em África. Existe um favorecimento de certos políticos e da sua comitiva em detrimento do desenvolvimento do seu país, por desconsideração dos direitos humanos, nepotismo e alocação de recursos públicos para ganho pessoal. Isto provoca uma desaceleração no crescimento económico, tecnológico e social dos estados.

Espero que este livro o ajude a compreender África. Permita-me usar esta alegoria: a União Africana.

A União Africana foi-nos dada pelos nossos antepassados. É a maior instituição que temos, que devemos usar, da qual devemos nos orgulhar, que precisamos construir e melhorar, e que devemos proteger e manter. Não é importante que haja membros individualistas ou pessoas que não cumpram adequadamente  seu papel dentro desta instituição. Isto não significa que devamos desistir. Pelo contrário, devemos lutar por seu sucesso.

O mesmo se aplica ao continente africano.

A África é nossa única fonte de existência. É nossas raízes e tudo o que temos.

Se o continente funciona adequadamente ou não, cabe à nossa identidade defendê-lo. Devemos nutri-lo e cuidar dele, desenvolvê-lo e apreciá-lo. Temos de pintar uma imagem positiva; em suma, temos de controlar a sua história.

É urgente que os povos africanos tomem medidas. Qualquer africano deve orgulhar-se de África, especialmente da sua riqueza. É o continente mais rico da Terra, abundantemente provido de recursos naturais e terras aráveis. África está situada em vastas reservas de água subterrânea e possui uma grande diversidade climática. Tudo isto exige apenas uma melhoria nos recursos humanos; na formação de pessoas, suficientemente educadas para trabalharem em grupos e encarregarem-se do desenvolvimento do continente, longe das intenções ocultas, histórias e propaganda de governos e aproveitadores corruptos.

Neste livro, propus uma série de soluções que as pessoas podem explorar, como inovação por unidade, cooperação e empreendedorismo.

Os africanos devem colaborar entre si e com os demais, em objetivos semelhantes que permitam criar empresas, instituições e atrair projetos inovadores. Isto possibilita produzir capacidades, tecnologias, alimentos, produtos e serviços em abundância.

Este documento pode inspirá-lo a adotar o empreendedorismo como uma maneira de colaborar com outras pessoas para elevar a África de uma terra em desespero à prosperidade. Tornando, assim, este continente numa potência global, capaz de criar empregos e alimentar o mundo inteiro.

Há muito que agimos de maneira diferente e, individualmente, alguns países estão a fazer o possível pela melhoria do continente africano. No entanto, não o fazem simultaneamente. Não cooperamos na maioria das ações que tomamos.

Além disso, concentrei as minhas observações e comentários com o objetivo de tentar melhorar o espírito de empreendedorismo em África. Dito de outra forma, esta é a minha maneira de pedir aos africanos que prestem atenção às capacidades de todos, para trabalharem juntos e ajudarem o desenvolvimento da África que ambicionamos. Precisamos de planear e construir uma estratégia para desenvolver projetos que beneficiem a comunidade.

Gostaria de chamar sua atenção para os problemas africanos que assolam os vários povos, consequência da ausência de união, bem como para os países africanos que não falam a uma só voz no cenário geopolítico. Falham em proteger os seus cidadãos, negando um comércio mais justo, um acesso a oportunidades de emprego e salários justos para melhorar o padrão de vida. Precisamos de lutar pela liberdade financeira e pela justiça económica para todos no continente.

Utilizo a 'Visão para África' para falar sobre questões continentais, onde os africanos podem ler e compartilhar as minhas sugestões, bem como maneiras de promover o desenvolvimento da África que todos desejamos. Partilho a minha opinião porque é importante trabalharmos juntos num único grupo, unido pelos mesmos desejos.

Trabalhar em conjunto significa construir negócios, plataformas e instituições.

Se aplicarmos estas dicas, a comunicação social retratará uma imagem positiva do continente internacionalmente. Inspirará pessoas, atrairá investidores e motivará jovens africanos a agir.

O meu objetivo é educar, inspirar, informar e promover mudanças, a fim de proporcionar o melhor desenvolvimento ao continente. Vamos lutar juntos por uma África melhor!

Obrigado por ler o nosso livro com a nossas ideias e crenças. Precisamos da vossa participação na nossa luta pela injustiça económica que África sofreu nos últimos 500 anos e continua a sofrer, negando ao mesmo tempo a justiça económica e a democracia financeira que exigem que a população abrace a democracia política. Não há democracia política sem liberdade económica. As finanças são um instrumento para a independência, e não se pode viajar pelo mundo sem finanças, não se pode ser livre. É preciso conhecimento, um emprego decente e acesso a oportunidades antes de se poder reivindicar a lotaria da democracia política.

SOBRE A VIAFRICA:

A VIAFRICA é uma entidade que nasceu com o propósito de tornar-se um balcão único para o empreendedorismo na África. A organização defende justiça económica e democracia financeira para a África através de meios de empreendedorismo. Temos de nos manter firmes e ajudar a superar alguns dos desafios económicos africanos.

Desenvolvimento de Infraestruturas (Estradas, pontes, portos, ferrovias, acesso à energia).

Habitação Social e Construção

Projeto de Desenvolvimento da Agricultura

- Desenvolvimento de infraestrutura (estradas, pontes, trilhos acesso à energia.)

- Construção de habitações sociais
- Projeto de desenvolvimento agrícola
- Fabricação em manufatura
- Tecnologia e informação
- Finanças e bancos

Esses são desafios reais que exigem ações e soluções para mudar o paradigma de negócios da África, e trazer prosperidade para as pessoas e o continente.

Esta organização quer ajudar a África a reivindicar seu país de volta, lutar pela injustiça e construir um futuro brilhante para todos. Podemos usar os negócios como uma ferramenta para democracia, justiça e oportunidades financeiras reais para todos.

Suporte VIAFRICA! Apoie seu caminho para ver mudanças na África. Não podemos mais esperar que outros ditem a narrativa africana enquanto observamos, apenas culpar e apontar os dedos para aqueles que estão no escritório ou em empresas multinacionais que sequestram todos os contratos e recursos governamentais da África.

Precisamos criar uma potência para competir. O negócio é u m jogo, um jogo com suas próprias regras e desafios. Sem conhecer as regras, você já perdeu desde o início.

Sem colaboração, você falha em criar o time que vai sustentar seus objetivos e sua visão.

Essa é a razão pela qual existimos. Nós queremos ser a força que cria alianças estratégicas com oficiais do governo e corporações internacionais, trazendo novos amigos da África que querem ver um novo continente. Uma áfrica que responde ao sonho e aspirações de sua família e amigos.

Uma África que governa com base no Estado de direito, que transmite justiça econômica e liberdade financeira, onde as pessoas têm acesso à riqueza e empréstimos para iniciar e inovar seus sonhos e criatividade.

ABOUT THE AUTOR:

Sam Miezi é especialista digital markeyting e consultor de negócios - mais de 25 anos de experiência como webdesigner e designer gráfico, produtor de vídeo e animação 3D, gerente de projetos, marketing e consultoria política. Ele também se tornou empresário nos últimos 24 anos.

Graduado com um Mestrado em Marketing Político pela Rome Business School na Itália.

Sam está atualmente a realizar um segundo Mestrado de Estudos Empresariais na Universidade Leeds Trinity, no Reino Unido.

Suas recentes viagens a Camarões e Angola, em 2018, lançaram luz sobre a necessidade urgente de transformação da África na produção agrícola, desenvolvimento de infraestrutura e construção de moradias.

Sam Miezi fundou a VIA AFRICA em 1998. A organização costumava publicar uma revista de língua portuguesa para a comunidade angolana com sede em Londres. Agora, a organização foi aprimorada no cenário internacional e pretende publicar livros sobre questões que afetam o desenvolvimento da África para proclamar justiça econômica e democracia financeira para a África através de meios de negócios e empreendedorismo.

Sam Miezi também pretende utilizar sua experiência profissional em política e empreendedorismo para se conectar com autoridades africanas, a fim de influenciar políticas públicas, comércio e investimentos na África.

www.viafrica.uk/pt

Robert Sam Miezi
(France)
oject: "The crossroads of politic
marketing"

Crossroads
of
Politics And Marketing
R. Sam Mlezi

Better Managers for a Better World
Graduation

Master in Political Marketing
Robert Sam Miezi
(France)
"The crossroads of politi
marketing"

ossroads of politi
keting"

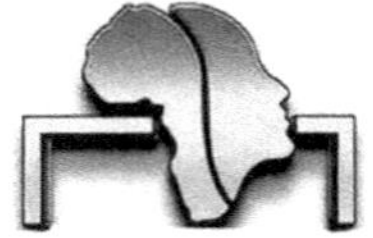

Index

A

acumulação e utilização 215

a esperança média de vida das mulheres no continente é de 61 anos, enquanto um homem africano tem uma esperança de vida de 58 anos 24

A falta de competências adequadas na gestão de dinheiro é outro desafio que a maioria dos empresários em África 21

África como "a mais pobre dos pobres 4

África é a de um continente pobre 4

África é sinónimo de pobreza 4

alguns aspirantes a empresários têm dificuldade em conseguir financiamento para as suas empresas. 21

A maioria dos potenciais empresários do país não tem nenhum plano de negócios prático. 20

a maioria dos trabalhadores em África esteja a ganhar trocos, apesar de trabalhar em longas horas todos os dias 15

as nações africanas têm falhado lamentavelmente para alcançar todos os seus potenciais. 14

As taxas de desemprego aumentarão à medida que os trabalhadores despedidos aderirem ao mercado de trabalho sobressaturado 18

A taxa de pobreza entre os Africanos também é agravada 18

ausência de infraestruturas básicas, e outros problemas que podem levar ao baixo desempenho para esses investidores 18

B

Banco Mundial 4, 5, 30, 41, 42, 56, 72, 74, 115, 153, 165, 187, 190

C

comércio transatlântico de escravos 6
Com o fornecimento de energia epilético, as estradas más e a ausência de outras infraestruturas relacionadas, muitos sonhos foram mortos prematuramente 17
competências necessárias 224, 225, 231
cultura da pobreza 8, 9

D

depreciação 31, 32, 95, 117
DESEMPREGO 30
desemprego é reconhecido como uma das forças motrizes por detrás da pobreza em África. 14
desenvolvimento 6, 7, 14, 16, 17, 23, 26, 27, 28, 29, 30, 32, 33, 35, 37, 38, 41, 42, 56, 57, 60, 61, 65, 66, 67, 68, 72, 74, 78, 81, 83, 84, 85, 87, 90, 93, 98, 99, 100, 104, 110, 111, 112, 115, 118, 120, 125, 126, 128, 131, 140, 141, 152, 154, 155, 158, 166, 167, 169, 172, 179, 181, 182, 187, 188, 189, 191, 193, 207, 216, 217, 218, 219, 221, 222, 223, 224, 225, 232, 233, 234, 235
desvalorização 31, 32, 94, 95
desvalorização das moedas locais 31

E

elevada taxa de pobreza entre os Africanos. 14
empreendedorismo 58, 77, 194, 195, 196, 197, 198, 199, 200, 201, 202, 204, 205, 207, 208, 215, 221, 223, 224, 226, 227, 228, 229, 231, 232, 233, 235, 237
empresário 19, 58, 77, 79, 118, 194, 199, 201, 202, 203, 204, 205, 206, 208, 209
empresas africanas que vale a pena considerar 226

F

fenómeno psicológico 9
fraca remuneração figura entre os maiores contribuintes para a

pobreza entre os Africanos, 16

G

grandes organizações empresariais 215

I

Infraestrutura 90, 234
Inovação 224

L

lutar para sobreviver 32, 90

M

má governação 17
médias empresas 18, 19, 90, 215, 217, 218, 220, 221, 222, 223, 224

N

Não é incomum ouvir falar de políticas governamentais que desencorajam o investimento, 17
Na tentativa da maioria das pessoas de encontrar uma rota de fuga rápida da pobreza 20
normas e valores culturais das pessoas 8

O

obstáculos na fase inicial 220
o continente africano é geralmente atormentado por doenças 24
O desemprego é reconhecido como uma das forças motrizes por detrás da pobreza em África. 14
O nível de analfabetismo em algumas partes de África é a causada indisponibilidade de mão de obra necessária para apoiar a construção desses países 23
o seu mercado desempenha um papel importante na sua sustentabilidade. 22
Os governos corruptos 26

P

pequenas empresas 19, 57, 116, 217, 218, 219, 220, 221, 223, 234
políticas governamentais que desencorajam o investimento 17
pós-falência 214
Profissionais qualificados podem reunir os seus conhecimentos e recursos para encontrar uma solução permanente para o crescente problema de pobreza no seu país. 29

R

redução 14, 24, 30, 32, 35, 41, 59, 60, 71, 72, 84, 91, 92, 105, 117, 126, 152, 159
rendimento insuficiente for estendido para além do seu ponto de rutura 18

S

sobredependência da África nos países desenvolvidos 32

V

valores culturais 8, 9, 12, 13
VIA AFRICA 2, 239